기도(祈禱),

늙은 수행자의 말을 들으면 현재와 미래의 모든 고통과
희망 반드시 해결됩니다.

머 리 말

우리가 살고 있는 이 세상은 모두가 내 마음대로 되는 게 하나도 없으니 참으로 답답하고 괴롭습니다.

그래서 이 고통으로부터 빨리 벗어나고 싶어 기도를 해보지만 기도는 마음대로 되지 않고, 번뇌는 온갖 것이 더 많이 일어나고, 또 괴로움의 끝은 보이질 않으니 참으로 암담해서 죽을 지경(地境)입니다.

이럴 때, 어떤 이가 '계속하여 기도를 하면 반드시 나아진다.'라고 하는 말을 듣고 또 기도를 해 보지만, 자신의 마음과 그 작용[識]도 알지 못하고 하는 기도, 또 헛수고만 하게 됩니다.

누구나 자신의 죄업을 진실로 참회하는 데는 마음의 이치를 깨달아야 하는데, 근기가 수승하고 지혜가 예리한 사람은 단박에 견지(見地)를 합니다. 견지란 삼승(三乘)이 다같이 10지(地) 중의 하나인 견도의 제16심(心)인 도류지(道類智, 범어 mārga-anvaya-jñāna, 견도위에서 색계와 무색계의 도성제(道聖諦)를 대상으로 도류지인(道類智忍)을 얻어 색계와 무색계의 도성제에 속하는 미혹을 끊은 직후, 이계과(離繫果)의 득과 함께 일어나는 지혜)를 얻으면 되는 수행계위입니다.

그러나 근기가 둔한 우리는 손가락 끝의 둥글둥글한 달을 보려면 반드시 달을 가리키는 손가락이 필요하고, 낯모르는 지방을 가려면 안내지도(案內地圖)나 가이드(a guide)가 필요합니다.

손가락이 없으면 달을 보는 연(緣)이 끊기게 되고, 안내지도나 가이드가 없으면 가려는 목적지의 길을 선택하는데, 어려움이 많습니다.

강원도 동해시 두타산에는 관음암(觀音庵)이 있습니다.

큰 절 삼화사로부터 산 정상 쪽으로 1.5km.

날씨가 좋으나 바람이부나 매일 1시간이 넘는 거리를 열심히 기도 다니는 분들이 있습니다.

이 분들도 현세에서 유루(有漏)의 바라는 배[소원]로 연못에 빠져있는 달을 건지려는 원숭이 마음과 같았습니다.

이를 본 관음암 성각(性覺)스님은 자신이 제방 선원과 무문관(無門關)에서 얻은 '무아법(無我法)의 방(房)'으로 이 분들을 끌어들여 1,000일 기도를 같이 시작했습니다.

이들을 본 늙은 수행자는 염불선(念佛禪)을 체계화하여 정립시켜 원만히 수행하시는 동국대 선학과 교수이신 한보광스님의 수행 논문과 저술이 지식층의 책장에서 인연 닿는 이를 기다리는 것이 안타깝고, 애가 쓰여서 모든 이가 기도하고 수행하시는데 향상문(向上門)이 되기를 바라는 마음에서 세간으로 모셔 나왔습니다.

저의 『기도(祈禱), 늙은 수행자의 말을 들으면 현재와 미래의 모든 고통과 희망 반드시 해결됩니다』를 읽는 분은 너무나 어려워 도저히 이해가 안 된다고 느끼시더라도 절대로 포기하시질 마십시오. 오직 지금 세상에서 그대[당신] 한 사람의 소원성취만을 위하여 쓴 글입니다.

어떤 사람도 처음부터 수학의 미적분에서 구분구적법의 델타 에스(▲S)의 면적 도출과 유체역학의 위치에너지 정리, 생화학의 성분분석, 그리고 자동차운전 등을 능숙하게 하시는 분은 없질 않습니까. 열심히 공부하고 수행하면 전문가가 되듯이 말입니다. 계속해서 읽고 사유(思惟)하면 환하게 알아지니, 아무 걱정도 생각도 마십시오. 콩나물은 물이 지나만 가더라도 자라고, 훈제요리(燻製料理)는 뜨거운 연기만 쐬여도 되는 것과 같습니다.

그래도 도저히 이해가 안 되는 부분이 있으시면 물어 주십시오. 성심껏 도와 드리겠습니다.

우리의 존재는 고정된 것이 아니라 현세(現世) 삶의 현실에서 상의상관적(相依相關的)인 관계로 형성되어 있음을 자각만하더라도 우리는 외부의 감각기관인 눈·귀·코·혀·몸·의식(意識)으로 받아들여지는 표면적 인식은 모두가 실상(實相)이 아님을 압니다. 이러한 진리조차 넘어설 때 우리는 본래의 모습을 기도를 통해 성찰합니다.

이 늙은 수행자는 '만약 눈으로 보이는 물질에 대해서 욕심을 버리지 못하여 해탈하지 못하는 사람은 생·노·병·사의 괴로움을 뛰어넘지 못한다.'는 말씀을 주제넘게 드립니다.

불기 2554년(경인년) 음 3월 일.

원효사문(元曉沙門) 춘명 합장.

차 례

1. 기도(祈禱)란 이런 겁니다.

현재 대부분의 사람들은 기도하여 마음 밖의 대상인 물질 등을 구하여 경제적인 생활이 아주 풍족해지길 바라고, 정신이나 육체의 고통이 사라져 마음이 안정화되고 육신이 건강해지길 바라는 소원으로 기도를 합니다.

그러나 이렇게 하는 기도는 참다운 기도가 아닙니다.

기도의 참다운 의미는 자기가 태어나면서부터 가지고 온 선(善)이나 악(惡)의 종자와 습기, 그리고 이 세상에서 반복하여 익혔고 교육으로 인해 일어나는 번뇌와 악업장(惡業障)을 자꾸만 털고 털어내어 자신 스스로를 정화하고 동시에 주변과 사회, 모두를 밝고 맑게 하는 것이 그 목적입니다.

곧바로 말하면 불법(佛法)의 지혜로 눈앞에 전개되어 있는 현실을 바르게 관찰하여 성인들과 같은 삶을 살아가는 것입니다. 성인들처럼 되질 못하면 우리는 세상의 괴로움을 벗어날 수 없습니다. 그래서 기도란 어떤 것이고, 어떻게 해야 하는지를 바르게 아시고 적합한 형식과 순서에 맞추어 하셔야만 목적지에 빠르게 도달할 수 있습니다.

어느 누구라도 이 세상을 살아가는데 지금 당장 참기 힘든 어려움과 고통 없이 사는 사람은 아무도 없습니다. 그래서 이 고통으로부터 빨리 벗어나고 싶어서 본인의 힘과 능력으로는 도저히 해결할 수 없기에 불·보살님의 위신력(威信力)을 얻어 본인이 바라는 바가 속히 성취되기를 바라는 마음에서 자기 나름대로 열심히 기도를 하지만, 기도의 기능도 모르고 순서도 없이 하고 있음은 금방 돋아난 사슴의 뿔[角]로 다이아몬드[금강석(金剛石)]를 자르려는 행위와 같으니 올바른 기도가 아닙니다.

기도의 목적과 어떻게 해야 하는지의 형식과 순서도 없이 하는 것은 강(江)에 내려앉은 실체(實體)가 아닌 달을 건지려는 것과 같습니다. 마치 바늘귀에 실을 끼지 않고 그냥 바늘허리에 실을 매어 바느질하려는 것과 같은 행위입니다.

'너무나 절박한 현실이기 때문에'라고 하신다면, 그 마음은 이해되지만 그렇게 해서는 절대로 안 됩니다.

우리 중생은 마음이 강하게 일어나는 쪽으로 행위도 따르기 마련이고, 전도(顚倒, 도리에 어긋난)된 마음이 치달리는 쪽으로 행위가 끌려가면 번뇌와 악업은 털어내지 못하고 자꾸만 허망한 것을 구하려고만 하는 쪽의 마음이 되어 생사(生死)의 괴로운 업(業)만 더 짓게 됩니다.

스님! 어째서 그렇습니까?

네, 우리 중생이 지금 머무는 현실은 미혹한 상태의 세계라서 번뇌에 속박되어 진리를 알지 못하기 때문입니다.

약 35~6년 전 부산에 사는 20대 후반의 어떤 젊은 보살에게 있었던 이야기입니다.

그 당시 보살의 남편은 30대 초반으로 잘 나가는 화학회사에서 기술부장으로 근무하다가 젊어서 사업을 시작하여 집안을 빨리 일으키고 싶은 마음에서 사직(辭職)을 하고는 자신만만하게 자기 사업을 시작했습니다. 그러나 채 2년도 지나지 않아 믿고 있는 부하 직원들의 업무처리 능력부족과 재산 빼먹기, 거래 회사의 부도로 인해 모든 것을 잃으니 단란하던 가정에 경제적인 곤란이 닥쳤고, 야심차던 젊은이가 무능한 가장으로 전락됨에 자연이 부부간에도 갈등이 일어나 집안이 흔들리기 시작했습니다.

그때 젊은 보살은 '기도를 하면 반드시 다시 일어설 수 있다.'는 확신으로 양산시 웅상읍 천성산(千聖山)의 미타암(彌陀庵)에 혼자 밤 기도를 다녔습니다.

미타암은 부산 서면의 시외버스터미널(당시에는 서면에 시외버스터미널이 있었음)에서 울산가는 완행버스를 타고 양산시 웅상읍 주진리에 내려서 걸어야 합니다. 돌을 갓 지난 딸을 업고는 들판 길과 오르막 산길 십리를 약 1시간 넘게 걸어서 도착하면, 온 몸은 땀과 한숨으로 범벅이 돼서 차가운 밤하늘에다 대고 실컷 울기라도 하고 싶은 심정이었습니다.

딸을 절하는 옆에다 눕히거나, 공양주보살에게 맡기고는 '거룩하신 부처님! 정녕 부처님께서 두고 사용하시는 가피가 있으시다면, 나아 갈 길을 잃고 있는 저의 남편과 회사를 망하게 만든 사람들에게도 미워하고 원망하는 마음이 안 일어나게 하시고, 남편이 빨리 꿋꿋하게 일어나 집안을 일으킬 수 있는 가피를 주옵소서.'라고 간절(懇切)히 간절히 구하는 마음으로 밤새도록 울면서 죽을 각오로 3,000배씩 한 달을 다니면서 절[拜] 기도를 했습니다.

이 보살은 기도하는 형식도 순서 등도 전혀 모른 체 절박한 현실에 대한 간곡하고 절실한 염원(念願)만으로 절[拜]만 죽기 살기로 했습니다.

당시 미타암에는 많은 이가 훌륭하시다는 스님이 계셨는데, 스님은 이 보살의 인사는 받았으나, 기도에 대한 지도는 않으셨습니다.

절에 불사(佛事)나 행사가 있을 때는 이 보살을 찾았었는데 …

만약 미타암 스님께서 이 젊은 보살의 절박함으로만 하는 기도를 고쳐 지도하셨다면 보다 나은 결과가 있었겠지요.

현재 기도하시는 당신이 말씀하는 '나의 힘과 능력'이란 어떤 것입니까?

현재 이 세계[현실]에서의 범부인 본인 근기의 역량(力量)이라는 뜻에서 한계를 느끼는 것이지요.

자신의 몸과 마음의 때와 먼지를 털어 정리가 잘 돼 있는 상태[두타(頭陀)][1]도 아니고, 스님이나 지도자의 지도를 받아 기도를 하시는 것도 아니지 않습니까.

만약 아무 것도 몰라 답답한 상태에서 앞의 부산의 젊은 보살처럼 무작정 현실의 괴로움을 새로운 희망으로 바꾸고 싶은 마음에서 기도를 시작하셨다면, 누구나 바라는 만큼은 잘 이루어지질 않습니다.

어째서 그러냐고요?

기도란 기원(祈願)·기청(祈請)·기념(祈念) 등과 같은 말로 마

---

1) 범어(Ⓢ) dhuta, dhūta. 두다(杜茶·杜多)·투다(投多·偸多)·진후다(塵吼多) 등으로 음사하고, 두수(抖擻)·수치(修治)·두책(抖揀) 등으로도 의역(意譯)한다. 또 두타행(頭陀行)·두타사(頭陀事)·두타공덕(頭陀功德)이라고도 일컫는다. 범어의 원래 뜻은 '흔들어 털어 버린다.'는 뜻을 가진 동사 어근 √dhū에서 파생한 것으로 흔들리다, 동요된다는 뜻이지만, 심신(心身)에 묻은 때를 떨어 없애 버린다는 뜻으로 사용된다. 곧 마음을 닦아 의(衣)·식(食)·주(住)에 대한 탐욕을 털어 버리는 수행을 가리킨다. 두타의 의미에 대해서『大乘義章』권15에서는, "두타란 인도 말이니 중국말로 한역(漢譯)하면 두수(抖擻)이다. 이것은 탐착을 버리는 수행이니 비유를 따라 그 이름을 지었다. 마치 옷을 털어서 먼지와 때를 없애는 것처럼 두타행(頭陀行)을 닦아 탐착을 털어 버리는 것으로 두수(抖擻)라"고도 한다.

음속에 진정으로 큰 믿음과 서원(誓願)을 세워 기도대상의 부처님이나 보살님들께 자신의 허물을 빌고, 새로운 복[진여불성]을 구하는 행위인데, 만약 기도를 행하는 본인과 감응의 상대[부처님·보살님]인 진리의 당체와 본인의 마음[심왕(心王)]과 마음의 작용[심소(心所)] 등이 상응(相應)2)하지 않으면 기도의 성취는 잘 이루어지질 않습니다. 서로 간에 상응이 잘되려면 무턱대고 하는 것보다는 그에 대한 내용과 형식 그리고 절차를 잘 알고 따라야 합니

---

2) 상응(相應, saṁprayukta) : 범어[산스크리트어] saṁprayukta의 번역. 평등하게 화합한다는 뜻. 법과 법이 서로 상화(相和)하여 떨어지지 않는 관계에 있는 것. 특히 마음과 마음의 작용관계에 대해서 말하는 수가 많다. 여기에는 6가지 원인[六因]이 있는데, 이 중에서 상응인(相應因)이 이것이며, 『구사론』권6에서 "5의평등(五義平等)이라"는 것도 바로 이것이다. 『大乘阿毘達磨雜集論』권5에는 "서로 떠날 수 없는[不相離], 화합(和合)하는, 모이는[聚集], 동시에 생하고 동시에 멸하는[俱有], 목적을 같이 하는[所作] 마음[심왕]과 마음의 작용[심소]이 하나의 대상에 대해서 한결같이 작용하는[同行] 것"의 6종상응을 설한다. 이 중에서 앞의 5종은 주로 색법[물질]에 대해서 말한 것이고, 이 밖에 함(函)과 뚜껑이 일치하는 것을 양개상응(兩蓋相應)이라 하고, 가르침을 받는 자[機]와 가르침[敎]이 일치하는 것을 기교상응(機敎相應)이라 한다. 『唯識三十頌』의 제3게송(偈頌)에서는 "상응(saṁpra-yukta)의 개념에는 네 가지 뜻[四義]이 있다. 곧 첫째는 심왕과 심소가 일어남[현기(現起)]에는 시간이 동일하고[時同], 둘째는 심왕과 심소는 감각기관[所依根]이 동일하고[依同], 셋째는 심왕과 심소는 그 인식대상[所緣境 ; 相分]이 비슷하고[所緣等], 넷째는 심왕과 심소는 그 자체분[事]이 비슷하다[事等]"고 한다. 여기서 사등(事等)의 개념은 다음과 같이 이해해야 한다. 곧 유식학에서는 "심왕과 심소의 체별설[王所體別說]의 입장이므로 심왕과 심소가 동일 찰나에 비슷한 대상에 각기 하나씩 일어난다. 그 수가 아무리 많아도 하나씩 일어나므로, 자체분(自體分)이 비슷하다고 말한다. 이것을 4의평등(四義平等)이라"한다. 그런데 유식학에서는 심왕과 심소의 인식작용[行相 ; 見分]이 다르다고 주장하는데 반하여, 소승에서는 그것이 비슷하다고 보고 4의평등(四義平等)에 행상(行相) 등을 첨가해서 5의평등(五義平等)을 설(說)한다.

다.

  기도를 무턱대고 한다고 해서 전혀 이루어지지 않는 것은 아닙니다만 이루어지더라도 가지런하지 못하니 큰 영험은 기대할 수 없다는 뜻입니다.

  마치 몸에 병이 있어 이 약, 저 약을 복용하다보니 병이 나았을 때, 어떤 약에 의해 병이 나았는지 모르는 것과 같습니다. 병을 낫게끔 한 약은 한 가지이고, 나머지는 몸에 나쁜 독의 성분으로 잔류할 수 있지 않습니까.

  그래서 이왕 기도를 하실 바에야 대승의 자리이타(自利利他)3)의 방법으로 기도의 내용과 순서와 형식을 갖추어 하시는 것이 참으로 바람직합니다.

  비유(譬喩)하겠습니다.

  우리는 TV나 라디오의 채널이 맞지 않거나 주파수가 일치하지 않으면, TV의 화면을 보거나, 라디오의 소리를 들을 수 없는 것과 같습니다. 그래서 순서와 방법과 목적이 아주 중요합니다.

  그렇다면 순서와 방법은 삼보통청(三寶通請)으로 하는 것이 가장 원만하고, 목적은 깨달음을 이루는데 둡니다. 누구나 깨달음을 이루어 돈망언해(頓忘言解, 말에 근거한 분별을 단번에 잊음)하면 자신이 외부로부터 바라고 구하는 온갖 물질적인 것과 마음으로 바라는 소원도 저절로 성취되어 집니다.

  여기서 말씀드리는 삼보통청이란 불・법・승 삼보께 귀의하여

---

3) 자신을 위한 자기 수양을 주도하는 것은 자리(自利)이고, 다른 중생의 이익을 목적하여 하는 일은 이타(利他)이다. 자리이타를 완전하고 원만하게 수행하면 부처고, 부분적으로 청정하면 보살이다.

다함께 청하여 통하게 하는 의범행위(儀範行爲)로 예의범절에 있어서 모범이 될 만한 규칙입니다.

그런데 절(사찰)에서 내용과 순서를 따른 기도를 하려면 현재 자신의 형편에서 스님과 공양물에 대한 부담이 반드시 생겨서 자연히 눈치가 보여 망설여지거나 포기하고 싶은 마음이 생깁니다. 절대로 그러시면 안 됩니다.

기도는 본인이 하는 것인데, 무엇 때문에 옆의 눈치를 본다거나 부담되는 공양물을 준비하시려고 합니까. 자신의 형편은 어렵지만 그래도 절에서 꼭 하고 싶다면 주지스님께 자신의 현재 사정을 솔직히 말씀드리면 스님께서도 기도자의 형편과 마음을 충분히 헤아려 흔쾌히 받고 밀어 주실 겁니다.

돈이 없다면 향(香) 한 줄기 없이 그냥 청정수 한 잔만으로도 얼마든지 훌륭한 공양물이 됩니다. 그러니 공양물에 대한 마음 부담은 절대로 가져서는 안 됩니다.

아무리 그렇다 하더라도 부담이 느껴져 도저히 마음이 내키지 않는다면 본인의 집 깨끗한 곳에 기도기간 중에라도 단(壇)을 마련해서 하셔도 됩니다. 법계에 편만(遍滿)하다는 불・보살님의 진리는 절에만 있는 것이 아니질 않습니까. 단지 절이 좋다는 것은 이미 점안(點眼)을 이룬 불단(佛壇)이 이루어져 있고, 여러 가지 불기(佛器) 등이 준비되어 있어 사용할 수 있는 편리함이 있고, 스님의 지도와 도움을 받을 수 있어서 좋다는 것입니다.

절에서 할 경우에는 스님의 사시마지 불공 등이나 개인 기도를 하실 때 스님이 봉행하시는 순서를 따라 그대로 하시면 아무런 문제도 탈도 없으니, 이런 저런 분별은 절대로 해서는 안 됩니다.

특히 조심해야 할 것은 기도자가 이 절, 저 절 다니면서 다른 스님의 순서와 염불과 축원 등에서 경험하고 안 것을 분별하여 현재 봉행하시는 스님의 독경이나 염불, 축원 등에서 '이런 것이 아닌데'라고 분별하는 마음을 내면 오히려 큰 탈이 되어 무거운 업만 짓습니다.

분별하는 마음이 일어나면 곧바로 성스런 도를 얻지 못했으면서도 얻은 것처럼 거만한(건방진) 마음[증상만(增上慢)]의 업(業)을 짓는 행위이지 기도는 될 수 없습니다.

그래서 기도를 할 때는 마음 단속을 잘해야 합니다.

스님! 묻겠습니다.

아무리 단속을 하려해도 자꾸만 비교되고 차별되는 마음이 일어나 주체하지 못할 때는 어떻게 해야 합니까?

네, 이때는 자신의 모든 식이 전변(轉變)4)되어 분별하는 주체(主體)와 분별되어지는 객체(客體)가 굴려지어 전도되고 있음을 빨리 알아 차려야 합니다.

잘못 들으면 원론적인 이야기 같지만, 이때는 『금강경』 「선현

---

4) 전화변이(轉化變異)라는 뜻. 1) 범어 pariṇāma의 번역으로 전이(轉異)라고도 한다. [설일체유부]에서는 유위법이 상속하는 가운데 앞의 순간에서 뒤의 순간으로 옮기면서 체(體)가 개변(改變)하는 것[自體轉變]은 허락되지 않지만, 작용이 일어날 것, 일어나는 것, 일어난 것이 미래·현재·과거의 변화라는 점에서는 전변(作用轉變)은 인정한다. [유식종]에서는, ① 제8식 가운데 거두어지는 종자로부터 제법을 변생(變生)하며[因能變], 혹은 현행의 8식 위에 견분과 상분 2분을 변현하는 것을 전변이라 한다[果能變]. ② 또 이 둘을 특히 구별하여 후자를 변현(變現) 또는 전변(轉變)이라 하는데, 대해 전자를 전변 또는 생변(生變)이라 한다. 2) 불·보살이 정자재력(定自在力)에 의해 맘대로 제법을 변질시키는 것. 3) 유위전변(有爲轉變) 등의 일반 용어로도 사용된다. 곧 만유의 생멸변화를 일컫는다.

기청분 제2」에서 수보리가 부처님께 "어떻게 머물고[應云何住], 어떻게 그 마음을 항복받아야 합니까[云何降伏其心]?"라는 질문에 대해 「대승정종분 제3」에서 부처님께서는 "4가지 마음에 머물고[안주(安住)], 그 마음을 항복받아라[항심(降心)]."고 하셨습니다. 4가지 마음이란 첫째는 광대심(廣大心)으로 삼계의 12류중생(十二類衆生)5)을 다 제도하는 것으로 경문(經文)의 "소유일체중생지류(所有一切衆生之類)로부터   약비유상비무상(若非有想非無想)"까지입니다. 둘째는 제일심(第一心)으로 12류중생 모두를 무여의열반(無餘依涅槃)6)에 들도록 하는 마음은 이승(二乘, 성문, 연각)과 다르므로 제일심인데, 이는 경문의 "아개영입무여열반(我皆令入無餘涅槃) 이멸도지(而滅度之)"이며, 셋째는 상심(常心)으로 성품이 모두가 공(空)하기 때문에 제도를 다 하였다고 하더라도 제도된 중생이 없다는 경문의 "여시멸도무량무수무변중생(如是滅度無量無數無邊衆生) 실무중생(實無衆生) 득멸도자(得滅度者)"로 제불(諸佛)과 중생이 같아 자신이 열반에 드는 것이 중생과 다르지 않음은 동체(同體)이고 본래부터 고요하기 때문이며, 망념이 없기 때문이며, 다같이 일법계(一法界)의 현상이기 때문에 멸도를 얻은 자가 따로 있

---

5) 중생이 생(生)을 받는 데의 12종. 12종류의 중생으로는 태생(胎生)·난생(卵生)·습생(濕生)·화생(化生)·유색(有色)·무색(無色)·유상(有想)·무상(無想)·비유색(非有色)·비무색(非無色)·비유상(非有想)·비무상(非無想) 등이 있다.

6) 4종열반(四種涅槃)의 하나로 생사의 괴로움을 여읜 진여를 말한다. 번뇌장을 끊고 얻은 것으로 이숙(異熟)의 고과(苦果)인 신체까지도 멸해 없어진 곳에 나타난다는 뜻으로 말한 것이다. 또 『성유식론』권10에서는 "의지처가 없는 열반[無餘依涅槃]이니, 곧 진여가 생사의 괴로움을 벗어난 것을 말한다. 번뇌를 이미 다하여 나머지 의지처(依止處)도 역시 멸하여 많은 괴로움을 영원히 고요하게 하기 때문에 열반이라 이름한다."고 말하고 있다.

을 수 없으므로 상심(常心)입니다. 넷째는 부전도심(不顚倒心)으로 마음을 항복시키는 말씀으로 경문의 "하이고(何以故) 수보리(須菩提) 약보살(若菩薩) 유아상인상중생상수자상(有我相人相衆生相壽者相) 즉비보살(卽非菩薩)"로 4상[아·인·중생·수자]에 머물지 않도록 하는 것입니다. 자비로써 준동함생(蠢動含生)⁷⁾도 교화하여 다 무여열반에 들게 하는 지혜가 그윽하여야 진리의 영역에 계합해서 능(能:나)과 소(所:남)가 끊어집니다.

스님! 묻습니다.

실로 중생을 다 제도하지만, 제도할 것이 없다는 요점은 무엇입니까?

네, 열반청정세계의 모든 함식(含識)⁸⁾으로 하여금 의지하여 귀의케 하는 것입니다. 4상을 다 없애야 실로 어떤 한 중생도 멸도를 얻음과 멸도(滅度)함이 없습니다. 이러함을 깨달아 알면 죽음에서 벗어나고 현재 고통스런 삶을 뛰어넘겠지만 그렇지 못하면 미혹함 때문에 껍질 속에 머무는 데에 갇힙니다. 중생제도를 다 하였으나 제도된 것이 없다고 안다면 중생과 부처가 다 같이 눈[설(雪)]속의 꽃과 같아 삶과 죽음을 요달(了達)하는데 서로 방해하거나 방해받지 않습니다.

이러함을 빨리 알아차려야 분별하는 매임[전(纏):묶임. 줄, 끈]에서 얼른 벗어날 수 있습니다.

---

7) 준동함령(蠢動含靈)과 같은 말. 땅을 기어 다니는 미물(微物) 내지는 박테리아로부터 허공을 떠도는 영가들까지 모든 유정, 무정의 일체의 생물(生物)을 지칭한다.

8) 각주 7)과 같은 함령(含靈)·함생(含生)·중생(衆生)이라고도 함. 심식(心識)을 함유한 것으로 유정(有情)을 뜻함.

만약 본인의 집에서 기도할 경우에는 몸과 마음, 그리고 환경을 정결(淨潔)히 하여 다음과 같은 순서를 따라 지극하게만 하시면 됩니다.

먼저 보례진언(普禮眞言)을 한 다음 『천수경』을 치고, 정삼업진언 → 개단진언 → 건단진언 → 정법계진언을 의식궤범(儀式軌範)9)의 순서대로 합니다.

다음은 삼보의 명위를 들어 법회[기도]에 참석하여 주실 것을 간청하는 행위로 거불(擧佛)을 하고, 기도대상의 부처님이나 보살님께서 공양(供養)을 받아 주실 것을 간청하는 진언으로 보소청진언(普召請眞言)과 불공[기도]을 드리게 된 사유를 밝히는 행위로 유치(由致)를 한 다음, 초청하는 말씀을 올리는 청사(請詞)를 하고, 향을 사르고 꽃을 올리는 의식으로 향화청(香花請)을 합니다.

그런 다음에는 기도대상인 부처님이나 보살님을 찬탄하는 노래인 가영(歌詠)을 하고, 모셔온 기도대상의 부처님이나 보살님께 앉으실 법좌를 만들어 드리는 의식으로 헌좌진언(獻座眞言)을 합니다. 만약 매일 계속하여 기도를 할 경우에는 불공을 드리는 사유를 밝히는 유치(由致)로부터 헌좌진언(獻座眞言)까지는 생략해도 됩니다.

다음에는 기도대상인 불•보살님의 거룩한 상호(相好)와 원만하고 무량한 공덕을 지극한 마음으로 생각하면서 찬탄하는 의식으로 정근(精勤)을 합니다.

정근이란, 정진(精進)과 같은 말로 기도대상인 불•보살님께 진

---

9) 범어 kalpa의 번역으로 줄여서 의궤(儀軌)라고도 한다. 밀교의 본경(本經)에서 설한 불·보살·천(天)·신(神) 등을 염송(念誦)·공양하는 의식의 정해진 절차.

정한 마음으로 찬탄하는 일로써 아득한 옛적부터 지금까지 지은 허물과 죄에 대한 참회로 절을 올리고, 그 분들의 성덕(聖德)을 칭찬하는 행위로 명호를 부르면서 예배공양(禮拜供養)하는 것입니다. 곧 몸으로는 절을 하고, 입으로는 불·보살님의 명호를 부르고, 마음으로는 불·보살님을 호념(護念)하는 것으로, 이때의 절은 참회의 절이어야 합니다. 또 일심칭명(一心稱名)하셔야 합니다. 이 말은 지극하고 순수한 마음이어야만 기도대상인 불·보살님과 본인이 합일(合一)되어 같아진다는 말씀입니다. 다음은 절하며 일심칭명하는 자기 모습을 놓치지 않고 정근하면 어떤 망상(妄想)도 일어나질 않으니 곧 바로 선정에 든 것과 같아집니다.

정근의 시간이나 절의 횟수는 형편에 따라 합니다.

참회 절을 할 경우에는 절의 횟수를 108배, 1,000배, 3,000배 등의 횟수를 정해 놓고 하셔도 되고, 절의 횟수를 정하지 않는 경우는 공손히 마음 다하여 본인 형편의 시간에 맞추어 해도 무방합니다.

절의 횟수를 정해 놓고 할 경우에는 횟수만 채우려고 하는 마음이 일어나 절하는 기계가 되면 안 됩니다. 왜냐하면 중생은 누구나 몸이 심하게 흔들리면 마음의 먼지도 따라 일어나 집중이 잘 안되어 잡란(雜亂)[10]되기 때문입니다.

찬탄을 하는 경우에는 처음 얼마간은 의욕이 있어 잘되지만, 시일이 지나면 반드시 기도자의 마음이 풀어져 지루해지고 하기 싫

---

10) 색경(色境) 등을 반연해서 잡염(雜染)의 의지처로 삼는다. 욕계와 색계의 유정이 아득한 옛날부터 색경 등을 집착해서 전도된 망상(妄想)을 일으켜 생사윤회를 해 왔는데, 만약 색경이 없다면 전도된 망상도 없고 잡염도 있을 수 없다.

은 마음이 일어나 '적당히 하자.'는 간사한 마음이 일어나는데, 이
는 우리의 물들은 마음이 외부의 사물에 매여 끌려짐을 당하기 때
문입니다. 마음이 외부 사물에 매이는 것은 본인의 마음 밖은 모두
가 물질로 이루어져[건립] 있어 훈습되어 있기[익어졌기] 때문입
니다. 곧 법공(法空)을 체득하질 못했다는 뜻입니다. 이때에는 억
지라도 흐트러지는 마음을 자꾸만 추슬러 모으고 모아, 다만 내식(
內識)의 전변에 의한 것이니 외부에 형상으로 나타난 것은 허망하
다는 것임을 알도록 노력해야 합니다. 그러하지 않으면 다음부터
는 마음이 풀어져 형식적인 기도로 발전하여 중도에서 포기하거나
소홀이 하게 됩니다.

　이러함을 없애기 위해서는 미리 기도의 성격에 알맞은 참회문을
지어 읽으면서 하시면 참 좋습니다. 만약 본인이 직접 참회문을 짓
지 못하면 스님이나 지도하시는 법사님, 혹은 도반에게 부탁하셔도
됩니다.

　시간을 정해 놓고 할 경우에는 횟수는 염두에 두지 마시고, 지극
한 마음으로 참회문 한 구절 한 구절을 마음 다하여 읽고 참회하
면서 절을 합니다. 참회문을 읽으면서 절을 할 경우에 진정한 참회
가 될 때에는 눈물이 펑펑 쏟아지기도 하는데, 이런 현상은 여래장
(如來藏)11)에 본래부터 갈무리되어 있는 여래의 성덕(性德)이 연

---

11) 범어 tathāgata-garbha. 일체 중생의 번뇌의 몸 가운데 간직되어 있는 본래 청정
　한 여래법신. 여래장이 번뇌 가운데 덮여있으나 번뇌에 더럽혀지지 않고 본래의
　절대 청정함을 구족하여 영원히 변하지 않는 본성(本性), 진여·여실·법계·법성·실제·
　실상·법신·불성·자성청정심·일심·부사의계(不思議界)라고도 한다. 미계(迷界)에서의
　진여는 그 덕이 숨겨져 있을지언정 아주 없어진 것이 아니고 중생도 여래의 성덕
　(性德)을 간직하고 있으므로 여래장이라고 한다. 원효스님은 『여래장론』의 「無

(緣, 조건)이 된 것입니다.

어째서 그런가요?

전변(轉變)이라는 말이 있는데, 전(轉, 굴림)이란, 연(緣, 조건)을 따른 것이고, 변(變)이란 자체식이 구르면[전(轉)] 변해져 인식의 주체인 견분(見分)12)과 인식의 대상인 상분(相分)13)으로 비슷하거나 같게 나타나기 때문입니다.

또 기도대상인 불·보살님의 명호를 불러 찬탄할 경우에도 숫자를 1,000번 혹은 10,000번 등을 정해놓고 하여도 되고, 그냥 숫자를 정하지 않고 거룩한 위덕(威德)을 찬탄하고 경배하며, 귀의하여 자신의 희망을 생각하여 한 번 부를 때마다 지극함을 더 깊고 깊게 순수한 마음으로 명호를 불러야 합니다. 이때에 마음으로는 불·보살님 덕상(德相)의 거룩함을 생각하고 입으로는 지극히 명호를 불러 찬탄하며, 몸으로는 덕성(德性)을 생각하여 감사의 절을 시간의 형편에 따라 해도 좋습니다. 지극함이 더해지면 몸과 마음이 대상에 몰입되어 얕은 삼매(三昧, 無我法)에도 듭니다.

특히 조심해야 할 것은 명호를 부르면서 정진하다 보면 기도 대상의 불·보살님[名號]도 현재의 환경도 자신의 마음도 다 없어지고 아주 고요한 상태를 경험하게 되는데, 이때 '이것이 삼매구나.'라는 마음이 들어 기쁨이 일어난다면 이는 무기공(無記空)14)의 마

相法品」에서 여래장을 '능섭여래장(能攝如來藏)과 소섭여래장(所攝如來藏)과 은부여래장(隱覆如來藏)'으로 나누어 설명하였다.

12) 범어 darśana-bhāga. 유식학파(唯識學派)의 용어. 보여 지는 대상을 뜻하는 상분(相分)에 대해 보는 자. 즉 인식주체를 뜻하는 말.

13) 범어 nimittabhāga. 심식이 인식작용을 일으킬 때 동시에 인지할 그림자를 심중(心中)에 떠오르게 하여 대상을 삼는 심리작용. 곧 인식의 객체인 대상이다.

군에게 붙들림을 당한 것이지 결코 삼매는 아닙니다. 왜냐하면 자신의 일심(一心)을 놓쳤기 때문입니다. 일심을 놓쳤다는 것은 제8식 내에 있는 변행심소(遍行心所)15)가 너무나 둔하고 느리게 작용하면서 자신의 업식과 상응하여 이미 결합되어 있기 때문에 도저히 감지할 수가 없습니다.

이는 간화선에서 목숨처럼 여기는 화두를 놓친 것과 같습니다.

입으로 명호(名號)를 부를 경우에는 간절한 마음으로 길게 쭉 빼어 청승맞게 부르지 마시고, 우리가 어떤 존경하는 분께 칭송하고 찬탄하듯 신나게 그 명호를 부릅니다. 왜냐하면 우리의 불·보살님은 떡이다, 과일이다, 돈 등의 물질을 많이 내놓거나, 차려 놓고 궁상(窮狀)을 떠는 것보다는 자신의 명호를 진심(眞心)으로 연호해 주시는 것을 더 좋아하시기 때문이지요. 떡·과일·돈 등의 물질은 유루(有漏)로 번뇌의 업인(業因)은 될지언정 무루(無漏)의 아뇩보리(阿耨菩提)로 나아갈 수 있는 종자(원인)는 없기 때문입니다.

지극함을 다하는 마음으로 기도를 해 나가면 반드시 의식이 일어나지 않는, 그러니까 외부대상을 판별하는 인식작용이 끊어진 상태[지식(止識)]에 이르게 되고, 더욱 깊게 발전하면 오롯한 경계인

---

14) 악취공(惡取空)의 일종으로 선법도 악법도 모두 없다고 집착하는 상태. 이는 공(空)의 의미를 잘못 이해하여 '모든 것이 공하다'고 집착하는 사견(邪見)이다.

15) 변행심소(遍行心所)는 8식 모두에 언제나 함께 작용하는 보편적인 심리작용이다. 이 심소는 선(善)·악(惡)·무기(無記)의 삼성에 모두 두루 일어나며[遍起], 3계(三界)·9지(九地) 어디에서나 작용한다[一切地]. 유심(有心)·무심(無心)의 모든 순간에 일어나고[一切時], 변행(遍行)의 다섯 가지 심소와는 언제나 반드시 함께 일어난다(一切俱). 이 심소에는 촉(觸)·작의(作意)·수(受)·상(想)·사(思)의 다섯 가지 심소(心所)가 있다.

심념(心念)에 도달하여 하나의 기도대상에만 마음이 머뭅니다. 우리는 이러한 경지를 '삼매(三昧)'라고 합니다.

이러한 삼매로부터 촉심소(觸心所)16)에 의해 나오면[출정(出定)] 그때는 삼매에 들었던 종류나 깊이에 따라 지혜가 이루어집니다.

마칠 때는 반드시 자신의 기도공덕이 일체 중생에게 베풀어지도록 회향게(廻向偈)나 회향송(廻向頌)을 하셔야 합니다.

이 회향게나 회향송도 본인이 직접 지어서 해도 되고, 형편이 되지 않으면 사홍서원(四弘誓願)이나 사섭사(四攝事)17) 등으로 해도 무방합니다.

만약 본인이 직접 지을 경우의 내용에 대해 예를 들면,

① '원하옵니다. 사생육도 법계 중생으로 다겁생(多劫生) 동안 지은 죄, 이제 제가 참회하여 머리 숙여 절하오니, 모든 업장 소멸하여지이다. 오늘 올리는 이 참회의 공덕 모든 중생에게 널리 회향하옵니다.'라 외우고는 절을 1배 올리고,

② '원하옵니다. 사생육도 법계 중생으로 다겁생(多劫生) 동안 모

---

16) 세 가지가 화합해서. 변이(變異)하는 데서 분별하는 것을 말한다. 심왕과 심소로 하여금 대상[境界]에 접촉하게 하는 것을 체성(體性)으로 삼고, 수(受)·상(想)·사(思) 등(作意)의 소의[依止處]가 되는 것을 업용(業用)으로 삼는다. 근(根)·경(境)·식(識)과는 다시 서로 수순하기 때문에 삼화(三和)라고 말한다. 일체의 심왕과 심소를 화합하여 다 같이 대상에 접촉하게끔 하는 것이 촉심소의 자성이다.

17) 범어 catur-saṃgraha-vastu. 사섭법(四攝法)·사사섭법(四事攝法), 간략하게는 사섭(四攝)이라고도 한다. 보살이 중생을 섭수(攝受)·친애하는 마음을 일으켜 그들로 하여금 보살을 믿게 하여 불도로 이끄는 네 가지 행위 ① 보시섭(布施攝, 재물과 법을 베푸는 것) ② 애어섭(愛語攝, 부드러운 말을 하는 것) ③ 이행섭(利行攝, 중생을 이롭게 하는 온갖 행위) ④ 동사섭(同事攝, 중생을 가까이 하여 중생 속으로 들어가 중생과 고락을 같이 하고 중생과 삶을 같이 하는 것)이 있다.

든 잡염(雜染)의 종자와 습기가 일어나 지은 죄, 이제 제가 참회하여 머리 숙여 절하오니, 부디 두 가지 추중(麤重)한 번뇌 소멸하여지이다. 제가 반드시 법신(法身)을 증득하여 일체중생들이 요익(饒益)토록 세세생생 펼치겠나이다.'라 하면서 절을 1배 올리고,

③ '원하옵니다. 사생육도 법계 중생으로 다겁생(多劫生) 동안 일으킨 구생기(俱生起)와 분별기(分別起)의 번뇌로 지은 죄, 이제 제가 참회하여 머리 숙여 절하오니, 부디 번뇌장(煩惱障)18)과 소지장(所知障)19)의 2가지 장애(障礙) 소멸하여지이다. 이 공덕, 일체중생들께 세세생생(世世生生) 보살도(菩薩道)로써 행하겠나이다.'라 하면서 절을 1배 올리고는

'이 모든 공덕이 널리 일체중생에게 베풀어져 모든 중생들이 한날 한 시에 아미타부처님 친견하고 성불하여지이다.'라고 회향송(廻向頌)을 합니다.

이렇게 정근이 끝나면 다음에는 욕건만다라선송(欲建曼陀羅先誦)과 정법계진언(淨法界眞言)을 합니다.

다음에는 차(茶)나 청정수(淸淨水)를 올리면서 다게(茶偈, 아금

---

18) 범어 Kleśa-āvaraṇa. 혹장(惑障)이라고도 부르며, 깨달음에 이르는 도. 즉 성도(聖道)를 장애하여 해탈을 얻지 못하게 하는 번뇌의 특성을 나타내는 말. 『구사론』 권25에 "무루의 혜(慧)가 생하는 것을 장애하여 혜해탈(慧解脫)을 얻지 못하게 하는 번뇌를 번뇌장이라 하고, 번뇌장을 여의고 혜해탈을 얻어도 멸진정을 얻는 것을 장애하여 구해탈(俱解脫)을 얻지 못하게 하는 장애를 해탈장(解脫障) 혹은 정장(定障)이라 한다."고 한다. 곧 염오무지(染汙無知)이다.

19) 소지장(所知障)이란, 변계소집을 실법(實法)이라고 집착해서 살가야견(薩迦耶見)을 비롯하는 것으로 악견(惡見)·의심·무명(無明)·탐애·성냄·거만 등이다. 소지경(所知境=인식의 대상)과 전도됨이 없는 본성을 덮어서 능히 열반[보리]을 장애하는 것을 소지장이라 말[이름]한다.

청정수 변위감로다 봉헌삼보전 일일무수례)를 외우고는 진언으로 공양을 권하는 진언권공(眞言勸供)과 자재한 부처님의 신력으로 기도의 대상인 부처님이나 보살님들의 구미에 알맞은 음식이 되도록 변하는 무량위덕자재광명승묘력변식진언(無量威德自在光明勝妙力變食眞言)을 하고는, 감로수를 공양하는 진언인 시감로수진언(施甘露水眞言)과 한결같은 마음으로 공양하는 마음을 가지는 진언인 일자수륜관진언(一字水輪觀眞言)을 하시고, 이 음식이 진리의 젖으로 변해 공급되는 진언인 유해진언(乳海眞言)과 공양을 출생시키는 진언인 출생공양진언(出生供養眞言)과 음식을 깨끗하게 하는 진언인 정식진언(淨食眞言)과 공양하는 마음을 일으키게 하는 운심공양진언(運心供養眞言)을 한 다음에 기도대상인 부처님이나 보살님께 권공하며, 예배하는 예참례(禮懺禮)를 올립니다. 예참례의 공양은 자신들이 먹을 밥을 미리 지어서 해도 되고, 시간이 없으면 생미(生米)로 하셔도 됩니다.

예참례를 올린 다음에는 반드시 널리 공양을 올리는 보공양진언(普供養眞言)을 하고, 공양의 모든 공덕을 널리 회향하는 회향진언(普廻向眞言)과 소원성취를 기원하는 소원성취진언(所願成就眞言)을 하고, 부족함과 빠진 것을 보충하는 보궐진언(補闕眞言)을 한 다음에 기도자의 소망을 기원하는 축원(祝願)을 마음모아 사뢰고는 『반야심경』을 봉독하고는 마치면서 도량내외의 귀신들께 헌식(獻食)을 하여 회향(廻向)합니다.

이렇게 대승적(大乘的)인 순서와 회향이 적합합니다.

'대승적인 회향'이란, 곧 기도의 공덕이 모든 중생이 빨리 아뇩다라삼먁삼보리(阿耨多羅三藐三菩提)에 나아가 해탈하고 열반을 얻는데, 베풀어지기를 바라는 순수한 마음20)입니다.

그러니 사도(邪道)를 행하는 무리들도 다 그들 나름대로의 순서와 형식이 있고 회향이 있는데, 하물며 우리 대승에서는 말할 것도 없질 않습니까.

이렇게 우리가 행하는 기도형태에는 두 가지가 있습니다.

첫째는 나의 힘이나 능력으로는 도저히 해결할 수 없는 문제를 부처님이나 보살님들에게 대승불자의 마음으로 지극하게 빌어, 우리는 헤아릴 수 없는 그분들의 덕의 작용[위신력(威神力)]을 구하여 여러 가지 어려운 문제를 해결하는 것으로 현재 이익적인 기도입니다.

둘째는 부처님과 보살님 등의 숭배대상에 귀의하여 믿음을 가지고 엎드려 참회하여 견성해서 죄를 소멸하고, 감사(感謝) • 보은(報恩) • 찬탄(讚嘆) • 숭앙(崇仰) 등을 위하여 부르는 비공리적(非公利的)인 기도입니다.

앞에 것은 주로 민간신앙과 기능신앙(機能信仰)으로, 기도사(祈禱師)21)와 산복(山伏)22)이 행함에 의하여 악마를 물리치고 복을 부르며, 병을 치료하는 것 등에 이용됩니다.

---

20) 순수한 마음이란 곧 우리 중생의 마음은 일어나기만 하면 분별로 인하여 견분[**주관**]과 상분[**객관**], 자증분(自證分)과 증자증분(證自證分)의 4가지로 분화(分化)되는데, 이 4 가지로 분화되기 이전의 근본 마음을 가리킨다. 이를 가르침에서는 근본지(根本智)·불성(佛性)·진여(眞如)·여래장(如來藏)·중도(中道) 등이라고도 한다.

21) 기도를 대신하여 주는 스님.

22) 세속의 부귀공명을 버리고 산속에서 고(苦)·집(集)·멸(滅)·도(道)의 사성제와 12연기 등의 가르침을 따라 혼자서 깨달음을 위해 수행하는 사람.

뒤의 예로는 밀교(密敎)의 삼밀가지(三密加持)로 정토교(淨土敎) 계통의 진언염불(眞言念佛) 등이 있습니다.

이러한 기도형식은 반복하여 외우고, 부르는 과정으로 쉽게 자기 목적화하여 한층 현세 이익을 구하는 주문(呪文)과 주법(呪法)으로, 마침내 첫 번째 기도형태로 근접하여 이행됩니다. 그 점에서 기도라고 하는 것은 숭배대상과 인간이라는 이원대립적(二元對立的)인 관계에서 후자의 인간이 전자의 초자연적인 불·보살님의 여러 가지 힘을 강제로 자신의 일에 유익하게 개입시키기 위하여 행해지는 주술이나 종교적인 행위입니다.

이러한 기도를 전형적으로 개발하여 체계화한 것이 대승의 밀교인데, 밀교의 기도는 크게 다섯 가지로 나눕니다.

그 다섯 가지는 어떤 것인가요?

네. 첫째는 식재법(息災法)으로 재앙과 고난을 제거하기 위해 수행하는 것이고 둘째는 증익법(增益法)으로 행복과 건강을 부르기 위해 수행하는 것이며, 셋째는 경애법(敬愛法)으로 인간의 마음에 자애로운 생각을 일으켜 평등성지(平等性智)가 일어나게 하여 대원경지를 얻기 위해 수행하는 것이고, 넷째는 조복법(調伏法)으로 악인(惡人)과 악심(惡心)과 삿된 영혼을 물리치고 제압하기 위해 행하는 것이며, 다섯째는 구소법(鉤召法)23)으로 스스로 희망하는

---

23) 범어 vaśikaraṇa. ākarṣaṇa. 4종(種) 혹은 6종호마수법(六種護摩修法)의 하나. 구소(鉤召)의 실지(悉地)를 성취하기 위한 밀교의 수법(修法). 섭소법(攝召法)·청소법(請召法)·초소법(招召法) 등이라고도 하고, 박시가라나(縛始迦羅拏)라고도 음사한다. 『大日經』에서는 이 수법에 대해 "모든 자재를 소섭하는데, 가마노를 쓴다고 하고, 구소란 명칭을 갈고리나 낚시 같은 것으로 물건을 잡아 끌어당기듯이 미혹한 중생들을 불도(佛道)로 이끌거나 삼악도에 떨어진 중생을 인(人)과 천도

경지에 도달하기 위해 수행하는 것으로 이렇게 5가지가 있습니다.

이러한 것들을 좁은 의미로 말하면 삼밀행(三密行)24) 안에서 구밀(口密)25)에 해당하지만, 넓은 의미로는 3밀행 전체로 곧 입으로는 진언을 부르고 손으로는 인계(印契, 범어 mudra)26)를 맺으며, 마음으로는 본존(本尊)을 생각하는 것에 관계됩니다. 그래서 기도라고 하는 밀교의 5가지 방법은 주술로 현세 이익적인 측면과 종교의 구제론적 측면 두 가지를 통합한 것이라고 할 수 있습니다.

현세 이익적인 측면은 주로 현실생활의 가난으로 괴롭고 고통스런 삶을 살고 있는 사람이 현재의 괴로움과 고통을 벗어나서 자신이 바라는 안락하고 풍요로운 삶을 영유하고자 하는 절박한 마음에서 행하는 기도이고, 종교의 구제론적인 측면은 몸과 마음이 다 출가[신심구출가(身心俱出家)]한 수행자가 현재 일어나는 번뇌를 무루(無漏)27)의 훌륭하고 뛰어난 도(道)로써 번뇌를 단멸해서 열

(天道)로 끌어 올린다는 뜻에서 붙은 이름이다. 이 호마수법은 경궤(經軌)에 따라서 차이가 있으나 수법의 목적은 5부(五部) 중에서 갈마부(羯磨部)의 부주(部主)인 불공성취불의 가피력을 입기 위한 것이라"고 한다.

24) 비밀의 3업[신(身)·구(口)·의(意)]에 의하여 행하는 행위(行爲).

25) 범어 vācguhya.. 삼밀(三密)의 하나로 부처님의 삼업활동(三業活動) 중에서 구업(口業)을 말한다. 우주 안에 가득한 온갖 언어·음성의 활동으로, 어밀(語密)이라고도 한다. 진언을 염송(念誦)하는 구업이 은밀하고 비밀스런 묘용(妙用)을 지녔음을 뜻한다.

26) 본존(本尊)의 인계(印契)를 천안인(千眼印)이라 하는데, 이는 『千手經』에 나오는 말. 두 손의 소지(小指)·무명지(無明指)·중지(中指)를 가지고 각각 손등을 서로 붙이고, 그 두 인지(人指)를 세우고, 두 대지(大指)를 넓혀 인지(人指)의 제2의 문(文)의 곁에 붙임. 팔뚝을 5치[寸] 정도로 펴서 미간상(眉間上)에 놓고 진언(眞言)을 외운다.

27) 범어 anāsravaḥ. 유루의 대칭. 루(漏)는 번뇌의 다른 이름이니, 탐욕과 진에 등 번뇌가 끊임없이 안(眼)·이(耳) 등의 6근문(根門)으로 흘러나옴이 그치지 않으므

반과 해탈을 얻어 고통 받고 있는 모든 중생을 제도하고자 수행하는 기도입니다.

전자의 현세 이익적인 기도를 하는 경우의 기도는 오직 간절한 마음에서 행하는 기도이기에 유루(有漏, 번뇌가 따르는)로 바라는 것이 반드시 마음의 밑바탕에 깔려 있습니다. 이러함은 반드시 무루(無漏, 번뇌가 없는)의 기도가 아니라서 3해탈문(三解脫門)28)에는 절대로 들어갈 수 없습니다.

무엇 때문에 이왕지사 행하는 기도를 현세 이익만을 위한 유루의 기도를 하시렵니까?

그렇다고 기도자의 현세 이익만을 위한 기도가 조금도 성취되지 않는다는 말씀은 아닙니다. 곧 유루(有漏)29)의 기도가 전혀 감응이

로 루(漏)라고 한다. 번뇌의 더러운 때를 떠난 청정법을 무루(無漏)라고 한다. 삼계의 번뇌를 끊은 모든 법과 열반·보리 등은 모두 무루에 속한다.

28) 해탈을 얻어 열반에 이르는 3가지 법문으로 삼해탈(三解脫)·삼탈문(三脫門)·삼문(三門)이라고 간략하게 말하기도 한다. 첫째는 공문(空門)으로 일체법은 자성이 없음을 관하여 자재를 얻는 것이다. 둘째는 무상문(無相門), 혹은 무상문(無想門)이라고도 하여, 일체법이 공함을 이미 알아 여러 가지 상(相)이 참으로 얻을 수 없음을 관(觀)하는 것이다. 이를 통하여 차별상으로부터 자재를 얻는다. 셋째는 무원문(無願門) 혹은 무작문(無作門)·무욕문(無欲門)으로 이미 일체법이 상(相)이 없으며, 얻을 수 없음을 알아 삼계에서 원하고 구하는 바가 없음을 말한다. 이로 말미암아 모든 생사의 업으로부터 자재를 얻는다. 이러한 3해탈문은 공(空)·무상(無相)·무원(無願)의 삼삼매(三三昧)에 의지하고 있다.

29) 모든 유루(有漏)는 자신[다른 사람의 현실 : 他身]의 종자가 현행하는 번뇌와 같이 전후에 생겨나고, 같이 전후에 멸하여[번뇌와 함께한다는 의미이고, 유루의 올바른 원인[正因]이다.] 서로 더하고 늘어남[增益]으로써 바야흐로 유루가 되는 것이다. 이것에 말미암아 유루법의 종자를 훈습한다.[이런 원인은 유루종자의 현행이다.] 이후에는 선 등이 일어나 유루의 뜻이 이루어진다. 삼종이생(三種異生=범부)이 이미 그러하다고 말하면, 유학 또한 그러하다. 왜냐하면 번뇌와 같이 하

없다는 뜻은 아니지요. 기도에 대한 영험이 있는 것은 현세 이익적인 것이라서 반드시 그 한계와 분량(分量)이 있다는 말씀입니다.

비유하면 허공을 향하여 쏘아올린 화살은 반드시 최고점에 이르면 다시 아래로 떨어지는 것과 같습니다. 이 말은 기도의 영험과 복(福)에 한계가 있다는 뜻입니다.

누구나 자신이 지은 죄는 벌을 받아야만 그 죄가 소멸되고, 자신이 지은 업은 반드시 지은 업에 대한 결과[業報]30)를 자신이 고스란히 받아야만 그 업에 대한 결과가 소멸됩니다. 이를 두고 성스러운 가르침[성교(聖敎)]과 올바른 이론[正理]에서는 '선한 업[善業]에는 좋은 과보[善果], 악한 업[惡業]에는 악한 과보[惡果]를 받는 법칙[경계]이 있다.'는 것입니다.

지금 제가 말하는 업(karma)이라는 것은 '짓는 행위[작위(作爲)]'나 '일'을 나타내고, 보(報, vipāka)는 '이숙(異熟)'31)이라고도 번역

기 때문에 제7말나식이 멸하지 않으며, 다른 식 중에는 반드시 함께 하는 선(善) 등이 없기 때문이다. 무학의 유루는 비록 번뇌와 함께 하지는 않지만, 이전의 유루종자로부터 일어남으로써 유루를 이룬다.

30) 업보[지은 업에 대한 과보] : 업은 갚음[과보, 이숙(異熟)]을 내는 원인이 되기 때문에 업인(業因)·인업(因業)이라 하고, 업에 의한 갚음을 업과(業果)·업보(業報)라 한다. 또 업인(業因)에는 업을 일으키는 원인[번뇌 등]이라고 하는 의미도 있고, 인업(因業)에는 원인과 업[주된 원인과 도와주는 인연]이라고 하는 의미도 있다. 업의 과보를 끌어당기는 힘을 업력(業力), 업에 의한 괴로운 갚음, 또는 업과 그 괴로움[苦]을 받음을 업고(業苦)라 한다.

31) 범어 vipāka의 번역으로 과보(果報)라고도 번역하고, 비파가(毘播迦)라고도 음역(音譯)한다. 선 또는 악의 업인(業因)에 의해서 이것과 성질이 다른 ※무기(無記)인 결과를 산출(産出)하는 것. 또 그 결과를 말하기도 한다.

※ 무기(無記) : 사물의 체성이 중용(中庸)으로서, 선(善)이라고도 악(惡)이라고도 기별(記別)할 수 없는 것을 말한다. 부(覆)은 은부(隱覆)·은폐(隱蔽)의 뜻으로서 염

되어 '성숙(成熟)한 결과'를 나타냅니다. 또 이숙에는 진이숙(眞異熟)과 이숙생(異熟生)의 두 가지가 있는데, 진이숙이란, 유정총보(有情總報)의 과체(果體)인 제8식을 가리키는 것이고, 이숙생은 제8식으로부터 생긴 이숙과(異熟果)로 귀하고 빈천[貴賤]하고, 괴롭고 즐겁고[苦樂], 현명하고 어리석고[賢愚], 예쁘고 못생긴[美醜] 등의 별보(別報)를 가리킵니다.

진이숙을 감득(感得)하는 업을 인업(引業)이라 하고, 이숙생을 감득하는 업을 만업(滿業)이라 합니다.32)

진이숙에 대한 설명을 『구요(摳要)』 권상(卷上) 末에서는

"진이숙구삼의(眞異熟具三義)로 첫째는 업과(一 業果), 둘째는 부단(二 不斷), 셋째는 변삼계(三 遍三界)."

라고 합니다.

먼저 업과(業果)란, 선악업인(善惡業因)에 의해 초감된 이숙무기

오(染汚)의 성품이다. 따라서 유부무기(有覆無記)는 망혹(妄惑)의 체성이 매우 미약하다. 구생기(俱生起)의 아집(我執)과 법집(法執), 즉 제7식이 유부무기성(有覆無記性)이다. 성스러운 도를 장애(障礙)하여 청정심을 은폐한다. 무부무기(無覆無記)는 체성은 망혹이 아니면서 세력이 미약하여 선악이 아닌 것이다. 아뢰야식의 자체와 5근(五根) 및 외부세계의 산하초목(山河草木) 등이 무부무기성(無覆無記性)이다. 『아비달마구사론』에서는 "범어[ⓢ]로 avyākata라 한다. 삼성의 하나로 선이라고도 악이라고도 할 수 없는 중성적인 성격의 유루법을 말한다. 선에는 좋은 과보가 악에는 나쁜 과보가 따르나, 무기에는 선악의 과보가 없으므로 무기는 과보를 초래하지 않는다. 불교의 여러 분류법에 따라 무기를 분류하는 방식도 여러 가지가 있다. 18계(界) 중 색법에 속하는 것 중 색(色)과 성(聲)을 제외한 나머지 8계 곧 5색근과 향(香)·미(味)·촉(觸) 등은 오로지 무기에 속한다. 나머지는 모두 삼성에 통한다."고 말한다.

32) 『成唯識論』 卷2.

(異熟無記)의 총보인 과체(果體)를 말합니다. 만약 전에 지은 과체가 선(善)일 때는 항상 낙과(樂果)만을 받아서 현재 악(惡)을 짓더라도 고과(苦果)를 초감하지 않아 유전침몰(流轉沈沒)할 일이 없습니다. 또 만약 전에 지은 인과가 악(惡)할 때에는 현재 고과(苦果)만을 받아 비록 현재 선만을 지을지라도 낙과(樂果)를 감득하는 일이 없습니다. 이는 곧 현재 온갖 나쁜 짓을 하더라도 과체가 선일 때엔 지금은 잘 살고, 지금 아무리 선한 일을 많이 하며 살더라도 항상 고통을 떼어내지 못함은 이숙무기의 총체적인 결과의 체성이 악(惡)이라는 것입니다. 현재 악한 짓을 하면서도 잘 사는 사람도 나중에는 반드시 그 악한 업의 과체는 고스란히 자신이 받아야만 한다는 의미이기도 합니다.

다음의 부단(不斷)이란, 끊어지지 않고 항상 상속한다는 뜻입니다. 만약 총보의 과체가 상속하지 않는다면 유정이 아닙니다. 따라서 총보(總報)는 반드시 부단상속(不斷相續)함을 뜻합니다.33)

마지막의 변삼계(遍三界)란 욕계·색계·무색계에 두루해서 어디서나 업력(業力)에 따라 이끌려 태어남[引生]을 뜻합니다. 만약 총보의 과체가 두루하지 않다면, 혹 어떤 세계(世界)에는 과체(果體)가 없게 되어 유정의 뜻이 없습니다. 그러므로 총보의 과체는 반드시 삼계에 두루하다는 의미입니다.

이 말은 불교에서만 사용했던 것이 아니고, 고대 인도의 우파니샤드(upaniṣad) 철학파34)나 이계파(離繫派)35)에서도 중요한 교리의

---

33) 『成唯識論』卷2.
34) 범어[ⓢ] upaniṣad라 한다. 고대 인도의 철학서로 바라문교(Brahmanism)의 성전 베다(veda)에 소속하며, 시기 및 철학적으로 그 마지막 부분을 형성하고 있기 때

개념으로 사용되었고, 불교의 가르침에서는 이 두 가지의 술어를
인간의 의지적(意志的) 작용과 그에 대한 객체의 필연적 반응을 나
타내는 말로 채택하였습니다.

인간이 짓는 업(業)과 보(報) 사이에는 직접적인 인과관계(因果
關係)이므로 그들 사이의 성질에도 반드시 동일성을 갖습니다. 그
래서 업인(業因)이 선(善)이면 과보 역시 선이고, 업인이 악(惡)하
면 과보는 악의 성질을 갖게 된다는 말씀입니다. 곧 선업(善業)에
는 즐거운 과보가 따르고, 악업(惡業)에는 괴로운 과보[苦果]가 따
르기 마련이라는 뜻입니다.

누구나 괴로움 보다는 행복하기를 바란다면 자신이 선업을 짓는
일, 이외 다른 길은 있을 수 없습니다. 이러한데도 우리는 항상 선
업보다는 악업을 더 많이 지었습니다.

스님! 어째서 그렇습니까?

네. 중생은 괴로운 상황에서는 선(善)보다는 악(惡)을 행하기가
쉬운 것은 악에 떨어지면, 선보다는 악을 행하기가 더 쉽기 때문입
니다. 이를 불교학적으로 설명하면 우리에게는 제7염오(染汚)의 말
나식(末那識)이라는 것이 있는데, 이 염오식(染汚識)은 항상 4가지
번뇌36)와 함께하고 사량(思量)37)하여 제8아뢰야식[업식, 근본식]

문에 '베단다(vedānta, 베다의 말미·극치)'라고도 한다. 모두 산스크리트어(語)로
작성되었으며 우리말로는 '가까이 앉는다'는 뜻으로 스승과 제자가 대좌(對坐)하
여 전수(傳受)하는 '비밀의 교의(敎義)'를 의미하며 보통 오의서(奧義書)라고 번역
한다. 인도의 정통바라문철학의 연원으로서 그 후 종교·철학사상의 근간(根幹)·전
거(典據)가 되었다.

35) 범어 visaṃyoga의 번역. 이멸(離滅)이라고도 말한다. 계박(繫縛, 묶여있는 상태)
에서 벗어난다는 뜻으로 해탈과 같은 뜻을 갖고 수행하는 부파(部派)이다.

36) 아치(我癡)·아견(我見)·아만(我慢)·아애(我愛)의 4가지 번뇌를 말한다. 이 번뇌는

을 의지해서 유전(流轉)하고 아뢰야식의 견분만 반연(攀緣)하는 것
을 자성(自性)과 행상(行相)38)으로 삼아 옳지 못한 것을 참된 것으
로 잘못 판단하기 때문이고,39) 범부가 분별하는 현재의 의식(意識)
은 제일 강력하게 일어나는 쪽으로 치우치기 때문입니다.

  이러한 분별과 사량[사려양탁(思慮量度)]하는 인식작용이 일어
날 때에는 그 어떤 힘으로도 중단시키거나 막을 수 없습니다. 곧
우리의 감각기관과 대상 그리고 인지하는 식의 3가지가 화합하는
것을 삼화(三和)라고 하는데, 삼화가 되면 반드시 촉심소(觸心所)
가 생기고, 촉을 조건[緣]으로 하여 갈애(渴愛)가 생기며, 갈애를
연(緣)하면 가장 강력한 의식이 흐름을 주도하기 때문이지요. 그래
서 악에 떨어지면 끝없는 악의 순환(循環, circulation)이 있게 됩니
다.

  또 우리 중생의 의식(意識, 제6식)은 인식의 외부대상[境界]을
요별(了別)40)하는 것으로 자체가 변하거나 바뀌지도 않는 고유한

      아치로부터 아애까지 차례대로 일어난다. 아직 아라한과 멸진정과 출세도(견도)
      의 지위에 이르지 못하면 말나식(末那識)이 존재한다는 의미이다.
37) 사리(事理)를 대충 헤아리고 분별함을 말한다.
38) 심식(心識)의 각자 고유한 성능을 말한다. 대승에서는 주관이 인지하는 작용을 말
      하는 것으로 곧 마음에 비친 객관의 영상(影像)을 인식하는 주관의 작용을 말한
      다. 『성유식론』에서는 "행(行)이란 유이(遊履)하는 것이고, 상(相)은 체상(體相)
      의 뜻이다. 능연(能緣)인 견분이 소연경(所緣境)인 체상에 유이하는 것, 즉 인식작
      용의 의미를 갖고 있다"라 하고. 또 全明星스님은 그의 저서 『三能變識의 研究』
      p.58에서는 "행상이란 요별(了別)의 뜻으로 능연(能緣)의 심(心)이 소연경(所緣
      境)인 체상(體相)위에 행보하는 의미이다. 다시 말하면 행상이란 식의 자체가 소
      대(所對=상대)의 대상[境]을 연(緣)하는 능연의 작용을 말한다. 즉 행(行)은 능연
      (能緣)의 작용이고, 상(相)은 소연(所緣)의 경상(境相)이라"고 한다.
39) 중생은 누구나 자기가 일으킨 번뇌의 세상에 묶여 지배를 받는다는 의미다.

존재성[自性]과 심식의 고유한 성능[行相]으로 삼습니다.

선(善)과 무기(無記)의 심소(心所)는 제외하여 말하지 않음은 선은 착한 성품이고, 무기는 선도 악도 아닌 성품으로 아무런 영향을 주지 않기 때문입니다. 마음에 온갖 나쁜 물이 들어있는 악한 마음으로 짓는 업은 반드시 악업(惡業)입니다.

이러한 악업의 마음에는 탐욕과 성냄과 어리석음과 거만한 마음[거만심]과 성스러운 진리를 의심하는 것과 다섯 가지 나쁜 견해[五惡見][41] 등 10가지의 근본번뇌가 있고, 이 근본번뇌와 함께 일어나는 번뇌를 수번뇌(隨煩惱)라 하는데, 이 수번뇌에는 분노[忿]와 원한[恨]과 덮음[覆][42]과 고뇌[惱][43]와 질투[嫉]와 인색[慳][44]

---

40) 요별(了別)이란 심(心)의 행상이다. 대상[境]의 상(相)에 능히 묶여 있음으로써 마음이 인식대상을 요별하는 데에 속박(束縛)되어 있다는 말이다.

41) 모든 진리를 배격하여 착오된 마음으로 진리에 대하여 잘못 판단하는 염혜(染慧)를 일으켜서 인과의 도리를 무시하고 동시에 올바른 견해[善見]을 장애하는 미리(迷理)로 여기에는 5가지'의 악견이 있다.

  1) 신견(身見=有身見·薩迦耶見)은 자기의 몸이 오온(五蘊)으로 가화합(假和合)되어서 환멸(還滅)되는 사실을 알지 못하여 아(我)와 아소(我所)가 있다고 집착하는 소견(所見)으로 곧 위신견(爲身見), 혹은 유신견(有身見)이라고도 한다.

  2) 변견(邊見)은 현재의 아(我)는 사후에도 존재한다는 상견(常見)과 죽으면 모든 것이 없다고 생각하는 단견(斷見)으로 어느 한쪽으로 치우친 소견이다.

  3) 사견(邪見)은 인과의 도리를 무시하는 것으로 도덕과 윤리를 부정하는 삿(邪)된 소견이다.

  4) 견취견(見取見)은 자기의 옳지 못한 견해가 가장 옳은 견해라고 집착하여 주장하는 소견이다.

  5) 계금취견(戒禁取見)은 외도들의 수행방법과 계율로, 예를 들면 그들은 생천을 목적으로 하여 나체로 수행하거나 머리카락 등을 뽑고, 횟가루를 바르고 불이나 물에 투신하기도 하고 인분(人糞)을 먹어야 해탈한다는 등의 삿된 계율 등을 뜻한다.

42) 스스로 지은 죄에 대해서 이익과 명예를 잃을까 두려워해서 감추려하는 것을 체성(體性)으로 삼는다. 능히 덮지 않음[不覆]을 장애하여 후회하고 괴로워하는 것

과 속임[誑]과 아첨[諂]과 해침[害]과 교만[憍]45)의 10가지의 적은
수번뇌와 참회할 줄 모름[無慚]과46) 부끄러워할 줄 모름[無愧]47)

을 업용(業用)으로 삼는다. 말하자면 죄를 덮는 자는 나중에 반드시 후회하고 괴
로워서 안온함이 없다.

43) 먼저 분노[忿]와 원한[恨]의 심소가 있어서 추적하여 사납고 맹렬하게 다투고 눈
물 흘리는 것을 체성으로 삼는다. 능히 고뇌하지 않음[不惱]을 장애하여 타인에게
지네(노래기)가 톡 쏘는 것처럼 하는 것을 업용으로 삼는다. 말하자면 이전의 악
을 쫓아버리고 현재 거슬리는 연[違緣]에 접촉하여 마음이 문득 다투고 어그러져
서, 대부분 시끄럽고 사납고 흉하고 비루(鄙陋)하여 거칠게 말하며, 타인을 마치
지네(노래기)가 쏘듯이 한다.

44) 재물과 법에 탐착해서 베풀지 아니하고 감추고 아끼는 것을 체성으로 삼는다 . 능
히 불간(不慳=인색하지 않음)을 장애하여 비루하게[陋] 축적함을 업용으로 삼는
다. 이른바 인색한 자는 마음에 많이 비루(鄙陋)하게 머뭇거리고, 재물과 법을 축
적해서 능히 주지 못하기 때문이다. 이것은 곧 탐애 심소의 일부분을 체상으로 삼
는다. 탐애를 떠나서 별도의 인색[慳]심소의 체상과 작용은 없다.

45) 자신의 번성한 일[**인간의 장수(長壽)를 자랑하는 등 유루의 번성(繁盛)한 일에 깊
이 염착하여 도취하여 방탕한 일이다.**]에 대해서 깊이 염착심을 일으켜 취(醉)하
여 방자한 것을 체성으로 삼는다. 능히 방자하지 않음[不憍]을 장애하여 잡염의
의지처(依止處)가 됨을 업용으로 삼는다. 말하자면 교취자(憍醉者, 방자함에 심취
(深醉)해서 혼미(惛迷)한 사람을 뜻한다.)는 일체의 잡염법인 번뇌 등을 일으키고
증장하기 때문이다. 이것 역시 탐애심소의 일부분을 자체로 삼는다. 탐욕심소를
떠나서 별도로 교(憍=방자함)심소의 체상과 작용은 없다.

46) 자기와 법을 돌아보지 않고, 현인(賢人)을 가볍게 여기어 선법(善法)을 거부하는
것을 체성으로 삼는다. 능히 참(慚)심소를 장애하여 악행을 일으키고 증장하는 것
을 업용으로 삼는다. 말하자면 자기와 법에 대해서 돌아보지 않는 자는 현인을 가
볍게 여기고 선법을 거부하여 자신의 과오(過惡)를 부끄러워하지 않고 참(慚)심소
를 장애하여 모든 악행을 일으키고 증장시킨다.

47) 세간을 돌아보지 아니하고 사납고 악한 것을 받들어 중하게 여기는 것을 체성으
로 삼는다. 능히 괴(愧)심소를 장애하여 악행을 일으키고 증장하는 것을 업용으로
삼는다. 말하자면 세간에 대해서 돌아보지 않는 자는 사납고 악한 것을 받들어 중
히 여기어 죄과를 부끄럽게 여기지 않고, 괴(愧)심소를 장애하여 여러 가지의 악
행을 일으키고 증장시킨다.

의 2가지 중간 수번뇌와 들뜸[掉擧]48)과 혼침(惛沈)49)과 불신(不信)50)과 해태(懈怠)51)와 방일(放逸)52)과 실념(失念)53)과 산란(散

---

48) 심왕으로 하여금 경계[대상]에 대해서 적정(寂靜)하지 않도록 하는 것을 체성으로 삼는다. 능히 행사(行捨, 개별의 선법(善法)에 대하여 말한 것으로 정진(精進)과 3선근(三善根=無貪·無瞋·無癡) 상에 심왕을 평등정직하고 무공용(無功用)하게 하는 작용이다.)와 사마타(奢摩他, 총체적인 선법에 대하여 말한 것으로 사마타(śamatha)는 지(止)·적정(寂靜)·지식(止息) 등으로 번역하고 심왕을 거두어 연(緣)에 안주(安住)하여 산란하지 않음이다.)를 장애하는 것을 업용(業用)으로 삼는다.

49) 심왕으로 하여금 대상[境]에 대해서 마음대로 할 수 없도록[無堪任=자재하지 못함] 하는 것을 체성으로 삼는다. 능히 경안(輕安)과 비발사나(毗鉢舍那, 梵語 vipaśyana의 번역으로 능견(能見)·정견(正見)·관찰(觀察)·관(觀)이라 한다. 능히 미세하고 분명하게 식별하여 잘못이 없도록 관(觀)하는 것이다.)를 장애하는 것을 체성으로 삼는다. 또 경안(輕安)과 비발사나(毗鉢舍那, vipaśyanā)를 장애하는 것을 업용으로도 삼는다.

50) 참된 존재[實]와 덕(德)과 능(能=능력)에 대해서 인정하거나 즐거워하거나 구 하려고 애쓰지[欲求] 않고, 심왕을 더럽히는 것을 체성으로 삼는다. 능히 청정한 믿음을 장애하여 게으름(惰=懈怠)의 의지처가 되는 것을 업용으로 삼는다. 불신자는 해태(懈怠=게으름)가 많기 때문이다. 불신(不信)심소의 세 가지 행상[인식활동]은 믿음[信]심소의 정반대로 뒤집어진 것이다. 그러니 모든 잡염법은 각기 별도의 행상을 갖는다. 오직 이 불신의 심소만이 자상(自相)이 혼탁(渾濁)하고, 또한 능히 다른 심왕과 심소를 혼탁하게 한다. 마치 지극히 더러운 물건은 자신도 더럽고 타(他=다른 것)도 더럽히는 것과 같다. 그러므로 이것(불신의 심소)은 심왕을 더럽히는 것을 체성으로 삼는다고 말할 수 있다.

51) 선품(善品)에 대해서 닦고 악품(惡品)에 대해서 끊는 일에 의욕이 없어 게으른 것[나태]을 체성으로 삼는다. 능히 정진을 장애하여 잡염법을 증장[滋長]하는 것을 업용으로 삼는다. 말하자면 해태(懈怠=게으른)한 자는 잡염법을 증장하기 때문이다. 모든 잡염의 일에 대해서 부지런히 책려(策勵)하는 것도 역시 해태(게으름)의 심소라고 말함은 선법을 퇴전시키기 때문이다.

52) 방일(放逸=방종하여 되는 대로 그냥 두고 노력하지 않는 일)의 심소는 잡염과 청정의 품(品)에 대해서 방지할 수 없거나 닦을 수 없어서 ※방탕(放蕩)하게 흐르는 것[縱恣蕩逸]을 체성으로 삼는다. 불방일(不放逸)를 장애하여 악을 증장시키고 선을 감손하는 것의 의지처가 되는 것을 업용으로 삼는다. 말하자면 해태 및 탐(貪)·

亂)54)과 부정지(不正知)55)의 8가지의 큰 수번뇌[大隨煩惱]로 모두 합치면 20가지가 됩니다.

이렇게 많은 근본번뇌와 수번뇌에 의해 일으킨 자신의 업에 대해서 진실한 참회[깨달음]없이 그냥 현재의 고통으로부터 벗어나고자 바라는 마음만 가지고 기도하는 것은 참으로 주제넘은(자기의 분수에 지나쳐 건방진 데가 있음) 처사라서 그 기도의 영험은 절대 기대할 수 없습니다.

몸으로는 살생(殺生)하고 도둑질하며, 사음(邪淫)하고, 입으로는 거짓말[妄語]하고 꾸미는 말[綺語]을 했으며, 이간질하는 말[兩舌]을 하고, 욕지거리 등의 악한 말[惡口]을 했으며, 뜻으로는 탐욕심(貪欲心)을 내고 성내며[瞋恚], 어리석은 생각[癡暗]을 하여 많은

진(瞋)·치(癡)심소 때문에 잡염품을 방지하거나 청정품의 법을 닦을 수 없는 것을 총체적으로 방일(放逸)이라 말한다. 별도의 자체를 갖는 것은 아니다. 비록 거만과 의심 등의 심소도 역시 이러한 공능이 있지만, 그 네 가지의 심소에 비교하면 세력이 미약하고, 3선근(三善根)과 정진[遍策]의 법을 장애하기 때문이다. 이것의 행상[인식활동]을 추구하면 불방일의 심소와 같다.
　※ 방탕(放蕩)하게 흐르는 것[縱恣蕩逸] : 마음 내키는 대로 늘어지고 쓸어버려 없어지다.
53) 모든 소연(所緣=인식대상)에 대해서 능히 분명하게 기억할 수 없는 것을 체성으로 삼는다. 능히 정념(正念)을 장애해서 산란의 의지처가 되는 것을 업용으로 삼는다. 말하자면 실념(失念)한 자[바른 기억을 못하는 자]는 마음이 산란하기 때문이다.
54) 모든 인식대상[所緣]에 대해서 심왕으로 하여금 유탕하게 하는 것을 체성으로 삼는다. 능히 올바른 집중[正定]을 장애하여 악혜(惡慧)의 의지처[所依]가 되도록 하는 것을 업용으로 삼는다. 말하자면 산란한 자는 악혜를 일으키기 때문이다.
55) 관찰되어지는 대상[境]에 대해서 그릇되게 이해하는 것을 체성으로 삼는다. 능히 올바르게 아는 것[正知]을 장애하여 훼범(毀犯)하는 것을 업용으로 삼는다. 말하자면 올바르게 알지 못하는[不正知] 자는 훼범하는 바가 많기 때문이다.

죄의 허물이 있는데, 기도한다고 해서 성스러운 가피가 찾아 들겠
습니까? 마치 꽉 차있는 더러운 분뇨통에는 아무리 깨끗한 물을
넣더라도 들어가지도 않을 뿐만 아니라, 들어간다고 하더라도 이는
분뇨이지 결코 마실 수 있는 깨끗한 물은 되질 못한다는 의미와
같습니다.

그렇다면 스님! 이러한 악업을 많이 지은 우리는 어떻게 해야만
하는가요? 도저히 기도하여 우리의 현실과 미래에 안락함은 구할
수 없다는 뜻입니까?

아닙니다. 저의 말뜻을 알아듣고 행하면 바라는 바를 꼭 이룰 수
있습니다.

그렇다면 그 응병여약(應病與藥)56)은 무엇입니까?

네. 먼저 본인이 지은 업은 모두가 제8식과 제7식과 제6식이 분
별하는 주체와 분별되어지는 것[객체]에 의해 여러 가지로 지었으
나 이 모든 심·의·식은 자성(自性)57)이 없습니다. 자성이 없다는
것[무자성(無自性)]은 연기(緣起)하는 것으로 무상(無常)하여 순간

---

56) 병(病)의 성질에 응해서 가지가지의 적절한 약을 주는 것. 부처가 중생의 근기(根
　機, 가르침을 받는 자의 선천적 성격과 능력)에 상응한 가지가지의 법을 설한다는
　뜻을 비유(譬喩)한 것이다.
57) 범어 svabhāva.. 제법 그 자체의 불변불개(不變不改)의 존재성을 말한다. 다른 것
　과 혼동(混同)하지 않고 개변(改變)함이 없는 독자의 체성, 곧 본성을 의미한다.
　여기에 변계자성(遍計自性)·의타자성(依他自性)·원성자성(圓成自性) 등의 삼성(三
　性)을 말하기도 하고, 『4권능가경』 제1에는 집성(集成)자성·성자성(性自性)·상성
　자성(相性自性)·대종성자성(大種性自性)·인성(因性)자성·연성(緣性)자성·성성자성
　(成性自性)의 7종 자성을 설하고 있다. 또 『중론』 등에서는 일체의 현상계는 인연
　을 따라 이루어지는 것이므로 무자성(無自性)이라고 하여 자성을 부정하기도 한
　다. 여기서는 『中論』의 뜻을 따른다.

에도 상주(常住)하지 않고 변한다는 뜻이므로 주재적(主宰的)인 실체의 존재[실아(實我),실유(實有)]는 없다(아니다)는 뜻입니다.

만약 실체의 자아(自我)와 법(法)이 있다면, 우리는 늙지도, 불행하지도, 가난하지도, 사고를 당하는 일도 없이 자신이 바라는 대로 이루어져야 합니다. 그런데 우리는 자신이 바라는 마음대로 되는 게 무엇 하나라도 있습니까?

그래서 '나[자아]'라고 여기는 것은 물질적인 육체와 정신적인 것[수(受)·상(想)·행(行)·식(識)]이 임시적인 인연에 말미암아 복잡하게 모여서 이루어진 것[가화합(假和合)]이므로 이는 모두가 성주괴공(成住壞空)하고 생로병사(生老病死)하며, 생주이멸(生住異滅)하는 현상(現狀)에서 임시로 화합하여 나타났습니다. 그러므로 생멸변화를 하는 가운데는 '나'와 '나의 소유'라고 여기는 것은 절대로 순간에도 존재할 수 없고, '나' 이외 모든 현상으로 개별적인 특성을 가진 존재를 우리는 '법(法)'이라고 말하는데, 이것 역시 실체(實體, 참다운 것)가 있질 않습니다.

모두가 다 나의 식이 전변하여 나타난 것[식소변(識所變)]으로 여기에는 세 가지[3능변식(三能變識)]가 있습니다.

이렇게 우리가 갖고 있는 3능변식(三能變識, 心·意·識)은 항상 전변(轉變)하는 것인데도 우리는 실체의 자아와 법이 있다고 여깁니다만 실제로는 허망한 분별과 집착된 종자에 의한 것이니 속아서는 절대로 안 됩니다.

모든 식이 일어남은 우리가 지혜가 없어 어리석음에 의한 것이라는 것을 자각하여 자신의 어리석음[무명]을 타파해야 합니다. 누구나 지극한 기도로써 깨달음을 증득(證得)하면 생사를 벗어나고 바라는 바도 다 이루어지듯이 자신의 성품을 찾았을 때 불·보살님의 감응이 말과 생각으로는 헤아릴 수 없을 만큼 나타납니다. 그때는 자신의 과거 삶에 식이 전변하여 나타난 현상(現想)58)들은 모두가 허깨비 같고 꿈같으며, 그림자 같고 풀잎에 맺힌 새벽이슬[露]같았음을 철저[통철(洞徹)]하게 알아집니다.

그러나 자신이 직접이었거나 아니면 간접이었거나 간에 지은 악업은 실체(實體)의 결과가 반드시 있음으로 진실한 참회를 해야만 합니다. 진실한 참회 없이 그냥 적당히 넘어 갈 그러한 업장소멸은 있을 수 없습니다. 곧 진실한 참회로 '죄를 소멸하여야 복이 생긴다[멸죄생복(滅罪生福)].'는 말로 곧 온갖 물든 마음을 11가지 선한 마음[善心所]59)으로 전환하여 진실한 삶을 살아야 한다는 의미입니다.

스님이 말씀한 허깨비, 꿈, 그림자, 이슬 등은 현실에서 나타나는 것이라서 보고 느껴 알지만, 스님이 말씀하는 자아와 법이라는 것은 어떤 것이기에 여기에다 비유하여 말씀하십니까?

네, 제가 말씀드리는 '자아(自我)'라는 것은 성스러운 가르침에서는 '오온(五蘊)'이라 말하여, 육체·감수·표상·지음·인식의 다섯 가지 요소(要素)가 임시로 화합하여 이루어진 것[쌓임. 덩어리, 무더기]으로 물질적인 것과 정신적인 것을 합쳐서 자아[나]라고 합니다. 물질로 이루어진 것을 '색(色, 육체)'이라 하고, 정신적인 것은

---

58) 현재 마음에서 일으키는 표상작용 곧 현재의 생각인 이미지(an image).
59) 믿음[信]·참회(慚悔)·괴타(愧他)·무탐(無貪)·무진(無瞋)·무치(無癡)·정진(精進)·경안(輕安)·불방일(不放逸)·행사(行捨)·불해(不害)의 11가지 심소이다.

감수[受] • 표상[想] • 지음[行] • 인식[識]의 요소입니다.

물질적인 색(육체)은 다시 지(地, 단단한 성분으로 곧 뼈, 이빨, 손발톱, 머리카락) • 수(水, 점도가 있고 축축한 성분으로 피, 눈물, 콧물, 땀, 대소변 등) • 화(火, 따뜻한 성분인 체온, 온기, 냉기 등) • 풍(風, 움직임, 행동)의 네 가지 성분[四大要素]으로 이루어져 있습니다. 이러한 4가지로 구성된 성분은 모두가 일시적인 인연으로 화합[가화합(假和合)]되어 유지되지만, 유지되는 기간에도 계속 변하고 화합의 인연이 끝나면, 흩어져 다시 본래로 돌아가기에 순간에도 존재하는 실체의 참된 존재[실유(實有)]가 아닙니다. 하나하나가 분석되고 분석되어지는 것에는 '나[我, 참된 나]'라고 할 수 있는 주재적(主宰的, 중심이 되어 책임지고 맡아 처리할 수 있는 능력 혹은 그런 사람)인 것은 없습니다.

그래서 우리는 무지(無知)해서 몸은 무상(無常)하여 괴롭다고 느낍니다. 만약 '나'라고 할 수 있는 실체가 있어 영원하다면 어찌 생로병사(生老病死)와 우비고뇌(憂悲苦惱)의 괴로움과 마음의 갈등이 따르겠습니까?

다시 정신적인 것이라는 수[감수] • 상[표상, 이미지(image)] • 행[유지] • 식[인식]도 항상 자성이 없어 공(空)하여 변하기 때문에 실체가 아니라고 『반야심경』에서도 설하고 있지 않습니까.

실체가 있다면 순수하고 주재적(主宰的)이어서 변함도 없고 모든 것을 마음대로 할 수 있어야 하는데, 우리한테는 이러한 요소가 전혀 없습니다. '없다'라는 말은 인연이 다하면 흩어져 근본요소도 또 작용도 찾아 볼 수 없고, 존재하지도 않는다는 뜻입니다.

또 '나'라고 하는 것에는 '나의 소유'도 포함됩니다.

'나의 소유'라는 것에는 나의 가족인 부모형제, 처자식과 일가친척, 나에게 딸려 있는 하수인 등의 사람과 나의 재산, 나의 학벌, 나의 명예, 나의 직업 등도 여기에 포함됩니다.

내가 갖고 있는 재산 등이 진정으로 나의 소유라면 나는 이를 영원히 현재 상태로 보전할 수 있어야하고, 또 내가 이 세상과 인연이 다하여 저 세상으로 갈 때는 이것 또한 나의 소유이므로 나를 따라가거나 문득 사라져야 하는데, 이것들은 그러하질 못하지 않습니까. 그래서 '나의 소유'라고 여기는 것도 진정한 나의 것은 아닙니다.

'영원히 불변(不變)하는 것은 없다.'라는 말은 곧 참된 존재가 아니라는 뜻입니다. 이러한 무아(無我)에 대하여 성스러운 가르침인 『대비바사론(大毘婆沙論)』 권199에서는

"집착하고 있는 자아나 세간은 영원히 상주하는 것이 아니다. 실로 자아나 자아에 속하는 어느 것도 있을 수 없다. 인연으로 발생한 모든 존재는 (인연으로) 생겨난 것이어서 모두 반드시 소멸하여 없어지는 것이다. 마땅히 자아나 세계가 영원히 견지되리라고 집착하지 말지어다. 아(我)가 무아(無我)라 할 진대 마땅히 자아(自我)는 없다고 말한다."

라 하고, 『대지도론(大智度論)』 권22에는

"일체법은 무아(無我)다. 모든 법 중에는 주인도 없고 짓는 자도 없으며, 아는 자도, 보는 자도, 생기(生起)하는 자도, 업을 짓는 자도 없다. 일체법(一切法)은 모두 인연에 속한 것이니, 인연에 속한 것이므로 자재하지 못하다. 자재하지 못한 것은 무아(無我)이니, 자아의 실상(實相)은 어디에서도 있을 수 없다."

라고 합니다.

이러한 것이 인무아(人無我)입니다.

다음에는 법무아(法無我)입니다.

스님! 법무아란 어떤 것입니까?

네, 말하자면 참된 것이라고 집착하는 5온(蘊)·6입(入, 12處)·18계(界)60)의 모습을 판별[分別]하는 것입니다. 깨달음의 단계[階位]인 수도위(修道位)61)에서 수행하는 보살은 5온·6입·18계 등의 자아[我]와 나의 소유[내꺼, 我所]라는 관념이 없으며, 5온·6입·18계의 덩어리[취(聚, 무더기)]는 업과 애착의 끈[줄]으로 현재의 상태로 함께 묶여 인연으로 생긴 것이기 때문에 자아도 없고, 짓는

---

60) 오온(五蘊)·6입(入,12처)·18계(十八界)의 3과(三科). 즉 일체법을 세 부류로 종합한 것이다. 다만 오온은 유위법에 한정되고 6입[十二處]과 18계(十八界)는 유위법과 무위법에 통한다. 각각을 구체적으로 말하면 온(蘊:sakandha)은 "쌓임"으로 번역(飜譯)되며, "근간적(根幹的) 부분요소(部分要素)"라는 뜻이다. 색(물질적인 형체)·수(受:감수작용)·상(想:표상작용)·행(行:유지작용)·식(識:식별(인식)작용)의 오온으로 구성된다. 6입은 12처(處:āyatana)와 같은 뜻으로 들어감(入:入處 즉 六根)이라는 뜻이며, 일체를 12처(十二處) 즉 여섯 가지 인식기관(六內入處 卽 六根)과 여섯 가지 인식대상(六外入處 卽 六境)으로 분류한다. 계(界:dhatu)는 부류(部類)·층(層)·종족(種族)이라는 뜻이며, 일체는 6근계(六根界)·6경계(六境界)·6식계(六識界)를 합쳐 18계(十八界)로 분류한다.

61) 불교학에서는 보살의 수행위계를 41단계로 인정하고, 이것들을 자량위(資糧位)·가행위(加行位)·통달위(通達位:見道)·수습위(修習位:修道)·구경위(究竟位)의 5 단계로 한다. 여기서 통달위(通達位), 즉 견도(見道)는 십주(十住)·십행(十行)·십회향(十廻向)의 삼현(三賢)과 다음의 네 가지의 선근(善根)을 경유하여 10지 중 초지(初地)의 입심(入心)을 가리킨다. 무루의 지혜가 생겨나서 비로소 진여의 일부분을 견조(見照)하는 지위이다. 수습위(修習位), 즉 수도(修道)는 그 다음 주심(住心) 이후부터 제10지 끝까지의 지위로 견도에서 일부 증득한 진여의 도리를 반복적으로 수습(修習)하므로 수도(修道)라고 한다.

것도 없는 것임을 관찰하여 통달하면 법무아를 잘 아는 것입니다. 그래서 5온・6입・18계 등의 같은 양상[동상(同相)]과 다른 양상[이상(異相)]에 대해서도 법무아는 멀리 떠난 것이기 때문에 실상이 아닌 것62)으로 다만 분별로 인해 이름 붙여진 것입니다.

우치한 범부는 망상(妄想)63)으로 판별되는 것을 참된 것으로 여기지만, 진실함을 증득한 사람은 참된 것이라고 하질 않습니다.

우리도 이와 같이 마음(심=제8식)과 의(제7식)와 의식(제6식)을 잘 관찰하여 다섯 가지 법64)의 체상(體相) 모두를 버리고 인간사의 모든 일은 허망하여 실체가 없는 것임을 안다면, 제법무아(諸法無我, 지혜인 경계)에 대한 이치를 잘 안다고 할 수 있습니다.

스님의 설법은 참으로 어려우니 좀 쉽게 설명해 주십시오.

네, 자기의 몸과 마음조차 전혀 모른 체[무상과 고(苦)와 무아의 이치를 알지 못함]하는 수행, 곧 기도를 하든, 참선을 하든, 혹은 무엇을 하든지 간에 모래가 싹이 터 자라서 꽃이 피어 열매 맺고, 짠 바닷물이 식초가 될 때까지 기도하고 수행을 하더라도 별로 불・보살님의 그윽한 가피력[명훈가피(冥熏加被)]65)은 기대할 수 없다는 뜻입니다.

---

62) 모든 것이 있는 그대로의 참 모습이 아닌 것, 곧 진실하지 않은 모양[相].
63) 범어는 vikalpa 혹은 parikalpa라 한다. 존재하지 않는 것을 존재하는 것으로 설정하여 집착하는 의식의 작용. 분별・망상분별(妄想分別)・허망분별(虛妄分別)・망상전도(妄想顚倒) 등으로도 한역한다. 망상은 그 양상에 따라 여러 가지로 분류되지만 경론(經論)에 따라 이설(異說)이 있어 반드시 일치하지는 않는다. 이와 같은 망상을 여읜 것을 무분별지(無分別智) 또는 반야지혜라 한다.
64) 색(色)・수(受)・상(想)・행(行)・식(識)의 5온(蘊)을 일컫는다.
65) 눈에 보이지 않게 암암리에 훈습(熏習)받는 힘. 훈습의 내용이나 대상은 출처에 따라 다르다. 여기에는 내훈(內熏)과 명훈(冥熏) 등이 있다.

힐난(詰難)66)합니다.

스님의 말씀은 옳은 것 같기는 하지만, 행하려면 참으로 어려워서 과연 보통 사람이 해낼 수 있다고 생각하십니까?

대답 드리지요.

물론입니다. 해낼 수 있다는 것은 가장 보편적인 진리입니다. 보편적인 진리란, 어느 특수한 사람이 아닌 보통 사람 누구라도 능히 할 수 있고 성취할 수 있다는 뜻입니다. 그러니 그 누구[당신]도 꼭 해낼 수 있는 능력과 자질을 충분히 갖고 있습니다.

예를 하나 들겠습니다.

현대 불교계의 큰 스승이셨던 성철 큰스님은 당신을 친견할 수 있는 조건으로 '절[拜] 3,000배를 해야만 한다.'고 하셨지 않습니까.

하기 쉬운 말로 3,000배(拜)이지 정말 어려운 일 아닙니까.

이렇게 힘든 절 3,000배를 큰스님께서는 무엇 때문에 조건으로 붙였겠습니까.

이를 두고 멍청한 사람은 허망하게 분별하여 '큰스님께서는 많은 사람을 만나는 게 마음에 싫고 성가시어 그런다[귀찮다]'고 하시는 분도 있고, '자신을 고거(高擧, 도를 닦았기에 높이 들어 올림)하는 거만심(倨慢心)이 있어 그러시다'는 등 여러 가지로 자신의 어리석은 생각대로 분별을 했습니다. 그러나 성철 큰스님의 속마음은 그런 게 아닙니다.

그렇다면 성철 큰스님의 생각은 어떤 것이었겠습니까?

네. 저의 생각에는 두 가지로 이해됩니다.

---

66) 트집을 잡아 거북할 만큼 따져드는 것. 곧 비난조로 따져 드는 일.

하나는 큰스님께서는 진리의 불법문중(佛法門中)에는 사회신분의 차이, 빈부의 격차, 남여 성별의 차별 등이 없어 평등함이니, '누구나 3,000배를 해야 한다'는 것은 누구든지 그 고통스런 3,000배 중에서 절하는 모든 사람이 '자신의 실체는 없다[無我]는 것을 직접 체험하여 달관[達觀, 통달]하라'는 뜻이라고 봅니다. 이것은 곧 보리법(菩提法)입니다. 위로는 모든 부처님에 이르고 아래로는 곤충에 이르기까지 모두가 종지(宗旨)를 머금었으니 부처와 더불어 다르지를 아니하기 때문에 '평등하다'고 말하므로 고하(高下)가 없다는 것입니다. 보리는 둘이 없기 때문에 다만『금강경』에서 설하는 4상만 여의고 일체의 선법을 닦으면 곧 보리를 얻는데, 만약 4상을 여의지 아니하고 일체의 선법을 닦으면 더욱더 아(我)·인(人) 등의 4상이 증가하여 해탈을 증득하고자 하는 마음이 있더라도 가히 얻을 단초가 없겠지만, 만약 4상을 여의고, 일체선법을 닦으면 해탈은 반드시 기대(期待)됩니다. 일체의 선법을 닦는다는 것은 일체법에 있어서 물듦과 집착함이 없어서 일체경계에 대하더라도 요동하지를 아니하여 세간이나 출세간법에 대해서 탐애하지도 아니하며, 일체처(一切處)에서 항상 방편을 행하여 중생들에게 수순하여 그들로 하여금 환희하여 신복(信服)케 하여 주고, 그들에게 정법을 설하여 주어 보리를 깨닫게 하고자 하는 마음으로 행하는 것이 비로소 무아(無我)의 수행이기 때문에 일체선법을 닦는다고 말합니다.

아무리 미련한 중생이라도 1,500 ~ 2,000배 정도 절을 했을 때는 일어서면 엎드리기 싫고, 엎드리면 일어나기 싫은 고통을 어느 누군들 느끼지 않는 분이 있겠습니까. 만약 '나[我]'라고 생각하는 존재가 참된 것이라면 고통은 절대 있을 수 없습니다. 왜냐하면 '나'라고 하는 자아의 실체는 상일주재(常一主宰)[67]한 뜻이기에 무엇이든 자신의 마음대로 할 수 있는 능력이 있는 것이어서 고통은 있을 수 없습니다. 상일주재한 것이 나[我]라면 고달픔도 불행도 있을 수 없다는 말씀입니다. 만약 상일(常一)하다면 변역(變易)이 없으니 항상 변함이 없으면 허공과 같고, 주재(主宰)하다 함은 모든 게 내 마음대로 이룰 수 있는 능력이 있는 자재(自在)를 의미합니다. 고통에게 괴롭힘을 당하지 않는 존재가 어떻게 괴로움을 싫어해서 버리려 하고 나아가서는 행복과 열반을 구하려고 하겠습니까.

이러함이 우리가 살아가는 이 세계에 있을 수 있는 일이겠습니까.

이러함[무아(無我)]을 모른 체 죽기 살기로 절을 3천 배가 아닌 3만 배를 한들 이런 무지(無知)한 중생은 어디에 쓰임[용도]이 있겠습니까.

또 다른 하나는 『삼천불명경(三千佛名經)』을 인용하셨다고 추측합니다. 곧 "과거·현재·미래의 삼세(三世)에는 각각 천 불(千佛)이 출현한다."고 말합니다. "천불이 출현한다."는 말씀은 과거의 천불·미래의 천불·현재의 천불로, 3천의 부처님이 계신다는 의미로 이 부처님들은 각기 하나씩 자신의 정토(淨土)를 갖고 있다는 뜻으로, 각각 정토의 부처님께 1배씩 절을 올리면 3천 배가 됩니다. 이 3천 배의 절을 올렸을 때 지혜가 예리한 사람은 곧바로 자성미타(自性彌陀)임을 안다는 뜻입니다.

절하는 사람이 자성미타를 이루었을 경우에는 무엇을 원하여 바

---

67) 항상 신령스러워서 변화지 않는 것이 중심이 되어 책임지고 맡아 처리하는 주장 혹은 그러한 인격체인 사람을 말한다.

라는 바가 있겠습니까? 자신과 부처가 둘이 아니라는 것을 알아차
리면 곧바로 견성이고, 해탈이라서 미혹한 중생을 제도하는 불·보
살로 변화[응화신(應化身)]하여 6바라밀 내지는 10바라밀을 행한
다는 의미입니다.

　이러한데도 이를 모르고 '내가 절 3천배를 올리고 나면 큰스님을
친견(親見)한다.'는 일념으로 열심히 절하는 어리석은 중생은 '큰스
님 친견'이라는 법에도 집착하는 법집(法執)의 마구니[魔群]와 '나'
라고 하는 아집(我執)의 병에 걸려 있는 중생입니다.

　절하는 고통 속에서 무아도 알지 못하고, '큰스님 친견'이라는 법
집에도 걸려 죽기 살기로 절하는 기계[사람], 참으로 딱[측은]합니
다.

　만약 인무아지(人無我智)[68]와 법무아지(法無我智)[69]가 있는 사

---

68) 나와 내 것[我所=나의 소유]과 5음(陰)과 18계(界)와 6입(入)의 무리[聚, 덩어리,
　무더기]를 여의어서 지식[知, 알음알이]과 업(業)과 애착(愛著)으로 일어남이 없
　기 때문에 눈으로 보는 물질 등에 의하여 허망하게 집착하는 것과 자신의 마음에
　서 일체의 모든 감각기관[根]과 세계[器]와 몸[身]과 집[屋宅]들이 나타나 보이
　는 것과 자기의 마음으로 분별하고 분별되어 지는 것과 분별하고 분별되어지는
　인식과 강물의 흐름과 종자와 등불과 바람과 구름과 같은 생각 생각이 전전(展轉)
　해서 전후가 차별되어 가볍게 날뛰어 움직여 구르는 것[경조동전(輕躁動轉)]은
　원숭이와 같고 깨끗하지 못함을 좋아하는 것은 파리 때와 같으며, 만족함이 없는
　것은 불[火]과 같기 때문에 아득한 옛적부터 희론의 경계로 훈습되었기 때문이며,
　마치 두레박의 도르래와 수레바퀴가 도는 움직임과 같아서 삼계 중에서는 갖가지
　형태와 몸을 받아 태어나는 것이 요술로서 시체를 산 사람처럼 일으켜 움직이는
　것과 같은 것으로부터 떠나는 것이다. 이와 같이 모든 법의 모습을 관찰하는 선교
　방편(善巧方便)의 지혜를 말하여 인무아(人無我)를 잘 아는 지혜라 한다.
69) 여실(如實)된 5음·18계·6입의 모습을 판별하는 것이다. 인무아(人無我)를 체득한
　사람은 5음·18계·6입 등의 자아[我]와 나의 소유[我所]라는 관념이 없으며, 5음·
　18계·6입의 덩어리는 업과 애착의 끈[줄]으로 인하여 같이 모양 세에 묶인 인연

람은 고통스런 3,000배(拜)도, 큰스님을 친견하여 무언가를 얻는다는 마음도 없으니 얼마나 편안하고 여여(如如)하겠습니까.

만약 인무아와 법무아를 통달한 사람이 성철 큰스님과 마주한다면 우리는 상상할 수도 없는 큰 법의 깨우침이 있어 도리어 성철 큰스님께 법을 설(說)할 것입니다.

또 성철 큰스님의 뒤를 이어 조계종의 종정을 역임하신 혜암(慧菴) 큰스님께서는 나이 스무 다섯[25세]에 출가하시어 입적하실 때까지 50여년을 넘게 장좌불와(長坐不臥)하시어 무아를 체득하신 어른이십니다.

누군들 피곤하거나 몸이 아파 허물어질 땐 편히 눕고 싶은 간사스런 마음이 없겠습니까마는 큰스님께서는 무아법(無我法)을 체득하시려고 긴긴 세월을 앉아서 수행하셨고, 특히 말년에 얻은 위암으로 인한 육신이 몹시 아픈 고통 속에서도 무아법으로써 진통제 주사 한 대 안 맞고 입적하신 어른이십니다.

아주 오래 전 어느 해 하안거(夏安居) 용맹정진 때였습니다.

큰스님께서는 저에게 '생사해탈(生死解脫)'이라는 글을 주시면서 고통스러워하는 저를 보시고는 '그렇게도 고통스러우면 차라리 죽

으로 생긴 것이기 때문에 자아도 없고 짓는 것도 없는 것임을 관찰함이다. 5음·18계·6입 등의 동상(同相=같은 모습)과 이상(異相=다른 모습)을 떠난 것이기 때문에 실상(實相)이 아닌 것과 분별에 의해서 이름을 얻은 것이다. 어리석은 범부는 망상으로 분별한 것을 참된 것으로 여기지만, 진실함을 증득한 사람은 참된 것이라고 보지 않는다. 지혜가 있는 이는 이와 같이 마음(심=제8식)과 의(제7식)와 의식(제6식)을 관찰하여 다섯 가지 법의 체상(體相), 일체를 떠난 것으로 모든 인연에 의한 것은 허망한 것이라고 본다면, 제법무아(諸法無我, 지혜 경계)를 잘 아는 것이라고 한다.

어라. 용맹정진이 끝나면 다비(茶毘)해 주겠노라.'는 말씀으로 저에게 무아법을 가르쳐 주셨지만, 그때 저는 그러한 고통에서도 정말 무아법을 몰랐습니다.

인무아와 법무아를 체득하지 못하면 절대 견성성불은 있을 수 없어 생사윤회를 벗어나지 못한다는 가르침이었습니다.

스님! 묻습니다.

무아법을 체득하는 것이 진실한 깨달음이라면 불교에선 무엇 때문에 팔만사천의 경전이 있고, 이를 근거하여 온갖 가르침인 참선과 교학과 염불 등을 펴십니까?

네. 팔만사천의 경전과 이를 근거로 펼치는 가르침과 수행도 다 무아법을 체득하기 위한 방편입니다. 진실한 자아[진아(眞我)] 역시 무상(無常)・고(苦)・무아(無我)를 철저하게 관찰하여 현재 자신이 일으키는 분별・집착・희론(戲論) 등을 끊는 것입니다.

스님! 무아법이라면 시간적인 측면에서는 과거나 미래는 자성이 없어 존재하지 않고, 현재뿐인데, 어째서 불교에서는 과거에 대해서는 각종 제사나 49재 등에서 음식을 장만하고 마음을 모아 정성을 다해 재를 지내고, 미래를 위해서는 기도를 합니까?

네. 과거에 대한 제사나 재 등은 이미 돌아가신 분들의 육신은 이미 인연 따라 소멸하였습니다. 그러나 그들의 '영혼'이라 말하는 아뢰야식[무몰식, 장식]은 분명히 존재합니다.

현재 남아있는 사람들이 부처님의 경전과 역대 선지식(善知識)의 가르침에 따라 청정한 마음을 그 영혼에게 보내는 것입니다. 우리의 청정한 마음이 가는 곳에는 청정한 기운(氣運)이 생깁니다. 깨끗한 기운이 일어나면 맑고 강력한 에너지가 발생합니다. 에너지가 있는 곳엔 반드시 변화가 일어납니다.

이 맑고 강력한 에너지가 영혼에게 변화를 일으켜 현재의 고통으로부터 빨리 벗어날 수 있게끔 합니다. 그런데 현생에서 마음을 많이 닦았거나, 근기가 예리한 영혼[아뢰야식, 무몰식, 장식]에게는 굳이 염불이나 독경 등의 예식 없이도 마음 하나로도 천도가 빠르지만, 하근기인 범부 정도[계위(階位)]에 속한 분들을 위해서는 지극한 독경도, 염불도 시식(施食)도 필요합니다.

또 묻습니다.

이미 영가(靈駕)가 된 분들은 감각기관의 기능이 소멸되어 보고 듣거나, 냄새 맡고 맛을 보거나 접촉을 하더라도 독경이나 염불의 알아차림이나 느낌 등의 감수작용이 전혀 없는데, 어떻게 변화가 있다고 주장하십니까?

네, 살아 있을 때는 의식[제6식]이 제8아뢰야식과 제7말나식에 의지(依止)[70]하여 감각하고 외부대상을 분별하지만, 이미 영혼인 아뢰야식은 오직 정신적인 면만 갖는데, 이를 무몰식(無沒識) 혹은 장식(藏識)이라 합니다. 무몰식이란, 모든 식을 집지[執持, 신명(身命)에 대해서 굳게 고집하여 지탱하는 것]하여 잃어버리지 않는다는 뜻이며, 장식이란, 제법전개(諸法展開)에서 의지할 바탕이 되는 근본 마음입니다. 그래서 교학(敎學)에서는 아뢰야식의 변현(變現)을 바탕으로 하여 유심론(唯心論)을 세워서 일체가 아뢰야식에서 연기(緣起)한 것이라고 봅니다. 이를 뢰야연기(賴耶緣起)라 말합니다. 또 이 아뢰야식은 범부로부터 부처가 되는 '전미개오(轉迷開悟)

---

70) 힘과 덕이 있는 곳에 의뢰하고 지주(止住, 발을 붙여)하여 떠나지 않음.

71)의 도(道)'라고도 할 수 있습니다. 특히 아뢰야식을 전미개오의 요도(要道)로 논구(論究)하면, 아뢰야식은 진망화합식(眞妄和合識)72)의 상태입니다. 이렇게 진망(眞妄)73)이 화합된 식에 청정한 부처님 법을 보내면 부사의(不思議)한 변화가 일어나 도탈(度脫)케 됩니다. 부사의한 변화란 『대승기신론』의 정법훈습(淨法熏習)에서,

– 앞부분 생략(上略). 이 진여가 무명을 훈습하는 것이며, 훈습하는 인연의 힘에 의하여 곧 망심(妄心)으로 하여금 생사의 고통을 싫어하고 열반을 구하기를 좋아 하게 하는 것이다. 이 망심에 생사의 고통을 싫어하고 열반을 구하기를 좋아 하는 인연이 있기 때문에 곧 진여를 훈습하여 스스로 자기 본성을 믿어 마음이 망령(妄靈)되게 움직이는 것일 뿐 앞의 경계가 없음을 알아 멀리 여의는 법을 닦는다. 뒷부분 생략(下略) –.

라고 말씀하는 것과 같습니다.

아직[5분 동안]은 인간의 뇌세포는 살아 있으나 심장이 마비된 사람에게 교류 전기충격기로 전기를 흘려 소생시키는 심장소생술의 원리와 비슷합니다.

또 누구든지 어떤 기도를 하든, 선을 실참(實參)하든지 간에 수

---

71) 삼계에 생사윤회하는 미혹을 버리고 전향(轉向)하여 열반의 깨달음을 여는 것. 곧 번뇌의 미(迷)를 끊고 불교의 이상인 보리를 증득하는 것을 말함.
72) 제9의 암마라식(菴摩羅識)은 자성청정심이 되는데 이것은 진심(眞心)이며, 제8식은 모두 무명에서 일어난 망심이다. 이 제9식과 제8식이 화합된 식이라 한다.
73) 일체의 모든 법에는 진(眞)과 망(妄)의 2 가지가 있는데, 무명의 염연(染緣)으로 일어나는 법을 망(妄)이라 하고, 삼학(三學)의 정연(淨緣)을 따라 일어나는 법을 정(淨)이라 한다. 또한 인연으로 일어나는 생(生)은 모두 부실(不實)하기 때문에 망법(妄法)이라 하고, 불생불멸하는 진여는 진실하기에 진법(眞法)이라 한다,

행하는 사람은 불교의 다섯 가지 법에는 진(眞) · 망(妄)이 화합되어 있으니, 이에 대해서도 잘 알아야 합니다.

스님! 다섯 가지 법이라는 것은 또 어떤 법이기에 갑자기 들고 나옵니까?

네. 다섯 가지의 법에는 불교뿐만 아니라 삼계(三界, 욕계 · 색계 · 무색계)의 모든 진리가 포함되어 있기 때문입니다.

그렇다면 말씀해 주십시오.

네. 5법(法)의 체상과 2무아(二無我)의 차별된 행상을 잘 알고, 모든 지위에 들어가 수행해야 모든 불법의 진리에 들어갈 수 있고, 여래의 자내신증지지(自內身證智地)[74]에도 들어갈 수 있습니다.

5가지 법이란, 첫째는 명칭[名]이고 둘째는 형상[相]이며, 셋째는 분별(分別)이고 넷째는 정지(正智)이며, 다섯째는 진여(眞如)입니다. 앞의 세 가지는 미혹의 세계[미계(迷界)]의 현상이고, 뒤의 둘은 깨달음의 세계[오계(悟界)]입니다.

모든 범부는 명칭과 형상[名 · 相]에 집착해서는 분별하는 마음을 따라 갖가지의 모양을 보고는 나[我]와 내 것[我所]이라는 사견심(邪見心)에 떨어져 오온의 법상(法相)에 집착[오취온(五取蘊)]하여 무명이 장애하는 곳에 스스로 들어가 탐욕심을 일으켜 탐·진·치 등의 번뇌로 업을 지으면서도 스스로 알지도, 그치지도 못함은 누에[잠(蠶)]가 고치[견(繭)]를 치듯이 스스로 자기의 몸과 마음을 얽어 6도 대해(大海)의 험난한 곳에 스스로 뛰어 들기 때문입니다.

그래서 3법상과 8가지 식과 2무아(二無我) 및 6도(道) 등 모든

---

74) 자기 스스로 내면에 몸소 닦아 증득한 지혜 경지(境地).

불법은 모두 5가지 법에 포섭된다는 것을 아셔야 하니, 누구든지 뛰어난 지혜를 구하여 올바른 기도와 수행을 하시어 온갖 고통으로부터 벗어나려면 마땅히 닦고 배워야만 합니다.

그렇다면 스님은 저와 이 세상 사람들을 위하여 5법의 체상(體相)과 2무아의 차별된 행상(行相, 심식의 고유한 성능)을 가르쳐주십시오. 나와 모든 사람들은 5법의 체상과 2무아의 차별상에 대해 잘 알고, 이 다섯 가지 법을 수행하여 차례대로 모든 지위에 들어가겠습니다. 이 법을 수행하면 능히 모든 부처님의 미묘하고 심심(甚深)한 법에 들어갈 것이라 믿어지고, 모든 불법에 들어가는 사람[수행자]은 반드시 모든 부처님들처럼 몸소 내면에 증득하신 지혜의 자리[地位]에도 들어갈 것 같습니다.

네. 그렇습니다.

이제 저는 모든 기도하는 이와 불법을 수행하는 분들을 위하여 5법의 체상과 두 가지 무아[二無我]의 차별된 양상을 말씀드리겠습니다.

내면에 몸소[내신(內身)] 수행하여 성인의 지혜를 증득하여 단견(斷見)과 상견(常見)의 양극단[양변(兩邊)]을 버리고, 여실한 수행을 하는 이는 삼매의 즐거움[樂]인 삼마발제(三摩鉢提, samā-patti) 수행의 경지 혹은 지위[행문(行門)]에 들어갑니다.

오직 자기 마음이 요동치어 외부의 사물[외물(外物)]을 보고 분별하는 마음을 일으키면 성인이라 말할 수 없습니다.

스님! 어째서 누구든지 분별심을 내면 성인이 못됩니까?

네, 모든 범부는 명칭과 형상[名·相]에 집착하여 일어나는 법[생법(生法)]을 따르면 갖가지 모양을 보고는, 나와 나의 소유라는 사견심(邪見心)에 떨어져 모든 법상(法相)에 대해 집착함에 젖어들어 무명의 어둠이 장애하는 곳에 들어가며, 장애하는 곳에 들어가서는 앞에서도 말씀드렸듯이 탐욕심을 일으키고, 탐욕심을 일으키면 능히 탐(貪)·진(瞋)·치(癡)·만(慢)·의(疑)·악견(惡見) 등의 마음과 행으로 업을 짓고, 업행(業行)을 하면서도 능히 스스로 그치지 못하여 누에가 고치[잠견(蠶繭)]를 치듯이 분별하는 마음으로 스스로 몸과 마음을 얽어서 6도 대해(大海)의 험난한 곳으로 떨어져 6도의 고통스런 생사윤회가 도르래[녹로(轆轤, 두레박)가 회전함과 같은데도 스스로 각지(覺知, 깨달아 앎)하지 못함은 지혜가 없음으로써 모든 법은 허깨비[幻]와 같음을 알지를 못합니다. 곧 이러한 사람은 업에 꽁꽁 묶여 혹독한 고통을 받고 있으면서도 자신의 신세타령만 하지, 자신이 무명에 의해 지은 업(業)의 결과인 줄은 모릅니다.

자아와 자기 소유라는 것이 참된 것이 아니라는 것을 알지 못해서 모든 법이 허망한 분별로 인해 나온 것인데도, 가견(可見, 보일 대상 혹은 보이는 대상)과 능견(能見, 보는 주체)을 버려야함도 알지 못하고, 일어나고[生相] 머물며[住相], 멸하는 양상[滅相]도 멀리 버려야 함도 알지 못하며, 자신의 허망한 마음에 의해 생긴 것임도 알지 못하고는 저 외도(外道)들처럼 자재천(自在天)과 시간과 미진(微塵)과 자아 등을 수순(隨順)해서 생긴 것으로 압니다.

그렇다면 스님이 말씀하는 5법의 첫째인 명칭과 형상[名相]이란 어떤 것입니까?

네. 말하자면 안식(眼識)과 눈앞[現前]에 있는 물질[色] 등의 법상으로 소리의 모양[聲相], 귀의 모양[耳相], 코의 모양[鼻相], 혀의 모양[舌相], 몸의 모양[身相]들입니다.

　이들의 명칭과 모양을 '명상(名相)'이라 합니다.

　다음의 분별(分別)은 어떤 것입니까?

　분별이란, 어떤 법에 의거한 것으로 그것에 대한 이름을 말하며, 모양[相]을 취하여 요별(了別)하기를 '이 법은 이와 같고 같아서 끝 끝내 다르지 않다'라고 함이니, 말하자면 소[牛]·개[犬]·자동차·학교(學校)·사람 등으로 갖가지의 모양을 분별함이니 이를 '분별(分別)'이라 합니다. 무아(無我)와 공(空)에 대해서 알지 못하기 때문이지요.

　그 다음(세 번째)의 정지(正智)란 어떤 것입니까?

　명칭과 모양[名·相]을 지혜로 관찰하는 것으로써 관찰하고 나서는 참된 것[實法]이라고 보지 않음이니,75) 그는 서로 함께 하는 원인[因]이 일어남[生]이 보이기 때문으로 '서로 함께 하는 것이 일어난다[生].'는 것을 알면, 모든 식(識)을 다시는 일으키지 않으며, 분별식의 양상(樣相) 역시 단멸도 아니고 상주함도 아니라는 것76)을 알게 되면, 모든 외도와 성문과 벽지불(壁支佛)77)의 위치에는 떨어지지 않습니다.

---

75) 『大乘起信論』 등에서 말하는 전7식을 말하는 것으로 분별사식(分別事識)이라고도 한다. 여러 가지 대상을 보고 허망한 분별을 일으키기 때문인데, 이 식은 6근에 의하여 그 대경(對境)인 6진(塵, 境)을 대하며, 과거·현재·미래의 3세에 걸쳐 자타의 여러 가지 사상(事相)을 분별하고, 사려(思慮)하는 뜻이 있다.

76) 제6식은 4가지 지위를 제외하고는 항상 일어남으로 단멸(斷滅)도 아니고, 또 네 가지 지위[極睡眠·悶絶·無想定·滅盡定]에서는 일어나지 않으므로 상주(常住)도 아니다.

77) 요즘 세상에는 제 잘났다고 스승이나 선지식의 지도 없이 혼자서 토굴생활을 하거나 정리(正理)에도 맞지 않는 법을 말하여 사람들을 현혹시키는 자.

이를 정지(正智)라 말합니다.

누구나 만약 초지보살 정도만 깨달아도 정지(正智)에 의거하여 명상(名相)[78]의 법을 취하여 '있다[有]'라고 하지 않으며, 보이지 않는 모양[이름]에 대해서는 '없다[無]'라고도 하지 않을 것이니, 무슨 까닭이겠습니까?

유(有)·무(無)에 대한 사견(邪見)이 없기 때문입니다.

명상(名相)을 취하지 않음이 정지의 뜻이니, 그래서 나는 '진여가 된다.'고 말씀드립니다.

누구나 진여법에 머물면 모양을 취하지 않는 고요한 경계[무상적멸경계(無相寂滅境界)]를 증득하여 들어갈 것이고, 들어가면 보살마하살의 처음 지위인 환희지(歡喜地)[79]에 들어갑니다.

보살이 되어 처음의 환희지를 증득할 때에는 100가지 금강삼매(金剛三昧)[80]와 같은 삼매를 증득하여 25유(二十五有)[81]의 일체 과

---

78) 범어 nāma-saṃsthāna로 사물의 명칭과 모습. 5법(五法)의 하나. 『능가야발다라보경』권4에 "대혜야! 상(相)·명(名)·명상(名相)·여여(如如)·정지(正智)이다. 대혜야! 상(相)이란 어떤 곳에서 형상이나 모습 등이 나타나면 이것을 상(相)이라 한다. 만약 그것에 이와 같은 상(相)이 있으면 병(瓶) 등이라고도 말할 수도 있으니, 곧 이것은 다른 것이 아니다. 이것을 명(名)이라 한다."라 한다.

79) 보살 10지(地) 중의 제1위[初地]로 극희지(極喜地)·초환희지(初歡喜地)·초지(初地)·초극환희지(初極歡喜地) 등과 같은 뜻. 보살은 이 위(位)에 들어 바로 성성(聖性)을 획득하고 인·법이공(人·法二空)을 모두 증득하여 자리이타행을 성취하고 마음에 환희를 낳는다. 소승 4과(果)에서는 수타원에 해당한다. 『大乘阿毘達磨雜集論』권7「得品」에서는 "보살이 극희지 중에서 모든 보살의 정성결정(正性決定)에 들어가는 것을 보살현관(菩薩現觀)이라 한다"라 하고 있다.

80) 금강과 같이 모두가 장애 없이 모든 법의 삼매를 통달한 것을 말한다.

81) 샹캬(數論, 바이세시카)학파의 주장으로, 이 학파는 수(數)를 중시한다고 해서 수론학파(數論學派)라고도 한다. 세계를 25원리로 푸루샤(puruṣa, 神我)가 프라크리티(prakṛti, 原質)을 관조함으로써 프라크리티로부터 지성[覺, buddhi]이 생기

업(課業)[82]을 버리고, 모든 성문과 벽지불의 지위 따위는 버리며, 여래가(如來家)의 진여경계에 안주하여 여실히 수행하여 이러한 5법의 모습도 환(幻, 허깨비)과 같고 꿈과 같음을 알고 여실히 모든 법을 관찰해서 내면에 몸소[內身] 성스러운 지혜를 증득해서 수행을 일으켜 이렇게 전전(展轉)하여 허망한 세간의 각관(覺觀)[83]으로 좋아하는 것을 멀리 떠나면, 차례대로 진취해 법운지(法雲地)에 이르며, 법운지에 들어가서는 삼매의 힘이 자재함과 신통의 모든 꽃으로 장엄된 부처님의 지위[如來地]에 들어갑니다.

여래지에 들고 나서는 중생을 교화하기 위하여 갖가지의 광명과 응화(應化)할 장엄된 몸을 나타내는 것이 물속의 달과 같으며[무원

고, 지성으로부터 아만(我慢, ahaṁkāra)이 생겨난다. 아만으로부터 5유(唯)와 11근(根)이 생기고, 5유(唯)로부터 5대(大)가 생긴다고 한다. 5유는 음(音)·촉(觸)·색(色)·미(味)·향(香)으로 본질을 이루는 미세한 물질이다. 11근은 의근(意根)과 5지근(知根, 眼·耳·鼻·舌·身根)과 5작근(作根, 언어·손·발·배설·生殖根)을 말한다. 5대(大)는 공(空)·풍(風)·화(火)·수(水)·지대(地大)라고 설명한다.

82) 25원리 중에서 푸루샤[神我]와 프라크리티[根本自性]를 제외한 나머지 23법은 아직 변현(變現)하지 않는 동안에는, 푸루샤는 아직 경계를 수용(受容)하지 않으며, 23법이 나타날 때에 그것을 수용한다는 과업(果業)을 말한다. 그래서 푸루샤는 상주한다고 주장한다. 그러나『成唯識論』권1에서 비판하기를 '만약 그들이 집착하는 실아(實我)는 상주해서 변하지 않는다고 말하면, 프라크리티로부터 전변(轉變)된 나머지 원리들도 전변되기 이전과 같이 경계를 수용하는 작용이 없고, 또한 전변 이전의 자아도 전변 이후의 자아처럼 경계를 수용하는 작용이 없어서는 안 된다. 그렇다면 이후의 것과 이전의 것이 자아의 체(體)가 다르지 않는다면 안 된다고 비판한다.

83) 각(覺)이란 거친 분별[麤], 관(觀)은 미세한 분별[細]을 뜻하는 말로, 신역가(新譯家)는 심(尋)과 사(伺)로 번역하였다. 곧 각과 관은 모두 제2선 이상의 정심(定心)을 방해하는 것인데, 선정을 수행하는 사람에게 일어나는 세 가지 각관발상(覺觀發想)을 각관삼종발상(覺觀三種發想)이라고 한다.

부종(無願不從)], 10가지 무진구(無盡句)84)에 의하여 묶인 것[소
박(所縛)]을 잘 풀어주고, 중생이 믿는 것을 수순하여 설법하며,
심(心)・의(意)・의식(意識)으로 된 몸[身]에 대한 집착을 버리게
됩니다.

너나없이 모두가 보살이 되어 진여에 들어가면, 부처님지위 가운
데서는 이러한 무량무변(無量無邊)한 법을 얻습니다.

이것이 참으로 신나는 기도이고, 깨달음이 아니겠습니까. 자신의
깨달음이 곧 가장 뛰어난 기도가 되기 때문입니다.

계속해서 말씀드리겠습니다.

3법85)도 5법 가운데에 들어갑니다.

다시 3법이 5법 중에 들어갈 뿐 아니라, 8가지 식과 2가지 무아
법[2無我法] 역시 5법에 들어갑니다.86)

---

84) 열 가지 다함이 없는 법으로 십불가진법(十不可盡法)・십무진법(十無盡法)이라고도
한다. 초지인 환희지의 보살이 10 무진법(無盡法)의 광대한 원[廣大願]을 일으켜
서 "만일 10가지'의 법이 다할 것 같으면 자기의 원도 다할 것이니, 이 10가지'의
법이 다하지 않는 한 나의 원(願), 또한 다하지 않을 것이다"라고 한다. 이 10 종
의 다함이 없는 법을 10 무진구(無盡句)라 한다. ① 중생계무진(衆生界無盡) ②
세계무진(世界無盡) ③ 허공계무진(虛空界無盡) ④ 법계무진(法界無盡) ⑤ 열반계
무진(涅槃界無盡) ⑥ 불출현계무진(佛出現界無盡) ⑦ 여래지계무진(如來智界無盡)
⑧ 심소연무진(心所緣無盡) ⑨ 불지소입경계무진(佛智所入境界無盡) ⑩ 세간전
(世間轉)・법전(法轉)・지전무진(智轉無盡) 등의 열 가지이다.
85) 교법(敎法)・행법(行法)・증법(證法)의 세 가지이다.
   ① 교법(敎法) : 석가모니 부처님께서 일생동안 설하신 12분교(分敎)를 말한다.
   ② 행법(行法) : 가르침에 따라 수행하는 4제(四諦)와 12인연(因緣)과 6도(六道)
   등이다.
   ③ 증법(證法) : 행(行)에 의하여 증득(證得)하는 보리(菩提)와 열반(涅槃)이다.
   이 세 가지는 모든 불법(佛法)에 해당된다.
86) 8 가지 식 자체는 미(迷)의 법이지만, 상주하고 평등한 자성(自性)이어서 유식의

스님! 3법이 5법에 들어간다는 말은 무슨 뜻입니까?

네, 명칭과 형상은 분별에 의한 법상(法相)이기 때문입니다. 이 두 가지 법[명칭과 형상]의 분별에 의하여 심왕(心王)과 심소법(心所法)이 일어나는 것이 동시라서 앞뒤가 아니라는 뜻인데, 비유하면 해가 밝음과 함께함과 같아서 단박에 갖가지 모양을 판별할 수 있는 것과 같습니다. 이를 3상(相)87)이 인연의 힘에 의하여 일어난 것이라고 말합니다.

정지(正智)와 진여는 제일의제(第一義諦)의 양상(樣相)이라고 말함은 불멸(不滅)하는 법이기 때문입니다.

또한 자기 마음이 보는 것에 대해 집착하면 법을 분별하는 차별이 여덟 가지가 생기고, 모든 상(相)을 분별함으로써 진실한 것으로 여깁니다. 자아와 아소[我所, 내 것]라고 여기는 생멸(生滅)의 법을 버리면, 그땐 인무아·법무아의 2가지 무아법을 증득합니다.

5가지 법의 법문(法門)은 모든 부처님의 자리[지위]에 들어가고, 모든 지위에서는 법의 양상[法相] 역시 5법의 문안[門內]에 들어가며, 모든 성문과 벽지불의 법 역시 5법문(五法門) 안에 들어가며, 여래께서 내면에 몸소 증득하신 성스러운 지혜[聖智]의 법 역시 5법의 문안(門)에 들어갑니다.

그래서 5법은 모양[相]·명칭[名]·분별(分別)·진여(眞如)·정지(正智)라는 것을 확실하게 아셔야 합니다.

스님! 우리가 상(相)이라고 여기는 것은 어떤 것입니까?

네, 상이란 내게 보이는 사람[色]의 형상과 생김세[상모(相貌)]

참다운 성품이고, 2무아(二無我)는 오(悟)의 법이기 때문에 5법에 들어간다.
87) 감각기관[根]과 대상[境]과 식(識)이 화합하는 양상을 의미한다.

가 잘 생겼거나 그렇지 않는 것 등이니, 이러함을 '모양[相, 생김세]'이라고 말합니다. 범부는 이러한 법상에 의하여 분별상을 일으키기를 '이것은 나무고 이것은 사람·자동차·강아지 등이라고 하는 것과 또 법이라는 것도 이와 같고 이와 같아서 끝끝내 다르지 않다.'88)고 여기니, 이를 명칭[名, 이름]이 된다고 정의합니다.

이러한 법에 의거해서 이름을 세우고, 이러한 모양을 요별(了別)하여 나타내 보이므로 그래서 갖가지 이름인 사람·자동차·강아지 등이라 이름 부르니, 이를 '분별의 심왕과 심소법'이라 합니다.

명칭[名]과 형상[相], 나아가서는 티끌[微塵]에 이르기까지 관찰하여 항상 하나의 진실한 법상(法相)을(도) 보지 못함은 허망한 마음으로 분별을 하기 때문입니다.

제가 말하는 '진여'라는 말은 허망되지 않는 것을 말함이니, 반드시 필경(畢竟)에는 자성의 자체를 다하는 것이 진여상(眞如相)을 바르게 보는[正見] 것입니다.

이와 같은 것들은 바른 지혜[正智]를 수순하는 것이므로 단멸하는 것도 아니요[不斷], 언제나 같아서 변하는 것도 아니어서[常] 분별이 없으니, 분별이 작용하지 않는 곳89)에는 자신의 내면에 몸소

---

88) 임지자성(任持自性)과 궤생물해(軌生物解)의 두 가지 뜻이 있다. 전자는 개별적인 특성을 가진 모든 존재를 뜻하고, 후자는 보편적인 법도를 말한다. 곧 임지자성이란 자기 자신의 자성 곧 각자의 차별된 본질을 보호하고 간직하여 바꾸거나 변화시키지 않는다는 뜻이며, 궤생물해란 일정한 도리[기차의 철길 같이 확실하게 고정되어 있어 일정(一定)한 것]를 근거로 삼아 사물에 대한 이해를 일으킨다는 뜻이다.

89) 분별하는 주체인 견분(見分)과 분별되어지는 상분(相分)을 말한다. 곧 3가지 능변식은 주체와 객체로 나누어지지만 본래 식(識)뿐이고, 결국에도 식뿐이라는 말이다.

증득한 성스러운 지혜[自內身證聖智]를 수순하여 일체의 타 종교인이나 세간 사람들의 악견(惡見)과 붕당(朋黨)90)과 바르지 못한 지혜[不正智]로부터 멀리 떠난 것입니다.

5법(五法)과 3법상(三法相)과 8가지의 식과 두 가지의 무아 등 일체 불법(佛法)은 모두 이 5법 가운데에 들어가니, 누구든지 수승한 지혜를 구하려면 마땅히 닦고 배워야 합니다.

만약 누구나 이러한 5법을 알기만 해도 다른 가르침은 따르지 않을 것입니다. 왜냐하면 그 사람은 이미 참된 보살의 수행계위[수행의 단계]91)에 진입해서 가장 바르게 닦고 배우고[修學] 있으니까요.

참된 보살의 수행단계92)란 보살이 10가지 바라밀행을 닦아 등각보살(等覺菩薩)이 되고, 등각에서 수행하여 묘각보살(妙覺菩薩)이 되면, 손가락 한 번 톡 퉁기는 사이에 부처를 이루는 단계입니다.

이것이 참다운 기도라고 생각하기에 저는 세간의 범부들이 행하는 기도는 상쾌하고 시원[淸凉(청량)]한 맛이 없는 미지근한 맹물과 같다고 생각되어 누구든지 이왕지사 하는 기도고 수행이라면,

---

90) 일반적인 개념은 이해(利害)나 주장 등을 같이 하는 사람들끼리의 결합체를 말하지만, 불교에서는 수단과 술책을 꾸며 도당(徒黨)을 만들어 화합을 해치는 것을 의미한다.

91) 보살이 처음 보리심을 일으켜서부터 수행의 功[10신(信)·10주(住)·10행(行)·10회향(廻向)·10지(地)]을 쌓아 불과(佛果)에 이르기까지의 수행계위를 말한다.

92) 번뇌를 끊어 나아가는 수행도(修行道)에는 가행도(加行道)·무간도(無間道)·해탈도(解脫道)·승진도(勝進道)의 네 단계가 있다. 가행도는 번뇌를 끊는 지위의 예비로서 수행에 힘을 가하는 기간이다. 무간도는 근기가 성숙하여 참으로 번뇌를 끊으려는 단계(段階)고, 해탈도는 무명의 번뇌를 없앤 곳에 나타나는 진여를 얻고자 하는 단계이며, 승진도는 다시 정진하여 열반에 나아가는 단계의 기간을 말한다.

비록 완전한 깨달음은 이루지 못한다 할지라도 그래도 이렇게 하시는 게 백 번 낫다고 생각되기에 말씀드립니다.

스님! 실토합니다.

사실 우리 속인은 기도한답시고 자기 나름대로 설치기는 했지만, 제대로 하는 기도가 아니라는 것을 전부터 대충은 느꼈으나, 사실 어디 마땅히 물어 볼 데도 없었고, 그렇다고 우리의 형편을 알고 지도해 주시는 분도 없었습니다. 이제부터 우리는 어떻게 닦고 기도해야 분단생사(分段生死)에서 변역생사(變易生死)로 나아가고, 또 성불도 할 수 있겠습니까?

네. 말씀드리겠습니다.

먼저 분단생사라는 말은 주로 유식학(唯識學)에서 사용하는 말인데, 6도(道)에 윤회하는 유정(有情)들의 몸[身]이 생사하는 양상을 말합니다. 6도에서 나고 죽는 신체는 제각기 유루의 선·악업의 원인[業因]에 따라 수명이 짧고, 긴 것에 한계가 있고, 생김세도 여러 가지로 차별이 있어서 분분단단(分分段段)하기 때문에 분단(分段)[93]이라 말합니다. 태어나고 죽음이 다람쥐가 쳇바퀴 돌듯 6도 윤회만 하지, 결코 해탈은 없습니다.

다음의 변역생사는 부사의변역생사(不思義變易生死)라고도 말하며, 무루(無漏)의 대원대비(大願大悲)의 업이 소지장(所知障)의 돕는 연[조연(助緣)]에 의해 감득(感得)하는 미세(微細)하고 승묘(勝妙)한 이숙에 의한 몸[依身]으로써 그 신체와 수명에 제한이 없고,

---

93) 분단생사(分段生死)의 줄임말. 삼계를 윤회하는 중생의 생사를 말하는데, 이들의 생사에는 이들이 지은 업에 의해 수명·모습(생김세) 등에 차이가 있기 때문에 이를 분단생사라 한다.

그 묘한 작용[妙用]은 헤아릴 수 없습니다.

이 세상에서 마음과 몸을 잘 다스리고, 잘 닦으면 보다 좋은 세상으로 가고, 거기서도 반복하여 잘 살면 다음에는 더 좋은 세상으로 가고, 구경(究竟)에는 최고로 안온하고 즐거운 세상[극락]으로 가서는 영원히 살 수 있는 길을 닦는 것을 변역생사(變易生死)94)라 합니다.

변역(變易)이라는 말은 사람이 세상에 나서 번뇌를 끊는 일을 반복하여 완전한 깨달음을 증득[성불]하는 데까지 받는 생사입니다. 이러한 변역생사를 반복하다가 마침내 성불합니다.

저는 보통 사람들은 이해하기가 상당히 어려운 말로 마음의 주체와 마음의 객체가 함께 작용하는 심왕과 심소에 대해서 이야기하는 것은 다만 좋은 세상에 가서 영원히 사는 길을 제시할 뿐입니다. 그곳에 가고 안 가는 일은 다 개인의 의지에 달려있지만, 나의 마음은 모든 사람들이 이러한 가르침을 잘 알아 기도하고 수행해서 깨닫고는 다함께 한 날, 한 시에 유토피아(a utopia, 피안(彼岸), 저 언덕)에 이르자는 것입니다.

스님의 말씀은 옳은 것 같기는 하지만, 너무나 어려워서 이해가 힘이 드는데 좀 쉽게 설명해 주시면 좋겠습니다.

네, 저도 저의 논리가 보통 공부를 않은 분들에겐 상당히 어렵다는 것은 압니다. 그렇지만 계속해서 제가 고의적으로 어려운 말로

---

94) 범어로는 pāriṇāmikī cyutiḥ라 한다. 삼계(三界) 안에서 생사 윤회하는 몸을 떠난 이후부터 성불에 이르기까지의 성자(聖者)들이 수행하는 삼계 밖의 생사를 일컫는 말. 곧 미계(迷界)로부터 벗어나 오계(悟界)에 도달하기까지의 사이에 해당하는 단계에서의 생사를 일컫는 말이다.

이어나가는 뜻은 기도를 하는 분도 기도에 대한 공부나 수행으로 얻는 지식과 지혜가 훌륭하지 않으면 기도의 성취가 미미하기 때문입니다. 곧 좀 심한 비유이겠지만 초등학교나 중·고등학교 실력수준으로는 국가나 사회나 세계를 이끌어 나아가 복지국가나 사회를 건설할 수 있는 역량이 모자라는 것과 같다고 생각하기 때문입니다. 좀 심하다고 생각하실는지 모르지만, 우리나라 불자들은 항상 쉬운 법문만을 바라시는데 이러면 안 됩니다.

쉬운 것만 찾으면 불교학의 발전도 자신의 발전도 없습니다. 교학의 발전이 없으면 최고의 종교철학을 가진 불교도 설 자리가 없어지고, 자신의 발전이 없으면 맨 날 그렇습니다. 더욱이 기가 막히는 일은 매번 정부의 개각 때마다 불교계의 인사가 몇 분이나 등용되었는가는 목을 빼고 봅니다. 자신들이 엘리트(the power elite) 양성은 하질 않고, 기대만 한다는 것은 참으로 꼴같잖은 욕심 아닙니까? 당장 내가 임명권자라도 능력 없는 불교인 보다는 출중한 능력을 가진 타 종교인을 등용하겠습니다.

그래서 기도를 하시는 분 역시 제대로 된 기도를 하시려면, 죽기살기로 공부하고 수행해야만 만족할 만한 성취가 된다는 뜻입니다. 기도해도 성취가 없는 기도는 종[노예(奴隷)]의 아이들이 모래밭에서 씨름하는 것과 같습니다. 종의 아이들이 하는 씨름이란, 그들은 전문기술을 가진 지도자의 지도를 받지 못했기 때문에 특별히 주목할 만한 기술이나, 기록할 만한 실력도 없다는 의미입니다.

기도하는 사람이라고 그렇지 않겠습니까?

제가 기도에 대한 방론(傍論)95)으로 한 가지만 예를 들어 말씀드리겠습니다.

만약 어떤 사람이 올바른 가르침이나 올바른 논리[正理]도 없이 지장기도나 관음기도를 하여 지장보살님이나 관세음보살님을 기도 중에 '나는 친견하였다.'고 자랑한다면, 이 사람은 종의 아이들이 모래밭에서 씨름하는 것과 같습니다.

왜냐하면 기도로써 불·보살님을 친견하려면 자신이 갖고 있는 10가지 근본번뇌 중 5가지 번뇌인 악견[身見·邊見·邪見·見取見·戒禁取見]을 완전히 단멸(斷滅)하여 다시는 이러한 번뇌가 일어나지를 않아야 됩니다. 이 5가지 악견을 대승불교의 측면에서는 "견도(見道)의 지위에 오른 성자만 가능하다."고 하고, 소승이나 상좌부 불교에서는 "수다원과(須陀洹果)를 증득해야만 된다."고 합니다.

견도위(見道位)란, 초지보살(初地菩薩, 환희지보살(歡喜地菩薩)을 뜻하는 것으로 어떤 사람이 5악견(惡見)을 끊고 견도위에 오르면 부처님께서는 이 보살의 이마[정수리]를 만져주시며, 성불을 보증해 주시는데, 이를 수기(授記)라고 합니다.

초지보살은 부처님 이후에 오직 세 분[신라의 원효(元曉)보살·인도의 용수(龍樹)보살과 마명(馬鳴)보살]만이 증득했다고 불교학에서는 말합니다.

이와 같은 초지의 보살이 되면 때로는 자기의 몸을 마음대로 이리 저리 나타낼 수 있고,96) 지구상의 어느 나라 어느 지방의 말과

---

95) 범어로는 atiprasṅga. 부수적으로 의론(議論)하는 것. 상대어(相對語)는 정론(正論)으로 중점적(重點的)으로 의론(議論)하는 것이다. 『俱舍論』 권2에 "부수적으로 의론하는 것은 이미 두루 마쳤으니, 이젠 마땅히 정론을 밝혀야 할 것이다"라고 한다.
96) 원효스님은 어느 해 설날 사시(巳時)에 강원도 영월의 영원사(현재에는 그 위치조

방언(方言)도 일부분은 알아듣고 말할 수도 있으며, 심지어 하늘에서 천공(天供, 하늘의 공양)도 맘대로 내려 먹을 수 있는 단계라서 나중 입적하실 때는 화광삼매(火光三昧)[97]에도 들 수 있다고 합니다.

신라 자장스님께서는 말년에 강원도 정선(旌善)의 함백산[태백산]에 석남원[현 정암사]을 짓고 문수보살을 친견하고자 그곳에 주석하실 때, 어느 날 한 촌로(村老, 문수보살)가 꼴망태에다 죽은 강아지를 넣어 와서는 자장스님을 만날 것을 청했을 때, 만약 자장스님이 정견(正見)만 갖추었어도 문수보살을 친견했을 것입니다.

정견(正見)이란, 바로 우리가 입버릇처럼 말하는 8정도(八正道) 중 첫 번째로 4성제(四聖諦)를 바르게 관찰하는 것으로 연기법을 잘 아는 것입니다. 이 세계에서 유정의 몸과 마음을 심하게 흔들어 괴롭혀서 능히 열반을 장애하는 것을 번뇌의 장애라고 말하는데, 이들 중 일부분을 벗어난 지위라서 이 세상에서의 목숨[명(命)]이 다하면 서방정토 극락세계로 가서 아미타부처님의 가르침을 받아 수행하여 성불한다고 합니다.

이러한 수행단계의 보살인데, 과연 '나는 그 보살님을 친견했노라'고 말하는 사람이 그러한 정견(正見)의 지위에 도달했겠습니까?

차 알 수 없음)에서 새해 법문을 하셨고, 같은 날 같은 시간에 경남 창원의 성주사에서 영원사의 법문과 똑같은 법문을 하셨다는 고사(古詞)가 있다.

97) 허공에 있는 화대(火大)를 모아 불을 내는 제4선정(第四禪定)으로 화광정(火光定)이라고도 한다. 『본행집경』권40에 "여래께서 그때 또한 이와 같은 화광삼매에 들어가 몸에서 큰 불이 나왔다"고 하고, 『서역기』3에서는 아난의 입멸을 기록하여 말하기를 "곧 허공에 올라가서 화광정(火光定)에 들어가니 몸에서 연기와 불꽃이 나오면서 적멸에 들어갔다"고 한다.

그래도 '나는 친견했노라'고 한다면, 이 사람은 참다운 유식(唯
識)의 성품도 전혀 모르면서 하는 말일 뿐입니다.

제가 구체적으로 비판하겠습니다.

누구나 식을 일으켜 유식의 참다운 성품에 안주(安住)하기를 구
하지 않는 단계에 이르기까지는 아직은 능취(能取)와 소취(所取)의
2취에 집착하여 참된 것으로 삼는 수면번뇌(隨眠煩惱)98)에 대해서
조복(調伏)하거나, 단멸할 수 없습니다.

그 이유는 깊고 견고한99) 대보리심(大菩提心)100)을 따라 순결택
분(順決擇分)101)의 식을 일으켜서 유식의 진실된 승의(勝義)의 성
품[진여]에 안주하기를 구하지 않는 데에 이르기까지는 무상정등

---

98) 번뇌의 별명(別名)으로 번뇌는 유정을 궁지(窮地)로 몰아넣어 심신(心身)을 잠들
게 한다. 그 행상(行相)은 아주 미세하여 알기 어려운데 그것은 대경(對境)이나 상
응하는 심왕과 심소가 서로 영향을 가지게 되면 더욱 강하게 된다(隨增). 유정을
번뇌로 묶어버리므로 수박(隨縛)이라고도 한다. 여기에 탐(貪)·진(瞋)·치(癡)·만
(慢)·의(疑)·악견(惡見) 등의 여섯이 있어 이를 여섯 가지의 수면(隨眠: 六根本煩
惱)이라 한다. [唯識宗]에서는 번뇌를 수면(隨眠)이라 하지 않고, 번뇌의 습기(習
氣), 곧 종자를 가리켜서 번뇌의 종자가 우리의 아뢰야식(阿賴耶識)에 가만히 들
어와서는 잠재(潛在)하고 있다고 한다. [경량부(經量部)]에서는 번뇌가 생겨 활동
하는 자리를 전(纏)이라 하고, 이에 대해 번뇌가 숨어서 있는 상태의 종자를 수면
이라 한다.
99) 깊다는 것은 청정력과 증상력이고, 견고하다는 것은 견고한 마음을 가리킨다.
100) 자리이타를 완성하려는 보살의 궁극적인 목표를 가리킨다.
101) 4선근위(四善根位)로 설일체유부(說一切有部)에서는 처음으로 무루의 혜(慧)가
생겨서 4제(四諦)의 이치를 명확하게 보는(現觀) 자리를 견도(見道)라 하지만,
그 견도에 들어가기 위한 준비단계가 사선근위(四善根位)이다. 이 지위에서 닦
는 유루(有漏)의 선근(善根)은 무루(無漏)의 성도(聖道, 즉 決擇)의 일부분이 된
다. 견도를 이끄는 작용(順益)이 있으므로 순결택분(順決擇分)이라고도 하고, 여
기에는 난(煖)·정(頂)·인(忍)·세제일법(世第一法)의 4 단계 지위가 있다.

보리(無上正等菩提)에 나아가기 위해 갖가지 수승한 자량(資糧)을 닦고, 쌓아 유정을 위해 부지런히 해탈을 구합니다만, 이 지위에 있는 보살도 원인과 선우(善友)와 작의(作意)와 자량 등의 네 가지 수승한 힘에 의지하기 때문에 유식의 의미에 대해서는 깊이 믿고 이해는 하지만, 그러나 아직 능취와 소취가 다 공(空)하다는 것은 능히 요달할 수 없고, 대부분 외부사물에 향한 감각기관에 머물면서 보살행을 닦기 때문입니다. 2취(取, 능취와 소취)에 이끌려진 수면인 종자에 대해서 능히 세력을 조복하고 단멸하여 그것으로 하여금 2취의 현행을 일으키지 않게는 할 수 없다는 의미입니다.

2취습기(二取習氣, 종자)를 2취의 수면(隨眠)이라 함은 유정을 따르고 따라서 유정의 생사와 함께 하기 때문이고, 장식(藏識, 아뢰야식)에 잠복하거나, 혹은 따르고 따라 허물만 더하므로 수면이라 합니다. 곧 장식[아뢰야식]에는 번뇌장과 소지장의 종자를 갖고 있다는 뜻입니다.

이런 이치를 모르고 불・보살님을 친견했다함은 자신도 몰라 무지하고, 남도 속이는 업을 짓는 행위입니다.

불교학에서는 인식주체의 종자와 인식되어지는 대상의 현행이 훈습하는 주체102)는 종자와 더불어서 번갈아 원인이 된다고 합니다.

우리의 제7식과 제8식은 별도의 의지처[구유의(俱有依)]없이 항상 상속해서 전전(展轉)103)한다는 말입니다. 제7식과 제8식은 스스

---

102) 능훈(能熏)이라는 말이다. 훈부(熏附)하여 질 것에 대하여 능히 훈부하는 주체로 제8식에 종자를 훈부하는 7전식을 가리킨다.

103) 전전(轉轉)이라고도 한다. 범어 paraṁparā, 또는 anupūrva의 번역으로 차례로

로의 세력이 수승하기 때문에 구유의(俱有依, 구유근)104)가 필요 없다는 뜻이기도 합니다.

그러나 제6의식은 별도의 의지처가 꼭 있어야 합니다.

반드시 제7말나식에 의탁(依託)해야 일어날 수 있습니다.

기도는 무엇입니까?

기도란, 자신이 원하는 바가 꼭 이루어지도록 원하는 마음에서 대상[불·보살]으로부터 가피력(加被力) 혹은 가지력(加持力)을 얻어 소원을 성취하는 것 아닙니까. 기도하는 사람에게도 가피력을 받을 수 있는 불·보살님이라는 의지처가 있어야 한다는 뜻입니다.

자신의 능력이나 힘은 한계가 있어 더 이상은 어쩔 수 없는 현실 상황에서 불·보살님의 부사의(不思議)한 능력에 의지하여 소망을 이루고자 하는 행위가 기도이질 않습니까.

그래서 기도의 성취는 대상에 대해 합리적인 이해와 행위, 그리고 상응하는 지혜 없이는 불가능할 수 밖에 없습니다.

또한 기도는 종교적인 색체를 띤 것과 철학적인 측면을 동시에 함용[含容, 내포]하고 있습니다.

여기서 종교적인 측면이란, 나 이외의 타인으로부터 준동함령(蠢

연속되는 것을 뜻하며, 순차(順次)로 대조(對照)하는 것을 전전상대(展轉相對)·전전상망(展轉相望)이라고 하며, 상호간 다른 것으로부터 생기는 것을 전전상생(展轉相生)이라 한다.

104) 선천적으로 구비한 의지처란 뜻으로 구유근(俱有根)이라고도 부른다. 심(心)이나 심소(心所)와 같이 있으면서 또 의지처가 되는 것을 말한다. [俱舍宗]에서는 안(眼)·이(耳)·비(鼻)·설(舌)·신(身)의 다섯 가지 감각기관과 그 기능을 말한다. [唯識宗]에서는 5근(五根)과 의식(意識)과 말나식(末那識)과 아뢰야식(阿賴耶識)을 말한다.

動含靈)에 이르기까지 자비사상(慈悲思想)의 결정체로 이타적(利他的)인 것과 기도자 자신이 스스로 완전한 사람이 되는 자리적(自利的, 자기 이익적인 값어치)으로도 충분한 가치를 갖고 있습니다. 곧 『반야심경』에서 "조견오온개공(照見五蘊皆空) 도(度) 일체고액(一切苦厄)"과 같은 결과의 이익을 갖고 있습니다. 곧 자신이 5온이 공함을 꿰뚫어 봄에 의하여 모든 고통스런 재앙으로부터 벗어날 수 있다는 뜻입니다.

어째서 그럴까요?

기도는 자신구제와 타인을 위한 구체적인 삶의 철학이면서 방법론(方法論)이기 때문입니다. 그래서 자기의 기도는 종교적인 가르침을 실천하는 종교생활이기도 합니다. 기도는 현재 자신이 처한 극한상황에서 빨리 벗어날 수 있는 희망의 길이기도 합니다. 이럴 때에 우리는 자신을 잘 알고 남을 배려할 수 있는 불교의 사홍서원(四弘誓願)이 꼭 필요한 이유를 알 수 있습니다.

서원하기를

"중생들이 겪는 모든 고난에서 일체 중생들을 기어이 꼭[期必] 건져냄으로써 자신과 이 세상 일체 중생들이 바라는 최고의 세계를 완성한다."

함이고, 이 서원을 반드시 이룰 수 있는 것이 기도입니다.

또 『지장경(地藏經)』에서는 지장보살이 광목(光目)여인이었을 때에 자신이 어머니 때문에 괴로워함과 지옥에서 고통당하고 있는 금생(今生)에서의 어머니를 위해 서원(誓願)을 세운 것이라고 합니다.

"모든 세계에 있는 지옥과 삼악도(三惡道)에서 고통 받는 모든 중생들을 구원하여 지옥(地獄)·아귀(餓鬼)·축생(畜生) 등을 악취(惡趣)에서 영원히 벗어나게 하고, 이런 중생들을 모두 다 성불케 한 후에야 제가 정각을 이루겠나이다.”

이렇게 성취되고 구비되어지는 우리의 희망은 불·보살님의 본원력(本願力)에 의해 화려한 꽃을 피울 수 있습니다.

이미 우리에게는 모든 것은 갖추어져 있고, 준비되어 있습니다.

그렇다면 어디에 갖추어져 있고, 준비되었다는 것이겠습니까.

'갖추어져 있다'는 말은 외부에 어떤 형상화된 실체로써 존재하는 것이 아니라, 자신의 내면에 지혜라는 이름으로 자신이 직접 몸소 닦아 증득한 상태로 보존되어 있다는 말씀입니다. 모든 생명의 바탕이자 근원의 본체이기에 우리는 우둔해서 볼 수도 느끼지도 못하고 있습니다만 이것은 바로 모든 생명의 실상(實相)이기도 합니다.

마치 우리는 자신의 눈동자가 자신의 망막을 보지 못하는 것은 너무나 가깝기 때문입니다. 캄캄한 밤이나 눈을 감고 밥숟가락 질을 하더라도 우리의 밥숟가락을 쥔 손은 귀나 눈 쪽으로 가지 않고 정확하게 입으로 향하는 것이 자신이 갖고 있는 본래의 실상이지 결코 학습에 의한 것이거나, 남의 도움을 필요하지 않는 것과 같습니다. 이미 이루어져 있다는 것은 우리가 숨 쉬고 목마르면 물 마시고, 배고프면 식사하는 것을 항상 마주 대하고 있으니, 고개를 돌려 갸우뚱하여 사량(思量)할 일이 아닙니다.

또 우리 자신은 근원과 다르지 않습니다.

비유하면 물과 파도가 그 형상은 다르게 보이지만 다 같이 축축[습(濕)]하여 젖는 성질은 같은 것과 같습니다. 그렇듯이 불·보살

님의 위신력도 보편적인 것이라서 나의 것과 다른 것이 아니라고
성스러운 가르침에서는 말씀합니다.

이러한데도 모도범부(毛道凡夫)[105]는 이러함을 알지도 깨닫지[
覺知]도 못하지만, 기도를 하면 누구나 선지식(善知識)의 도움이나
가르침이 없어도 자연히 알아집니다.

제가 지금까지 기도에 대해 이렇게 저렇게 말씀드린 것을 요약
하면, 관조(觀照)나 믿음 또 이해의 대상을 관찰하여 바르게 알고
이를 바탕으로 바르게 수행해 나아가면 이 수행으로 인하여 모든
장애를 제거하여 기도의 성취와 깨달음을 증득한다는 불교 가르침
의 집약적인 내용인 경(境)·행(行)·과(果)를 풀어 헤쳐서 말씀드
렸으니 잘 아셔야 합니다.

---

105) 성자(聖者)에 대칭되는 의미로서의 범부를 강조하는 표현. 어리석은 범부라는
뜻. 모도범부생(毛道凡夫生)·모도생(毛道生) 등이라고도 한다. 범어의 본뜻에 의
하면, 범어 bāla는 어리석은, 유치한 등의 뜻이다. prthag-jana는 범부라는 뜻이
기 때문에, 영우범부(嬰愚凡夫)나 유동범부(儒童凡夫) 등이라고 해야 한다. 이는 위(魏)
나라 보리유지가 한역한 경전에서 모도범부라 하였는데, 모도는 범어 bāla-prthag를
vāla-patha로 오인함으로써 생겨난 번역어로 추정된다. 범어 vāla는 모(毛)이고
patha는 도(道)이기 때문이다. 그리고 후대에는 잘못된 번역에 의해서 모도범부
에, 털이 바람에 날리듯이 이리저리 흔들리는 중생을 나타내는 뜻이 있다고 해
석하기도 하였고, 이러한 뜻에서 모도를 모두(毛頭)와 같은 것으로 보기도 하였
다. 그러나 엄밀한 뜻에서 모도범부는 범부를 그것에 내포한 뜻에 의해 다양하
게 칭하던 여러 가지 명칭 중의 하나인 영우범부(嬰愚凡夫)를 잘못 한역한 것이
라고 할 수도 있다.

2. 기도수행은 이렇게 해야 합니다.

앞에서 말씀드린 경(境)·행(行)·과(果)는 알아야 될 대상으로서의 경계와 수행방법, 수행으로 말미암아 증득하는 결과 등의 구체적인 내용은 경론(經論)에 따라 약간씩 다르지만 이 세 가지 방법론은 불교 일반에 있어서는 다르지 않습니다.

그래서 어리석은 중생이 자신 스스로가 고통 속에 괴로워하고 헤매고 있는 것을 자각하여 이러한 어리석음에서 빠르게 벗어나는 길은 오직 지혜로운 기도뿐이라고 말씀드립니다.

이러한 기도수행은 자신을 궁극적으로 구제하여 자신의 본질과 법계의 원리가 같음을 깨닫게 되어 고통스런 모든 속박과 억눌림의 묶임[전(纏)]으로부터 벗어나게 하지만, 우리 중생은 어리석음과 더불어 10가지 근본번뇌(根本煩惱)와 20가지 수번뇌(隨煩惱)106) 때문에 참으로 어렵습니다. 이러한 번뇌는 종류도 많고, 작용도 많아 참으로 알기도 어렵고, 이를 끊어 없앤다[斷滅]는 것은 더 어렵습니다. 왜냐하면 이들의 번뇌는 아득한 옛적부터 우리가 생각하고 생활하면서 쌓여진 업식(業識)이 전식(轉識, 주체)과 현식(現識, 대상)으로 전개되는데, 이는 너무나 미세하고 느리고 단단하게 배어져 있어서 우리는 이를 참된 것[實有]인 줄로 여기고 있기 때문입니다.

그래서 깨달음은 어떤 수행을 하던지 간에 언제까지[시간적], 어디서[공간적]하면 금방 된다는 말씀은 단정하지 못합니다. 왜냐하

---

106) 근본번뇌(根本煩惱)에 수반하여(함께) 일어나는 번뇌를 말한다.

면 우리 개개인은 모두가 자신이 지은 업은 자신 혼자서 지은 업[別業]과 여럿이 함께 지은 업[共業]이 섞여있기 때문이고, 근기(根機) 등에서 그 차이가 엄청나기도 하고, 인연의 도리와 불·보살님이라는 인격체와 그 분들의 가르침에 대한 믿음과 믿지 않음 등의 여러 가지 조건이 각기 다른 원인도 있습니다.

아무리 지금 바로 이 자리에서 청정한 수행을 한다하더라도 그 사람이 일으키는 번뇌가 얼마나 무겁고, 구체적이고 거친 것[麤]인지, 그렇지 않으면 미세한 것[細]인지를 자신도 남도 전혀 알 수 없기 때문입니다.

어떤 사람은 선지식의 한마디만 들으면 그 말씀이 땅에 떨어지기도 전에 그 자리에서 즉시 깨닫는가 하면, 나[늙은 수행자] 같은 사람은 평생을 해도 한 발짝도 나가지 못하는 경우도 있습니다. 그래서 나같이 우둔한 사람에게는 황소가 바늘구멍을 통과하는 것보다 더 어려운 참선보다는 염불선(念佛禪)의 기도 등이 쉽게 깨달음에 이를 수 있다고 생각합니다. 왜냐하면 자신 혼자로서의 힘으로는 언제 깨달음을 얻을 수 있을지 도무지 알 수도 없고, 불가능해 보이기 때문입니다.

오래 전 제가 선원에서 정진할 때 85세의 나이가 아주 많은 '양진여(梁眞如)'라고 이름하는 진주에 계시는 거사(居士) 분이 같이 정진을 하셨는데, 참선수행을 하면서도 몹시 초조해 하시었습니다.

이런 분에게는 선원장(禪院長)스님이나 회주(會主)스님께서는 참선수행보다는 차라리 염불수행을 권하는 것이 옳은 길이 아닌가라고 생각한 일도 있습니다.

이런 분에게도 무조건 '참선은 생사를 초월하는 수행이라'하여 권하는 것보다는 차라리 자기 성찰의 기도로 깨닫는 것이 보다 좋은 길이 아닐까라고 생각했기 때문입니다.

왜냐하면 저 한강이나 낙동강의 모래알처럼 많은 불·보살님들도 반드시 화두참선으로 깨달음을 이루셨는가(?)는 생각해 볼 일입니다.

그분들도 우리와 같은 인간으로 태어나 무수한 세월동안 기도와 보살행을 닦은 연후에 깨달음을 얻지 않았겠습니까.

그렇다면 우리는 그분들과 무엇이 다릅니까.

다만 수행을 하질 않았을 뿐이니, 그분들을 생각하며 우리 또한 새로운 좌표를 마련하여 열심히 정진해야만 된다고 봅니다. 비록 기도가 지금 당장은 말할 수 없이 고통스럽고 힘들지만 '나는 해낼 수 있다.'라는 의지력으로 정진한다면 반드시 성취할 수 있다고 보기 때문입니다.

편안히 감나무 아래 누워 입만 벌리고 있으면 내 입맛에 맞는 홍시가 내 입안으로 들어오겠습니까? 목숨을 걸고 나무에 올라야 내 입맛에 맞는 홍시를 선택할 수 있는 것과 같다고 봅니다.

또한 세상에서 죽자고 노력하는 자(者)만이 노력한 대가를 보장받을 수 있는 이치와 같습니다.

제가 말씀드리는 기도는 바로 이런 것으로써 궁극적으로는 성불의 바탕이고 길이 되므로 아주 훌륭한 수행법이라고 생각합니다.

물론 기도가 수행인가에 대한 의문과 반론(反論)이 있을 수 있으나, 그러나 이런 의미에서 저는 초보자뿐만 아니라 모든 이들에게 꼭 필요한 수행법이라고 봅니다.

수행으로써 기도란, 외부의 대상에게 무엇을 '꼭 이루어 달라.'고만 빌고 희망할 것이 아니고, '내가 반드시 기도를 통하여 정체지(正體智)107)와 가행지(加行智)108) 그리고 후득지(後得智)109)를 얻어 많은 사람들에게 회향하겠다.'라는 원을 세우고, 그 서원을 성취해가기 위한 힘을 얻기 위해 자기성찰을 하고 노력하는 정진(精進)이라고 봅니다.

스님! 그러나 기도의 의미가 이렇다고 하더라도 당장 위급한 상황에 처해있는 사람에게 이러한 원칙적인 말씀만 할 수 있습니까? 이들은 지금 당장 기도의 원리를 이해하고 자신의 힘으로 그 길을 따라 할 마음의 여유도 없이 절박합니다. 이러한 사람들에게 자기성찰의 기도만을 권할 수 있습니까?110)

---

107) 아공과 법공에서 나타난 진여[二空眞如]의 도리를 인식대상으로 하기에 갖가지 희론(戱論)의 모습을 전혀 취하지 않고, 유식의 참다운 승의(勝義)의 성품에 계합하는 지혜이다. 인식대상[境]인 진여와 인식주체[能緣]인 지혜가 평등하고 평등해서 모두 소취(所取)와 능취(能取)의 모습을 떠난다. 비록 진여를 인식대상으로 한다고 하더라도 상분을 띠고 반연하는 것이 아니고, 진여의 체(體)를 띠고서 [狹帶] 반연한다. 진여의 자체를 떠나지 않기 때문에 인식대상의 모습이 없고, 인식주체인 견분도 또한 분별이 없다. 진여(眞如)와 무분별지(無分別智)가 계합하여 평등하다.

108) 범어 prayoga-jñāna. 보살이 55위(位)를 닦으면서 한 단계를 오르기 위해 가행함으로써 얻어지는 지혜를 말한다. 『瑜伽論記』卷10.(韓國佛敎全書 第2卷 p. 743上)에 "離言說法 無我性者 此擧眞智之境 或於眞諦 將欲覺寤者 卽加行智"라 하여 있고, 또 같은 책 卷第11 (韓國佛敎全書 第2卷 p. 769下)에는 "四無礙解前의 方便智를 加行智라 하였고, 『원종문류』卷14. 韓國佛敎全書 제4권 p. 613下)에서는 正體智와 加行智와 後得智 등의 3지(智)를 설하고 있다.

109) 여리지(如理智)·권지(權智)·속지(俗智)라고도 한다. 근본지에 의해 진리를 깨달은 뒤에 다시 분별하는 얕은 지혜를 일으켜서 의타기성(依他起性)의 속사(俗事)를 아는 지혜. 즉 불타가 대비를 일으켜서 중생을 구제하는 것은 후득지다

110) 상대의 말을 비꼬는 투로 질문하여 따진다. 이를 힐난(詰難)이라고 한다.

네. 대답해 드리겠습니다.

그에게는 먼저 불교의 삼법인(三法印) 중 먼저 제행무상(諸行無常)과 제법무아(諸法無我)에 대한 진리를 가르쳐주어 그로 하여금 이 진리를 알게 하여 용기를 내어 기도를 할 수 있도록 선교방편(善巧方便)111)을 열어 보이겠습니다.

범부들의 생각으로는 더딘 것 같아도 이렇게 해야 바른 길이고 빠른 길이지 이러하지 않고, 당장 목이 마르다고 짠 바닷물만 실컷 마시게 해야 되겠습니까?

정말 물에 빠져 지푸라기라도 잡고 싶은 심정이라면 경전의 진실한 말씀은 반드시 굳게 믿어야 하고, 굳게 믿는다면 약간은 더딘 것 같아도 반드시 이 길만이 바르고 빠른 길이라는 것을 그는 인식할 것입니다.

그는 경전의 가르침에 의하여 불·보살님들의 서원도 알 수 있고, 또 성취도 반드시 이루어진다는 것을 확신한다면 반드시 여실한 기도를 잘할 겁니다. 그러면 그 공덕으로 인하여 모든 고통과 고난으로부터 빠르게 벗어나는 길도 찾을 수 있습니다.

물에 빠진 사람은 지푸라기라도 잡는다는데, 어찌 이 진리를 믿고 실천하지 않을 수 있겠습니까.

고통으로부터 벗어나겠다는 지극한 염원의 노력과 불·보살님의 가피력에 대한 믿음만이 고통으로부터 빠르게 벗어날 수 있다는

---

111) 중생을 교화하는데 그 방법과 수단이 능란한 것을 말한다. 부처님이나 보살님들은 중생의 능력이나 소질에 따라 여러 가지 방편을 사용하여 잘 교화하고 섭취하는 것을 선교섭화(善巧攝化)라 하고, 중생에 적응한 여러 가지 방법을 능숙하게 잘 베풀어 구원하는 것을 선교방편(범어 upāya-kauśalya)이라 한다.

희망이 강력한 힘을 발휘합니다. 누구나 지극하고 강력한 믿음과 희망의 힘에 의해 실제로 고통으로부터 벗어납니다.

중생들은 누구나 진실로 믿으면 안심(安心)을 하게 되고, 희망을 갖는 동시에 삶은 이미 이전과 많이 달라지기 시작합니다.

누구나 기도를 할 때에 하나의 대상에 집중[전주(專注)]하려 해도 많은 번뇌가 일어나 반드시 기도자로 하여금 마음이 산란(散亂)하게 되어 괴롭게 됩니다. 모든 번뇌가 사라지어야만 심란(心亂)하고 불안한 마음이 안정되어 기도가 잘되어 성취되는 것이 아닌가라고 생각하여 자꾸만 마음이 일어나는 것만 안정화시키려고만 온갖 마음으로 힘을 쓴다면, 안정화시키려는 마음이 증상연(增上緣)이 되어 더욱 치성하게 되는데, 이를 간화선에서는 '마군(魔群)이 덮친다.'고 말합니다.

그래서 이 마군을 이기려고 아무리 노력해도 안 되어 결국은 넘어지고 맙니다. 곧 자신의 마음에 대항해 이길 수 있는 사람은 없다는 얘깁니다.

이러할 때에는 일어나는 번뇌[마군]는 그냥 두고 공안(公案)이나 화두(話頭), 나아가서는 경배 대상인 불·보살님의 덕성(德性)을 마음 지극히 생각하면 거칠게 일어나던 산란한 마음이 곧바로 고요해 집니다.

마치 콸콸 세차고 요란스럽게 흐르던 개울의 밑바닥도 물이 차츰차츰 줄어들고 말라지면 개울의 바닥이 고요해지는 것과 같습니다.

이러함을 『반야심경』에서는 제8식과 제7식에 대해서는 설(說)하지 않고, 제6식만 설하고 있음도 제6식인 분별사식(分別事識)

112)만 일어나지 않더라도 제7식과 제8식은 적정(寂靜)해진다는 뜻과 같습니다.

스님! 묻습니다.

방금 '마음이 산란(散亂)하다'고 했는데, 우리 범부들은 항상 마음이 들떠서 집중이 안 되고, 집중이 안 되므로 마음이 이리 저리 온갖 군데를 자신의 생각을 끌고 다니는 것을 산란이라고 여기는데, 이렇게 작용하는 것이 산란심(散亂心)입니까?

네, 대답해 드리겠습니다.

모든 인식대상[所緣]에 대해서 마음이 작용하는 주체로 하여금 마음이 흐려져 없어지는 쪽으로 달리고, 흐르도록 하는 것으로 곧 방탕(放蕩)과 같은 뜻입니다.

이를 교학(敎學)의 고유용어로는 치류탕일(馳流蕩逸)113)이라 합니다. 이 치류탕일하게 하는 것을 본체의 성품으로 삼기 때문이지요.

---

112) 줄여서 분별사(分別事)라고도 한다. 범어 vastu-prativikalpa-vijñāna이다. 구나발다라(求那跋陀羅)가 한역한 『4권 능가경』에서 설한 진식(眞識, 제9암마라식)·현식(現識, 제8아뢰야식)·분별사식 등의 3식의 하나. 8식(識) 중 제8아뢰야식을 제외하고 그밖에 제7말나식(末那識) 등의 일곱 가지 식을 총칭한다. 보리유지(菩提留支)가 한역한 10권 본과 실차난타(實叉難陀)가 한역한 7권 본『楞伽經』은 현식과 분별사식 등 2식만으로 분류하여 전5식(前五識)을 대상으로 삼아 분별하는 의식 곧 제6식만 가리켜 분별사식이라 한다. 또한 이 경우 현식을 정분(淨分)과 염분(染分)으로 나누면 그 중 정분은 진식(眞識)에 해당되고 염분은 분별사식에 해당된다. 어떤 분류가 되었거나 대상 경계의 현상[事]이 지니는 근본 이치를 모르고 허망하게 그릇된 분별을 취하기 때문에 분별사식(分別事識)이라는 명칭을 붙였다.

113) 마음이 흐려져 없어지는 쪽으로 달리고 흐르도록 하는 것으로 곧 방탕(放蕩)하게 흐르는 것을 이렇게 말한다.

능히 올바른 집중[正定]을 장애하여 악혜(惡慧)114)의 의지처가 되도록 하는 것을 업의 작용으로 삼습니다. 말하자면 산란한 자는 악한 지혜[惡慧]를 일으키기 때문입니다.

우리 불교계의 훌륭하신 유식논사(唯識論師)들은 산란심에 대해 이렇게 정의했습니다.

"산란의 심소는 어리석음심소의 일부분에 포함된다. 『유가사지론』 권55에서는 '이것은 어리석음 심소의 일부분이라고 말하기 때문이라'고 한다. 산란심소(散亂 心所)는 별도의 자체를 갖는다. 세 가지의 일부분이라고 말한 것은 이것은 그것의 등류(等流)로써 참회하지 않음[無慚]의 심소처럼 곧 그것[탐욕 • 진에 • 어리석음 의 심소]에 포함되는 것은 아니다. 다른 것의 인식활동[行相]에 따라 세속유(世俗 有)라 말한다."

라고 했습니다.

산란의 개별적인 심식의 고유한 성능[行相]이라는 말은 산란하고, 어지러운 것[조요(躁擾)]을 말합니다. 함께 일어난 법[俱生法] 으로 하여금 모두 방탕하게 흐르게끔[유탕(流蕩)] 하기 때문입니다. 만약 그 세 가지의 마음의 작용을 떠나서 별도의 자체는 없다고 말한다면, 별도로 삼마지(三摩地)115)를 장애한다고도 말할 수 없습니다.

스님! 그렇다면 들뜸[도거(掉擧)]과 산란(散亂), 두 가지 심소의 작용은 어떠한 차이가 있습니까?

---

114) 올바르지 못한 소견으로 내는 지혜(知慧).
115) 범어(梵語) samādhi의 음역(音譯)으로 삼매라고 한다. 등지(等持)·집중[定]·정정 (正定)·정의(正意) 등등으로도 해석한다. 마음이 들뜨고[掉擧], 혼미해서 가라앉 음(혼침) 등을 떠나 하나의 대상에 집중하는 심리상태(心理狀態)다

네, 도거는 이해[解]를 바뀌게 하는데, 곧 도거는 하나의 대상에 대해서 이렇게 저렇게 많이 이해하는 것으로 단멸(斷滅)과 상주(常住) 등에 대한 이해입니다.

산란은 하나의 마음으로 이것저것 많은 대상[緣]을 반연하기 때문에 바뀝니다. 비록 한 찰나에는 이해와 대상이 바뀌는 일이 없지만, 조금만 계속되면 바뀌어 집니다.

염오심(染汙心)일 때에는 도거(掉擧, 들뜸)와 산란의 세력에 의해서 항상 생각 생각마다 이해를 바뀌게 하고, 연(緣)도 바뀌게 합니다. 혹 집중[念]의 심소나 선정(禪定) 등의 세력에 의해서 일시적으로 억제되고, 조복(調伏)되는 것은 마치 발발(撥撥)거리는 원숭이를 기둥에 묶어 놓은 것과 같이 잠시 동안은 조용해집니다. 그래서 도거와 산란의 심소는 함께 잡염심에 두루하다[遍]고 할 수 있습니다. 만약 잡염심(雜染心) 중에 산란의 심소가 없다면 유탕(流蕩)하지도 않고, 염오심(染汙心)도 아닙니다.

스님! 이러한 산란한 마음[散亂心]의 작용은 어디로부터 무엇이 근거가 되어 일어납니까?

네, 이 산란한 마음의 작용에는 자성(自性)과 안[內]과 밖[外]과 추중(麤重)116)한 것과 사유(思惟)에 의한 5가지의 원인이 있습니다. 또 일어나는 것에는 앞에서도 말씀드렸지만 도거(掉擧, 들뜸)117)의 마음일 때이고, 모두가 마음이 더러운 물이 든 잡염심(雜染

---

116) 번뇌에 속박되어 있는 것. 곧 종자(種子)와 습기(習氣)의 다른 이름으로 항상 해탈과 열반을 장애하여 중생으로 하여금 생사에 유전케 하는 번뇌다.
117) 심왕으로 하여금 경계[대상]에 대해서 적정(寂靜)하지 않도록 하는 것을 체성으로 삼는다. 능히 행사(行捨)와 사마타(奢摩他)를 장애하는 것을 업용으로 삼는다. 도거의 심소는 별도의 자성이 있어야 한다. 모든 잡염심에 두루함으로써 불신

心)일 때만 일어납니다.

여기서 '자성(自性)'이라는 말은 다른 것과 혼동되지 않고 개변(改變)되지도 않는 독자(獨自)의 체성으로, 우리 범부의 마음의 본체가 그렇다는 것으로 항상 어리석음과 자신의 견해가 그렇고, 자신을 다른 이와 비교하여 보다 훌륭하다거나, 비하(卑下)하는 비굴한 비만(卑慢)과 자기의 몫만 챙기는 아탐(我貪)의 습성 등으로 항상 물들어 있기 때문입니다.

또 안팎[內・外]이라는 말은 내부의 마음이 혼탁해서 흔들려 요동치면 외부의 대상[경계]도 내부의 마음[內心]을 따라 함께 춤을 추어 어지럽게 하는 것으로 외부의 대상, 곧 예를 들면 깃발이 흔들리는 것을 보고는 '바람이 깃발을 흔든다.'거나, '깃발이 바람에 의해 흔들린다.'고 아는 것으로 오직 마음이 요동친다는 것은 모르는 것118)과 같습니다. 이렇게 마음이 요동치는 것은 식의 자체 곧 견분(見分)이 전변(轉變)하여 마음 밖의 대상으로 사현(似現, 대상과 비슷하거나 같게 나타남)하는데, 이렇게 변현된 것을 상분(相分

(不信) 등과 같이 다른 것의 일부분이라고 말하지만, 도거(掉擧)심소의 자체가 문득 실유(참 존재)가 아닌 것은 아니다. 물론 불신 등도 역시 가유(假有)라고 말하지 않아야 하기 때문이다. 이러해서 논서에서 세속유(世俗有)라고 말한 것은 수면(睡眠) 등처럼 다른 것의 행상[인식활동]에 따라 말한 것이다. 도거심소의 개별적인 양상이란 곧 시끄럽게 움직이는 것[효동(囂動)]을 말함이다. 구생법(俱生法=같이 일어나는 법)으로 하여금 적정치 않게 하기 때문이다. 만약 번뇌를 떠나서 별도로 이러한 양상이 없다고 말한다면, 별도로 사마타(奢摩他, 적정)를 장애한다고 말하지 않아야 한다. 그러므로 적정하지 않은 것은 이것의 개별적인 행상[인식활동]이 아니다.

118) 내부의 식[마음]이 변현(變現)된 것으로 안식(眼識) 등을 일으키는 것을 안근(眼根) 등이라 이름하고, 이것이 의지처[所依]가 되어 안식(眼識) 등을 일으킨다는 것을 모른다는 것이다.

)이라 합니다. 이로 말미암아 우리 중생은 자아와 법이 실재한다고 여기기 때문에 미혹해서 고통의 생사에 윤회합니다.

묻습니다.

외부에 보여서 인식되는 깃발[外境]은 진실한 것이 아니고, 오직 마음이 요동쳐서 그렇게 인식된다는 내부의 마음[內識]만이 진실하다면, 외부의 깃발이 허망하다는 것을 어떻게 증명할 수 있습니까?

답해 드립니다.

외부에 보이는 깃발은 내부식(內部識)인 견분과 상분에 의해서 허망하게 나타난 것으로 범부의 눈[세속제(世俗諦)]에는 실제(實際)라고 여기지만, 진실한 도리[승의제(勝義諦)]에서는 마음이 전변(轉變)되었기 때문에 실재(實在)하는 것이 아니라는 것입니다. 곧 외부의 깃발은 내부의 식이 변현(變現)된 모든 온(蘊)을 마음이 대상에 의지해서 작용을 일으킨 것으로[攀緣] 스스로 허망한 생각[妄情]이 깃발을 분별하고 헤아린 것입니다.

또한 여기서 '추중(麤重)'이라는 말은 마음이 산란하면 산란한 마음 자체가 구체적[표면]으로 나타나는 것을 말합니다.

외부의 대상은 항상 같은데 마음이 작용하여 그 대상을 구체화하는 것이지요.

예를 들면 하나의 사과가 있는데 어떤 때는 '참 맛 있겠다.'라는 마음이 들어 먹고 싶고, 어떤 때는 사과를 생각만 하는 순간에 입 안에 신맛이 가득 돌면서 먹고 싶은 생각이 문득 싸악 없어져 버리는 것과 같습니다.

또한 사유(思惟)란 '생각을 함', '생각해 내는 것'을 뜻하는데, 중

생은 생각하는 것이 주로 삿된 사유(思惟)로 무슨 생각이든지 생각
하면 할수록 더욱 증상연(增上緣)119)이 되어 늘기만 하여 더욱더
마음이 산란되어 춤을 추게 됩니다.

이러함을 잘 알고 기도를 해 나아가야 정신이 맑고 고요해지면
서 시간도 공간도 사라져서 나[我]도 없고, 인식의 대상인 경계인
법도 없는 적정(寂靜)한 상태[삼매]에 들게 됩니다.

스님! 그러면 이때에는 어떻게 해야 합니까?

---

119) 만약 실제의 법이라고 집착하는 바의 유위나 무위의 수승한 세력이 있어서 능히
    다른 법에 대해서 혹은 수순(隨順)하고 혹은 거슬리는[違逆] 것을 다 연(緣)으
    로 삼는다. 비록 앞의 3연(三緣)도 역시 증상연이 되지만, 지금 이 네 번째는 그
    것[앞의 3緣]을 제외하고 다른 것을 취한다. 모든 연(緣)의 차별된 양상을 나타
    내기 위한 것이기 때문이다. 이러한 수순과 거스르는 작용과 결과를 나타낸 것
    으로 거스르는 결과는 부주(不住) 등으로 하여금 불생(不生)케 한다. 삼계에서
    법이 생겨나고, 바람이 물[水] 등에 머물고, 이루고,[成立成辦] 열반을 얻는 것
    등의 네 가지의 일은 다르기 때문이다. 그래서 증상연의 작용은 일에 따라서
    비록 많지만, 수승하게 나타나는 것은 오직 스무 두 가지뿐이니, 곧 이것은 스무
    두 가지의 근[22根 : 최승(最勝)·자재(自在)·증상(增上)의 뜻으로서 작용이 수승
    한 것을 말한다. 여기에는 6근(六根)과 남근(男根)·여근(女根)·명근(命根)·5수(五
    受)의 근·5선근(五善根)·삼무루근(三無漏根)을 모두 합하여 22 가지의 근(根)을
    말한다.]이다. 앞의 다섯 가지 색근[五色根=감각기관]은 근본식 등이 전변한 안
    근(眼根) 등의 승의근(勝義根=淨色)을 자성을 삼는다. 남근(男根)과 여근(女根)
    의 두 가지 근(根)은 신근(身根)에 포함되기 때문에, 곧 그것의 일부분으로 하여
    금 자성(自性)을 삼는데, 이는 물질로써 자체를 삼는다. 명근(命根)은 다만 근본
    식의 직접적인 종자[이숙무기(異熟無記) 명언(名言)의 직접적인 종자]의 식(識)
    이 머무는 공능(功能) 분위에 의지해서 가립(假立)한 것이니 별도로 자성이 있는
    것은 아니다. 의근(意根)은 전체적으로 8식으로써 자성을 삼는다. 5수근(五受根)
    이 상응하는 것처럼 각자의 감각작용[受]으로써 자성을 삼는다. 신근(身根) 등의
    5근(五根)은 곧 신(信)의 심소 등[精進]과 선(善)의 염(念)심소 등[定과 慧의 심
    소]으로써 자성으로 삼는다.

네, 의지하던 나무가 쓰러지고 등칡(藤-)이 마르면[『금강경』에서는 소언법상자(所言法相者) 여래-설즉비법상(如來-說卽非法相) 시명법상(是名法相)이라 한다], 모름지기 구멍 없는 피리(flute)로 만년가(萬年歌)를 불러야지요[수무공적만년가(須無孔笛萬年歌)].

이때에는 부처님이나 보살님이 나타나시어[顯現] 기도자의 정수리를 만져주거나,120) 미소를 짓는 모습을 보이십니다. 이때에도 진정한 장부(丈夫)라면 '이것도 요망한 것이 나타난 것'이라고 크게 활(喝)을 하여 반연을 떨쳐버리는 것도 참 좋은 일입니다.

옛날 중국의 당나라 때 위앙종의 문희(文喜, 무착)스님이라는 분은 문수보살을 친견하기를 원을 세워 정진하던 중 마침 동짓날 팥죽을 쑤고 있는데, 펄펄 끓고 있는 팥죽의 거품에서 문수보살이 나타나 '내가 문수(文殊)노라'고 했을 때 스님은 다짜고짜로 팥죽 젓던 주걱으로 문수보살의 뺨을 사정없이 후려 갈겼다고 합니다. 세상 사람들은 '미친놈'이라고 의아해 하겠지만, 얼마나 호쾌한 장부(丈夫)입니까. 왜냐하면 삼계(三界)에서 마음을 일으키는 것은 다 허망한 실사(實事)이기 때문이지요.

---

120) 수기(授記)를 말한다. 개인의 미래 성불에 대한 부처님의 증명 또는 예언을 의미한다. 『법화경』 제10 「법사품」 이전에서는 주로 개인의 성불에 대한 보증[수기]이 설해지는데 대하여 「법사품」 이후에는 사회포교의 사명부여로 부촉(咐囑) 혹은 촉루(囑累)가 강조된다. 수기(vyākaraṇa)란 주로 소승인 성문인 일승묘법(一乘妙法)에서 자각하여 기사회생하며, 미래 세상에는 부처가 된다는 것을 확인·증명하는 것이다. 곧 미래의 성불에 대한 부처님의 증명 또는 예언을 의미한다. 부촉(咐囑, niksepa)이나 촉루(囑累, parindana)는 부처의 뒤를 이어서 사회포교 내지는 진리의 현실적인 실천에 전념하라는 사명을 부여하는 것을 의미한다. 이것은 바로 대승보살에 관계되는 것이다.

또 하근기의 중생에게는 꿈에 현몽하는 등의 징표가 있기도 하는데, 이런 것은 분명 올바른 현상은 아니지만 그래도 이 하근기 중생의 기도성취는 그 사람의 그릇(근기)에 따라 얻어집니다. 그러나 엄밀한 측면에서 말한다면, 우리가 살아가는 삼계 자체가 허망한 것이기에 꿈에 나타나는 것[現夢]은 더욱 허망한 것임을 아셔야 합니다.

'허망하다[假]'는 것은 임시적으로 세운 이론에 불과하다는 뜻으로 실제적으로는 이미 타당성이 검증되었지만, 경험적 사실들을 통일적으로 설명하기 위해 임시로 세운 이론에 불과합니다.

그래서 불교의 성스러운 가르침[성교(聖敎)]이나 올바른 논리[정론(正論)]에 따르면, 허망된 것에 의거하여 자아와 법이 있다고 여기면 자아와 법은 가지가지의 모습[법]들이 생겨납니다. 그것들은 식이 전변(轉變)된 것에 의지(依止)한 것이지 결코 실체가 있는 것이 아닙니다. 이렇게 식이 전변하는 것을 능변식(能變識)121)이라

---

121) '능(能)'이란 변화(變化)시키는 주체(主體). 변화시키는 자(者)이고. '변(變)'이란 전변(轉變)의 뜻으로 원인이 전변하여 결과가 생겨나는 것을 말한다. '식(識)'은 상분·견분을 변하게 하여 나타내는 것이므로 능변(能變)이라 한다. 이 식에는 이숙식(異熟識)·사량식(思量識)·요별식(了別識)이 있다. 능변의 식[能變識]은 전변(轉變)의 주체가 되는 식(識)이라는 뜻이다. 초능변식(初能變識:第八識)을 아뢰야식(阿賴耶識)·일체종자심식(一切種子心識)·이숙식(異熟識)·아타나식(阿陀那識)·심(心) 등으로 말한다. 이들 명칭 중에서 아뢰야식(āleya-vijñāna)이 가장 보편적으로 사용된다. āleya는 ā-√li (집착하다. 저장(貯藏)하다. 저장(貯藏)되다)에서 파생된 명사(名詞)이다. 이 용어는 숫타니파타 『增一阿含經』 등 초기불교경전(初期佛敎經典)에서 ālaya는 "집착(執着)·애(愛)·낙(樂)·흔(欣)·희(喜)하는 집착의 대상"의 뜻으로 사용되고 있다. 『阿毘達磨俱舍論』 卷16에는 탐욕(貪慾)·욕망(慾望) 등과 나란히 열거되며, 『阿毘達磨大毘婆沙論』 卷16에서는 애욕의 의미로 사용된다. 유가유식학파(瑜伽唯識學派)에서는 집착의 근원 대상으로서 이 식

하는데, 능변식은 앞에서도 말씀드린 바와 같이 오직 심(心)·의(意)·식(識), 세 가지뿐입니다.

이를 알고 기도를 하면 자기가 바라는 바의 전식득지(轉識得智)[122]가 이루어집니다. 이러함을 우리는 인격화시켜 '불·보살님의 가피에 의하여 고뇌를 벗어나고 자아의 완성인 인무아와 법무아를 증득하여 해탈하여 성불을 이룬다.'고 말합니다.

또 기도자가 자아를 완성하여 해탈과 성불을 하려면 기도의 윤리관(倫理觀)도 잘 알아야 하고, 마음가짐이 확고부동해야만 합니다. 기도의 윤리관은 불교의 연기관(緣起觀)에서 찾아집니다.

법계의 상호관계(相互關係) 즉 우리의 존재양식을 이해함으로써 가능합니다. 연기가 법계의 존재론이라면 기도는 동체대비(同體大悲)가 윤리라고 할 수 있습니다.

'동체대비'란 나와 남이 다른 몸이 아니기에 대비심(大悲心)으로

을 들고 [말나식(末那識)이 아뢰야식(阿賴耶識)을 상일주재(常一主宰)의 자아(我,ataman)로 착각해서 집착하므로] 아뢰야식이라고 명명(命名)하였다. 유식학파(唯識學派)에서는 "집착"의 뜻 이외에 "저장"의 의미가 강조되었다. 접두어(接頭語)를 첨가한 것은 "무몰(無沒)"의 의미로 즉 이 식이 아득한 옛적부터 끊임없이 항상 작용하기[恒轉如暴流] 때문이다.

122) 현상계의 허망된 식을 진여의 무분별지(無分別智)로 전환시키는 과정으로 설명된다. 전식득지는 전의(轉依)로써 이루어진다. 전의(aśraya-parāvṛtti)에서 "전(轉)은 전사전득(轉捨轉得)", 즉 번뇌장과 소지장의 종자를 전사(轉捨)하고, 열반과 보리를 전득(轉得)한다. "의(依)는 전사전득(轉捨轉得)의 의지처(所依)", 즉 의타기성인 8식을 말한다. 자기존재의 기체[依他起性인 八識]를 허망된 상태[遍計所執性]로부터 진실된 상태[圓成實性]로 질적으로 전환시킴으로써 8식이 4지(四智)로 전환된다. 즉 아뢰야식(阿賴耶識)이 대원경지(大圓鏡智)로, 말나식(末那識)이 평등성지(平等性智)로, 의식(意識)이 묘관찰지(妙觀察智)로, 5식이 성소작지(成所作智)로 전환된다.

돌봐야 한다는 뜻입니다.

"중생이 아프기 때문에 나도 아프다."는 유마거사의 동체대비사상이 바로 그것입니다. 문수보살이 유마거사에게 문병 와서 "이 병은 어떤 원인에서 생겼습니까, 얼마나 오래되었고 언제 낫겠습니까?"라고 했을 때, 유마거사는 "제 병의 원인이 뭐냐고 물으시면, 보살의 병은 대비(大悲)에서 생긴 것이라고 하겠습니다."라고 한 것과 같습니다. 중생 모두에 대한 사랑이기에 상의상관성(相依相關性)의 연기(緣起)를 깨달은 자라야 동체대비(同體大悲)를 알 수가 있습니다.

우리의 법계가 어떻게 운용되는지 알아야 나의 고통에 의하여 남의 아픔을 공유할 수 있고, 그와 한 몸임을 느낄 수 있습니다.

곧 우리가 오분향(五分香)을 올릴 때, 계향(戒香)・정향(定香)・혜향(慧香)・해탈향(解脫香)・해탈지견향(解脫知見香)에 대한 차례와 내용을 잘 알고 해야 광명운대(光明雲臺) 주변법계(周遍法界) 공양시방무량불법승(供養十方無量佛法僧)도 잘할 수 있고, 헌향진언(獻香眞言)도 잘할 수 있는 것과 같습니다. 서로를 분리시켜 떼어낼 수 없음을 자각해야 상의상관(相依相關)한 몸임을 안다는 것입니다.

연기를 통해 한 몸이기 때문에 남의 아픔을 느낄 수 있고, 다른 존재, 다른 생명을 가진 존재들과 자신이 평등하다는 행사(行捨)심소123)로 동일시하는 능력, 다른 존재의 처지가 되어 그들의 고통을

---

123) 행온(行蘊) 중의 사(捨)이다. 사(捨)는 선심과 상응하는 심소로 심(心)을 들뜨지 않게 하고 침둔(沈鈍)에 빠지지 않게 하며, 평등하고 정직하며, 무공용에 머무는 심리작용이다. 이것은 행온(行蘊) 중의 불고불락사(不苦不樂捨)와 다른 것은 행

공유할 수 있는 정서적인 능력을 가지는 것이 항상 기도하는 사람이나, 대승불자가 가져야 하는 삶의 철학 내지(乃至)는 사상(思想)입니다.

그런데 우리의 현실은 인위적으로 조작된 환상(幻想)의 세계입니다. 이를 우리는 '공(空)'이라 합니다. 곧 공으로서의 세계는 실체가 찰나(刹那)에도 존재하지 않는다는 얘기지요.

이러한 공(空)을 '중도(中道)·실상(實相)·진여(眞如)·연기(緣起)·무아법(無我法) 등이라'고 세친보살의 『유식삼십송(唯識三十頌)』이나 용수보살이 저술한『중론(中論)』등에서는 말합니다.

유마거사는 자신의 병이 어리석음과 애착으로부터 생겼다고 했습니다. 이 애착은 허망하게 나타난 허깨비[幻化]를 실제라고 애착하는 것과 같습니다.

나의 몸과 마음이 환화(幻化)로 나타났음을 깨닫고, 중생의 몸과 마음 또한 허깨비처럼 허망한 것이 나타난 것임을 아셔야 합니다.

스님! 그렇다면 우리가 현재 존재하는 세계가 허깨비[幻想]같이 이루어진 세계라면, 삶과 죽음과 현재의 고통 그리고 이 세계에 대해 어떤 가치관을 가지고 살아야 합니까?

네, 유마거사는 환화(幻化)와 같은 세계에 사는 중생은 어떤 세계관과 인생관을 가지고 살아야 할지 삶과 죽음에 대해서 불교적 시각과 해법(解法)으로 다음과 같이 말했습니다.

온 중의 혼침과 도거(悼擧)를 사리(捨離)한 것이므로 행사(行捨)라고 한다. 정진(精進)과 무탐(無貪) 등 3근(根)이 심왕으로 하여금 평등과 정직과 무공용[**애쓰는 작용이 없는**]에 머물게 하는 것을 체성으로 삼는다.

- 앞부분 생략. "보살은 병이 난 보살을 어떻게 위문해야 하느냐는 문수보살의 질문에 대해, 유마거사는 다음과 같이 대답합니다. 몸은 항상 변하는 것이기에 무상(無常)하다고 말하지만, 몸을 싫어하고 버려야 한다고 하지는 않습니다. 환화로 된 몸에 고통이 있다고는 말하지만, 열반을 집착한다고 하지는 않습니다. 몸에 자성이 없다[無我]고는 말하지만, 중생을 가르치고 이끌어 주어야 한다고 합니다. 몸이 공적하다고는 말하지만, 마침내 허무하게 사라진다고 하지는 않습니다. 옛날에 지은 죄를 참회해야 한다고는 하지만, 과거에 집착하지는 않습니다. 자신의 병을 통해 남의 병을 가엽게 여깁니다. 오랜 세월 동안 겪은 고통을 비추어 모든 중생의 행복을 생각합니다. 복을 닦던 것을 기억해서 깨끗한 삶을 생각합니다. 걱정과 근심을 하지 않고 항상 정진하며, 좋은 의사가 되어 중생의 병을 치료해야 합니다. 보살은 마땅히 이렇게 보살의 병을 문안하여 보살을 즐겁게 해 줍니다." 뒷부분 생략 -.

라고 했습니다.

곧 허망한 세계, 공(空)으로서의 세계를 말하지만, 이 세계를 버리고 떠나야 한다는 것은 아닙니다. 오히려 환화(幻化)같은 세계를 보기 때문에 그것에 집착하지 않으면서도 소중히 여길 줄을 압니다. 몸의 병 때문에 아픈 것을 위로하는 것은 몸에 집착하기 때문이 아닙니다. 오히려 집착이 없음으로서 다른 사람을 위로할 수 있습니다. 자신의 삶을 계발(啓發)하고 다른 사람의 인생을 돌보고 배려하지만, 그렇다고 삶에 연연하여 매달리는 것은 아닙니다. 현재와 미래의 삶이 보다 낫기를 추구하지만. 그렇다고 미래를 소유하려하거나 결과를 정복하려고 하질 않습니다. 자신의 명예를 존중하지만, 지나간 자신의 과거에 대해 연연하지 않습니다.

기도는 이같이 무아의 인간관(人間觀)과 연기관(緣起觀)을 통해 어떻게 살 것인가에 대해 알 수가 있도록 합니다.

　많은 서양 철학자들도 19세기부터 불교를 접하여 주목한 것이 바로 이 점입니다.

　일상생활에서 경험하는 고통에 대해 그 고통의 일어남과 멸(滅)함을 꿰뚫어 보고 철저하게 관찰함으로써 삶과 고통에 대해 그것을 능가하는 종교적 태도를 지닐 수 있는 것이 불교의 기도이기 때문입니다.

　그러나 한편 삶이란, 그 자체는 자성이 없고 무상(無常)한 것이라 하여도 그것을 포기해서는 안 됩니다. 오히려 무상하고 공적한 것임을 알기에 기도는 현실 삶의 고통에서 자유롭게 되어 나와 남의 공생(共生)과 상생(相生)을 걱정할 수 있는 대승적 삶으로 나아갈 수 있습니다. 공(空)과 가상(假相)으로서의 세계에 대한 철저한 자각을 가진 자라야 동체대비(同體大悲)를 실행할 수 있기 때문입니다.

　이러한 태도는 죽음관에도 적용됩니다.

　죽음도 삶과 마찬가지로 그것이 무상하고 공적(空寂)한 것임을 알기 때문에 초연할 수가 있습니다. 그래서 삶을 포기하는 것을 권장하는 것이 아니라, 삶과 죽음이 모두 공(空)하다는 것을 알기 때문에 곧 생사와 열반이 둘이 아님을 체관(體觀)함으로써 더 큰 자유를 가지는 것이지요. 그것은 삶의 각 순간 즉 시간적으로 지금이고, 공간적으로 바로 여기 이 자리에서 모든 부처님의 진리에 부합하는 지혜를 깨달아 실행하는 것에 전념(專念)하는 것입니다.

　화이트헤드의 과정철학124)에서도 말하듯이 이 순간은 과거와 미

---

124) 화이트헤드(Alfred North white head, 1861-1947)는 과정철학의 대부라고 부른다. 그의 철학사상은 "과정과 실제(Process and Reality, 1929)"라는 책을 통

래에 대한 연관성에서만 존재합니다. 이와 같이 현재의 경험이 미래와 과거 순간뿐만 아니라 나와 타인, 그리고 세계 간(世界 間)에 가지는 연관성을 자각함으로써 더욱 충족된 삶이 가능하다는 말씀입니다.

저는 이미 앞에서 기도의 기능은 근심. 걱정, 고난 등의 괴로움인 번뇌를 제거하여 몸과 마음을 맑고 밝게 하며, 두려움의 장애를 극복하고 법계의 진리에 부합하는 삶을 살아가는 것이라고 대충 말씀드렸습니다.

기도의 공덕을 어찌 다 말로 표현할 수 있겠습니까마는 그러나 꼭 이야기 한다면, 크게 세 가지로 나눌 수 있습니다.

첫째는 바라는 바의 소원[깨달음]을 성취하는 것이 기도의 가장 대표적인 특성이라고 봅니다.

둘째는 자신의 악업장(惡業障)을 소멸하는 깨달음으로 나아가야 하고, 다른 사람의 삶도 바르게 살 수 있도록 인도(引導)하는 것이

해 잘 알 수 있다. 그는 자신의 철학을 '유기체 철학'이라 부른다. 그의 철학 체계에서 파악 이론은 실재를 유기체화(有機體化)하는 근본원리라고 할 수 있다. 파악은 현실적 존재자가 스스로를 창조하는 과정으로 자신의 여건을 무의식적으로 지각하는 과정이다. 그에 의하면 파악할 수 있는 이 세상의 모든 현실적 존재는 이 사상을 포함하고 있다. 그것은 파악할 수 있는 이 세상의 모든 현실적 존재들이 서로 관계를 맺고 있다는 것이다. 순수하게 개별적으로 존재하는 것은 있을 수 없다. 모든 것은 서로 영향을 주고받는다는 말이다. 달리 말하면 지금의 나는 이 세상의 모든 존재들과 연관되어 있다는 것이다. 사람들뿐만 아니라, 다른 사람에게 영향을 주는 모든 사물과 추상적인 것들까지도 관계를 맺고 있다. 그것은 나와 직접 관계되기도 하지만 나와 관계된 존재와도 관계되어 나와 관계성(關係性)을 맺기도 한다. 결국 나는 이 세상의 모두와 관계를 맺고 있다는 것에서 '포함되어 있다.'라고 할 수 있다.

라고 봅니다.

　셋째는 자신의 깨달음을 확인하고, 모든 사람들을 돌보는 보살일천제(菩薩一闡提)로서 회향하는 것이라고 봅니다. 보살일천제는 모든 중생을 연민하여 일체의 중생계를 다 없애는 서원(誓願)을 가진 보살입니다.

　그냥 '일천제(一闡提)'125)라는 말은 모든 선근을 태워 없앤 것이라는 뜻으로, 말하자면 보살장(菩薩藏)을 비방하여 이러한 말을 합니다.

　"저것은 수다라(修多羅)126)와 비니(毘尼)127)와 해탈의 말을 따르는 것이 아니라."고 말하니, 모든 선근을 태워 없앴기 때문에 열반을 얻지 못합니다.

　그러나 보살일천제는 모든 법, 특히 생사하는 윤회의 괴로움 그

---

125) 범어 icchantika의 음역. 일천저가(一闡底迦)라고도 번역한다. 단선근(斷善根)·신부족근(信不足根)이라 한역한다. 선근을 끊어서 구원을 받을 가망조차 없는 자. 성불할 수 없는 자. 아무리 수행해도 절대 깨달을 수 없는 자. 세속적 쾌락만을 희구하고 또 불교의 교의(敎義)를 훼방하여 구원받을 가망이 없는 사람을 이렇게 말한다.

126) 범어 sūtra의 음역(音譯). 계경(契經)·정경(正經)이라고 번역한다. 부처님께서 설법하신 교(敎)를 말하며 율(律)·론(論)과 함께 삼장(三藏)의 하나로 경장(經藏)을 말한다. 부처님께서 설하신 교를 원래는 '법'이라 했으며, 교법(敎法)의 의미였다. 후에 이르러 교의 강요서(綱要書)라는 의미로 '경[修多羅]'이라 하게 되었는데, 이는 바라문교에서 사용하던 말을 끌어들인 것이라 한다.

127) 범어 vinaya의 음역. 비나야(毘奈耶)·비나야(毘那耶)·비나야(鼻那夜)·비니가(鞞尼迦)라고도 한다. 삼장(三藏)의 하나로 부처님이 말씀하신 계율(戒律)이다. 율(律)이나 혹은 멸(滅)이라 번역하여 신역(新譯)에서는 조복(調伏), 계율로 모든 허물과 잘못을 소멸하므로 '멸(滅)'이라 하며, 세간 율법으로 경중(輕重)의 죄를 결단(決斷)하므로 '율(律)'이라 한다.

자체가 본래 열반임을 알기 때문에 모든 중생이 깨달음을 증득하여 열반에 들 때까지 자신도 성불하지 않겠다는 서원으로 언제나 열반에 들지 않습니다. 곧 중생을 불쌍히 여겨서[연민(憐愍)] 중생계를 다 없앤다는 서원을 가진 것은 보살입니다.128)

또 10권 『입능가경』 권제3 「집일체불법품」에서는

- 앞부분 생략. "보살은 방편으로 서원을 세우길, 만약 모든 중생이 열반에 들지 않으면 나 또한 열반에 들지 않으리라고 한다. 때문에 보살마하살은 열반에 들지 않는다." 뒷부분 생략 -.

라고 구체적으로 말합니다.

이것이 궁극에는 진정한 우리의 소원성취라고 할 수 있습니다.

우리는 이 세상에서의 삶을 살다보면 자신의 힘으로는 어쩔 수 없이 이숙업(異熟業)의 원인이 중연(衆緣)을 만나면, 극한 상황에 처해 집니다. 더욱이 기도를 하는 중에 이런 일이 닥치면 누구나 당황하지 않을 수 없지요.

'무엇 때문에 기도를 하고 있는데도 이럴 수가 있는가?'라고 생각도 하고 원망 섞인 탄식도 합니다. 그러나 이렇게 생각하고 번민하는 것은 퍽이나 어리석은 짓입니다.

저의 과거 이숙업(異熟業)에 의해 일어난 일입니다.

저는 경상도 시골에서 농사를 짓는 집안에 태어나 다른 친구들처럼 평범하게 친구들과 함께 초등학교도 다니고, 냇가에서 멱도 감고, 산에 소도 먹이로 가기도 했습니다. 그런데 그땐 학교 다니

---

128) 모든 중생을 제도하고자 고의로 열반의 깨달음에 들어가지 않는 것으로 대비천제(大悲闡提)를 가리킨다.

는 신작로나 산이나 들에는 뱀이 참 많았습니다. 이 뱀들을 우리는
6·25사변 후 양민들을 무지하게 괴롭히던 지리산과 덕유산의 빨
치산들이 죽어 뱀이 되어 사람만 만나면 도망가고 구멍으로 숨는
다고 했습니다. 그래서 뱀을 보기만 하면 곧바로 돌멩이로 쳐 죽이
거나, 용감무쌍하게 맨손으로 꼬리를 잡고 빙빙 돌리다가 여자애들
한테 획 던져 놀라게 하여 온갖 욕도 얻어먹고, 어떤 때는 친구들
과 함께 그 뱀의 가죽을 홀랑 벗겨 싸리 꼬챙이에 꼬지처럼 끼워
구워 먹으면 명태처럼 맛도 있었습니다. 그러니까 어릴 때는 뱀이
전혀 무섭거나 징그럽지도 않았습니다. 그저 심심할 때에의 장난
감이었습니다.

   그런데 성장하여 군대에 갔을 때에 부대의 경계철책을 경비하는
데 계곡부근에서 우연히 섬직한 무표색의 기운129)이 느껴져 재빨
리 엎드려 무장공비라도 나타났는가하고 주위를 살피는데, 제 팔뚝
크기 정도 되는 구렁이가 똬리를 틀고 혀를 날름거리는 것을 보고
는 그대로 M1소총의 실탄 한 클립(Clip)을 다 쏘아 죽였습니다. 이
후부터는 어떤 뱀이든지 보기만 해도 징그럽고 무서워서 죽여야
된다는 마음이 일어나 끝까지 추적하여 반드시 그것도 잔인하게
죽여야만 속이 풀렸습니다.

   그런데 출가하여 ○○선원에서 정진할 때, 너무나 화두참구가 안

---

129) 범어 Avijñāpti-rūpa. 신업(身業)·어업(語業)처럼 밖으로 표현된 행위 즉 표업(表
業)에 의해 생겨난 것으로서, 그 행위에 상응하는 결과를 이끌어내는 공능을 가
진 어떤 힘을 가리킨다. 이를 쉽게 표현하면 눈에는 보이지 않지만 분명히 느껴
지는 기운으로 곧 사찰이나 불·보살님을 뵈면 안온한 느낌과 짐승을 도살하는 사
람이나 깡패 등의 옆에 가면 살기가 느껴지는 기운 같은 것을 의미한다.

돼서 '도대체 나는 전생에 무엇이었기에 이렇게도 공부가 안 될까?'라는 마음이 들어 나의 전생을 보고 싶었습니다.

이게 어찌된 일입니까.

나의 무몰식(無沒識) 그러니까 제8아뢰야식[藏識]이 현행되니, 나는 전생에 인도 베나레스 지방[옛 카슈미러(kaśmīra)]에 있는 어느 작고 하얀 성(城)의 성주였는데, 내가 뱀에게 물려 죽어가는 모습을 보았습니다. 내 주위에는 하얀 옷을 입고 머리에는 쏠(머리와 어깨를 덮는 수건)을 걸친 시녀들이 훌쩍거리고 있었습니다.

나의 이숙업이 시기가 도래하니 어릴 때는 독사든 살모사든 어떤 뱀도 무섭지도 겁도 안나든 것이 혈기왕성한 청년기부터는 더 많이 나타나기도 하고, 징그럽고 무섭기도 했습니다. 그래서 뱀만 보면 끝까지 추적해서 잔인하게 죽여야만 마음이 개운하고 속이 시원했습니다. 심지어 TV의 화면에도 뱀이 나오면 징그러워 죽이고 싶은 마음이 일어나 TV도 부수어 버리고 싶었습니다. 이렇게 서로의 인과관계에서 맺어진 과업(果業)은 엄청납니다.

이러한 숙업(宿業)을 알고 난 후, 저는 내 개인이든 동참이든 기도를 회향할 때는 반드시 나에게 억울하게 죽음을 당한 사류중생(蛇類衆生, 뱀)에 대한 참회(懺悔)와 극락왕생을 빌고 빕니다.

또 죽어가는 내 옆에서 눈물 짓된 시녀들에게는 이 세상에 와서는 못된 짓으로 마음 아프게 했던 여인들이었습니다. 이젠 그분들께도 진심으로 참회(懺悔)하여 제가 잘못한 짓을 용서받고 싶고, 서로 간에 얽힌 안 좋은 업의 고리[環]는 끊어지길 바라면서 절도 올렸습니다.

앞에서도 말씀드렸습니다만 자신이 아득한 옛적부터 지금까지

윤회하면서 지은 업은 생각하지 않고, 자신의 팔자타령만 하면 참으로 회매(懷昧, 어리석은)한 짓입니다.

옛날 김천 직지사 중암(中庵)에 주석하시던 관응(觀應) 큰스님으로부터 관음재일(觀音齋日)날 들은 법문 중에 서로 간에 악업으로 얽힌 이야기가 하나 있습니다.

어떤 포수[수렵인]가 산에 가 산돼지를 사냥했습니다. 돼지가 죽으면서 자기를 죽이는 상대를 보니 포수였습니다. 그래서 돼지는 이 포수에게 원수를 갚기 위해 독사(毒蛇)로 태어났습니다. 어느 날 포수가 사냥을 하려고 산에 오르니, 원수 갚기를 잔뜩 벼르든 독사는 포수를 물어 죽였습니다. 포수가 죽으면서 자기를 죽이는 작자(作者)를 보니 독사였습니다. 그래서 포수는 독사의 독도 관계없고, 또 독사를 잡아먹을 수 있는 것은 오직 산돼지라는 것을 알고 산돼지로 태어나 맺힌 복수를 합니다. 다시 독사는 산돼지를 잡는 포수가 되어 산돼지를 죽입니다.

사냥을 하는 포수, 그리고 산돼지와 독사, 이렇게 서로 간에 업으로 인해 맺어진 원한은 끝없이 윤회합니다. 이 셋 중 누구라도 서로 간에 얽힌 악업의 인과관계를 알고 자신이 지은 업을 진실로 참회하고 회향하면 회매(悔昧)함에서 벗어나겠지만, 그렇지 못하면 영원히 원한으로 죽이고 죽는 윤회의 캡슐(a capsule)에 갇히게 됩니다.

혼란하고 당황스런 환경[이숙업]에 처하면 빨리 자신의 악업을 엎드려 참회하고, 부처님의 삼법인(三法印)을 관찰하여 인무아와 법무아에 안주하도록 바라밀행을 해야 합니다. 곧 어떻게 일어났든 풍파(風波)가 몰려오면 어떠한 고통도 슬픔도 담담하게 받아드려 참아야[인정(忍定)]합니다. 무착보살(無着菩薩)의 저술인『무착론(無着論)』에는 "사람이 참지를 못하는 인연에는 세 가지의 고통이 따르는데, 말하자면 윤회에 의한 유전(流轉)의 고통, 중생세계에서 자신의 뜻과는 어긋나는 고통, 업의 과보(果報)를 받아 당하는 고통이 있다."고 합니다. 만약 참지 못하고 현재의 괴로움만 골똘하게 계속 생각하면 증상연(增上緣)에 의해 더욱 괴로움만 증장(增長)하여 결국에는 기도를 포기하거나 억지 춘향식의 기도로서 기도기간이 차면 마치게 됩니다. 이렇게 되면 기도의 소원성취는 이루어지질 않습니다. 소원의 성취가 이루어지지 않으면 불·불살님의 가피와 자기완성을 위한 기도에 대한 불신(不信)이 생겨 좌절하거나, 심지어 어떤 사람이 외도론(外道論)을 펼치면 그만 거기에 자기가 바라는 희망을 찾을 수 있다고 생각하여 개종(改宗)하는 사람도 보았습니다.

이리 갔다 저리 갔다 하거나, 양다리 놓는 사람은 미래세상[未來際]이 다 하더라도 절대로 성불할 수 없는 단선근(斷善根)의 일천제(一闡提)와 같습니다.

처음 기도를 시작할 때는 불자(佛子)로서 크고 원대한 소망과 각오가 있었는데, 다 어디로 갔을까요?

모든 고통이나 현실적인 어려움에서 안락을 이루고자 바라는 마음으로 지어가는 행위가 기도이고, 또 기도에 의해 바라는 바가 성취되는 것이 기도의 기능이고 결과라고 생각한다면, 우리는 모두가 다 기도의 뜻과 기능도 잘 모른 체 기도를 하는 것 아닙니까.

기도는 자기완성으로 견성(見性)하여 침륜(沈輪)하고 있는 윤회를 수행하여 해탈하는 것이 제일임을 아셔야 합니다. 현실의 소원성취에 대한 안락과 번영, 부귀공명, 자재하여 맘대로 되는 것 등의 모두 현실적인 것은 기도로써 자기완성의 깨달음을 이루면 저절로 초감(招感)되는 것 중에서 아주 미미한 일부분의 결과에 불과합니다. 그런데도 당신은 미미한 결과에만 매달리렵니까?

도저히 불가능해 보이는 일이 능히 성취되는 것을 보고 '기적'이라고 사람들은 말하지만, 이는 기적이 아닌 기도의 결과가 현전(現前, 눈앞에 나타남)하는 것입니다.

그래서 그것은 특별한 일[기적]이 아닙니다. 누구나 다 보편적으로 갖고 있는 능력일 뿐입니다. 그러므로 올바른 목적과 적합한 방법으로 기도를 하거나, 수행을 하면 누구나 이루지 못할 것이 없으니 용기를 내셔야 합니다.

기도하는 사람이 자기의 소원성취를 진정으로 바란다면 기도 중에는 반드시 부처님의 삼법인과 인무아, 법무아에 대한 가르침을 절대적으로 호념(護念)해야만 하고, '반드시 성취된다.'는 확고한 믿음과 희망으로 해야 합니다. 그렇지 않고 간절한 마음으로만 기도한다면, 아무리 훌륭한 선지식께서 법문하신 진리라도 '성취가 될까?'라는 의심으로 사량(思量)하는 번뇌가 일어나고, 번뇌가 일어나기만 하면 그 자리에서 바로 일으킨 번뇌로 말미암아 묶이게 되고 묶이기만 하면 분별하게 되어 명칭과 언어의 지배를 받아 좌절합니다. 그러니 선심소(善心所) 중의 신(信, 믿음)이 참으로 중요합니다.

또 '반드시 성취된다.'고 집착을 하는 것도 병폐가 됩니다. 확고한 믿음은 갖되 집착은 하지 말아야 합니다. 왜냐하면 '재(齋)보다는 잿밥에 마음이 쓰인다.'는 말씀입니다. '성취'의 마군(魔群)에게

홀리면 공상(空想)의 세계로 끌려가기 때문입니다.

스님! 어째서 묶이면 그 자리에서 분별하여 좌절하거나, 허망한 생각에 빠지게 됩니까?

네, 우리 범부의 마음은 나쁜 물이 든 상태로 항상 내면으로 사량(思量)하고, 외적으로는 대상[경계]을 분별하기 때문입니다. 내면적으로 사량한다는 말은 마음속으로 '이것이 옳은가, 저것이 옳은가. 과연 성취될 것인가, 성취가 안 될 것인가?'라는 것 등으로 어리석음[我癡]과 자기 견해[我見]와 거만함[我慢]과 아애[我貪] 등의 심소로 방정맞게 헤아리고 이리저리 궁리(窮理)한다는 말씀입니다. '헤아린다'는 말은 곧 우리의 마음이 갈애(渴愛)의 번뇌로 덮인 상태에서 번뇌가 일어나 괴로움의 원인이 되고 있다는 뜻입니다.

비유하면 비둘기가 몸은 나무에 있으면서 마음은 콩밭에 가 있는 것과 같습니다. 비둘기가 이 콩, 저 콩 먹는 것을 마음으로 헤아리고 분별하여 행복을 느끼고 있을 때, 포수의 총이 불을 품으면 비둘기는 그대로 떨어지면서도 무엇 때문에 죽고 있는지, 어느 세상으로 가고 있는지도 모르기 때문에 언제나 괴롭습니다.

스님! 이러하다면 우리는 이런 번뇌를 끊고 기도를 해야 하는데, 어떻게 해야만 합니까?

네, 이 번뇌에 대한 체성(體性)과 체상(體相)과 그 행상(行相)과 기멸(起滅)과 복멸(伏滅) 등에 대한 것을 잘 알고 대처해야 합니다. 곧 체성은 항상 사량(思量)한다는 것이고, 체상은 온갖 더러운 [잡염(雜染)] 물이 들어 있다는 의미이고, 행상은 제8식의 견분을 자기의 실체라고 여겨 반연하는 것이고, 기멸은 일어나고 멸하는 분위[단계]이며, 복멸이란 조복(調伏)하거나 단멸(斷滅)한다는 의미입니다. 즉 제8식 안에 저장되어 있는 업상(業相)을 보고는 참된 자아라고 애착하고 집착하는 작용[我愛執藏現行]은 제7식이 제8식의 견분을 인식대상[所緣]으로 하여 상일주재(常一主宰)하는 실재적 주체[主體, ātman]로 착각하여 집착하는 마음입니다.

　범부로부터 보살은 제7지[원행지(遠行地)]까지의 수행단계[130]고, 이승(二乘)은 유학(有學)의 성자까지는 제8식을 아뢰야식이라고 부릅니다. 이 기간 동안에는 선악업과위[異熟識][131]와 상속집지위[阿陀那識][132]도 병행하여 현행하지만, 아애집장현행(我愛執藏現行)[133]의 뜻이 가장 강(强)하고, 그 과실(過失)도 크므로 아뢰야

---

130) 미타결정(未墮決定, 범어 aniyati-patita.)의 보살로 아직 결정적 지위에 들어가지 못한 이를 가리킨다. 이는 『유가사지론』 등에서 무상(無上)의 보리를 얻을 수 있는 10종 보살의 하나로서, 특히 아직 제8부동지(不動地)와 제9선혜지(善慧地)에 들어가지 못한 보살들을 가리킨다.

131) 아득한 옛적부터 선악의 이숙업에 의해 초감된 총보(總報)·무기(無記)의 과체(果體)의 명칭을 이숙식(異熟識)이라 부른다. 범부로부터 보살은 제10지(法雲地)의 맨 나중인 금강심보살(金剛心菩薩)까지, 이승(二乘)은 무학과(無學果)의 성자(阿羅漢)까지의 지위에서는 제8식을 이숙식(異熟識, 범어vipaka-vijān -a)이라고 부르는 지위이다.

132) 제8식을 일체종자식(一切種子識:sarvabijaka-vijñāna), 혹은 집지식(執持識 : adana-vijñāna)이라고 부르는 까닭이다. 제8식은 아득한 옛적부터 불과(佛果)에 이르기까지 상속하면서 종자를 저장하고 보존하며, 감각기관을 유지한다. 수행기간[因位]에서는 유루나 무루의 종자를 지니고, 깨달음의 지위[佛果位]에서는 무루의 종자만을 지녀서 유지하는 지위이다.

133) 범부로부터 제7지 이전의 보살까지는 아집이 현행하므로 한 번 빠지기만 하면 고뇌(苦惱)가 된다. 즉 초지 이상의 수행위에 있는 보살은 무루평등성지(無漏平等性智)의 일부분을 체득하여 어떤 때는 현행하지 않는 때가 있으나 영원하지는 못하고 자주, 유루와 무루를 혼잡하게 야기(惹起)하므로 제7지 이전의 보살까지

식이라고 합니다.

제8지[不動地] 이상의 보살과 이승(二乘)의 무학위[阿羅漢]에서는 순무루종자(純無漏種子)만 상속해서 아집을 영원히 일으키지 않으므로 제8식에 대해서 '아뢰야식'이라는 명칭만을 사용하는 것은 아닙니다. 이것은 모든 3계(三界) • 5취(五趣) • 4생(四生)134)을 능히 이끄는 선업(善業)과 불선업(不善業)의 이숙과(異熟果)이기 때문에 그래서 '이숙식(異熟識)'이라고 부릅니다.

제8식을 떠나서는 명근(命根)135) • 중동분(衆同分)136) 등[궁생사온(窮生死蘊) 등]이 항상 상속하기 때문에 수승(殊勝)한 이숙과는 없습니다. 이것은 곧 초능변식(初能變識)이 소유하고 있는 과상(과보로서의 체상)을 나타낸 것입니다.

제가 여기서 말하는 과상(果相)이라는 것은 과보로서의 체상(體相)을 말하는 것으로, 제8식은 유정이 전생(前生)에 지은 선 • 악업(

는 아뢰야식이 있게 되는 지위이다.

134) 삼계(三界)는 욕계·색계·무색계를 말하고, 오취(五趣)란 5악취(惡趣)라 하며, 우리의 현실생활에 있어서 공죄(功罪)에 의하여 생기는 5가지' 경계로 곧 천상(天上)·인간·아귀(餓鬼)·축생(畜生)·지옥이며, 사생(四生)이란 태(胎)로 태어나는 것 · 알[卵]로써 태어나는 것 · 습한 기운[濕氣]으로 태어나는 것 · 변화(變化)에 의하여 태어나는 것을 말한다.

135) 범어 jīvitendriya의 번역. 과거 업에 의하여 생기며, 이 세상에서 생(生)을 받아서 죽을 때까지 유정의 심신(心身)을 상속하게 하고, 체온과 식(識)을 유지하는 힘으로 그 자체는 수명(壽命)이다. 이것은 또 체온과 식에 의하여 한 평생 동안 유지된다.

136) 범어 nikāya-sabhāga의 번역. 구사종(俱舍宗)과 유식종(唯識宗)에서는 심불상응행법(心不相應行法)의 하나로 간주한다. 많은 유정을 상호간에 각각 서로 닮은 상유사적(相有似的)인 힘이 있게 하는 것. 분(分)이란 인(因)의 뜻으로 여기에도 2종이 있다.

善·惡業)의 과보[異熟果]를 받은 총체적인 업보[총보(總報)]의 주체입니다.

　이 식은 3계·5취·4생 중 어디라도 전생(轉生, 굴러서 태어남)할 종자를 지니고 있는데, 선이나 악의 강성한 업종자(業種子)가 돕는 힘[助力]에 의해서 그곳에 태어납니다.

　이숙식이라고　부르는　이유에　대해『성유식론술기(成唯識論述記)』권1본(本)에서는

　"성류(性類)를 달리 해서 성숙되기 때문이라."

고 설명하고 있습니다.

　즉 현재의 제8식을 초래한 전생(轉生)의 원인[因]은 반드시 강성(强盛)한 선업이나 악업이고, 초감(招感)된 제8식 그 자체는 선도 악도 아닌 무기성(無記性)입니다. 이 식의 과상(果相)은 비록 지위도 많고 종류도 많지만,137) 널리 통하고 함께하지 않으므로 이러한 데에 비중을 두어서 '이숙식(異熟識)'이라고 이름[말]합니다.

　또 '체상(體相)은 항상 잡염의 물이 들어있다.'고 한 이 말을 염오의(染汚意)라고도 하는데, 이 염오의는 아득한 옛날부터 네 가지 번뇌와 항상 함께하는 것으로 곧 함께 차례대로 생겨나며, 함께 차례대로 멸합니다. 말하자면 아견과 아애 및 아만과 아치의 네 가지

---

137) 지위가 많다는 것은 뢰야3위(賴耶三位) 중 앞의 2위(二位)에 통하고, 또한 5위(五位:범부(凡夫)·유학(有學)·무학(無學)·십지(十地)·여래지(如來地) 중 앞의 4위(位)에 통하는 것을 말한다. 종류가 많다는 것은 5과(五果) 중에서 이숙과(異熟果)·증상과(增上果)·등류과(等流果)의 세 가지 결과[果]를, 또는 여기에 사용과(土用果)를 더하여 네 가지 결과에 통한다는 것을 의미한다.

번뇌가 그렇다는 것이지요. 만약 다스려지는 도[對治道]가 생겨나서 번뇌가 끊어질 때는 이 염오(染汚)의 말나식도 그것을 따라 곧바로 해탈합니다.

이렇게 해탈하는 것을 해탈도(解脫道)라 말하는데, 해탈도 중일 때에는 찰나의 시간적인 간격, 그러니까 손가락 톡 퉁기는 시간의 간격도 없이 번뇌를 단멸해 버립니다.

그때는 이 말나식과 상응하는 번뇌는 현재에만 없는 것이 아니고, 과거에도 없었고 미래에도 없습니다.

과거는 이미 지나가서 자성이 없고, 미래는 아직 도래하지 않았기 때문이지요.

제7식은 항상 자아로 집착한다고 했는데, 이는 자아로 집착[제7식]하기 때문에 전6식(前六識) 중에서 일으키는 보시 등의 상(相)도 잡염(雜染)의 양상[相狀]을 띱니다.

이 잡염의 양상은 삼성(三性)에 통하고, 삼성심(三性心) 중의 보시 등은 선심(善心)에 의한 것에 있어서도 잡염에 의한 분별상이므로 잡염의 양상[相]을 없앨 수가 없습니다.

어째서 일까요?

아집(我執)을 여의지 않았기 때문에 보시(布施) 등의 선사(善事)를 하고도 오히려 내심(內心)에 분별상(分別相)을 여의지 못합니다. 그러한 분별상을 여의지 못하므로 결국은 유루(有漏)가 된다는 뜻입니다.

제7식이 있기 때문에 6가지 식 중에서 일으키는 착한 행위도 잡염(雜染)상을 띤다는 뜻입니다. 예를 들면 보시 등의 착한 행위에 있어서도 삼륜(三輪)138)에 대한 차별상이 조금이라도 있으면, 아직 무주상보시(無住相布施) 등 차별이 없는 경지에는 이르지 못합니다. 이러한데도 『금강경』 등에서는 '무주상보시'을 많이도 설하고 있습니다만, 지금 이 세상에서는 누가 과연 진정한 무주상보시를 행할 수 있다는 것입니까? 보살계위에 오르지 못한 중생으로써 말입니다.

제7식이 내면에서 아집을 일으키는 단계에 있는 한 진정한 보시행(布施行)은 아닙니다. 그러므로 염오의 말나식을 중생은 제6식의 불공구유(不共俱有)139)의 의지처로 삼으며, 아직 그것이 멸하지 못할 때에는 대상의 모습에 요별함에 속박되어 해탈할 수 없고, 말나식이 멸하고 나서야 형상의 계박[相縛]으로부터 벗어납니다.

방금 '상박(相縛)'이라고 말한 것은 대상의 모습[境相]에게 마음이 꽁꽁 묶여서 꼼짝하지 못한다는 뜻인데, 이것은 의타기성(依他起性)의 성품으로 어떤 연(緣)에 의해 생겨나는 것을 능히 분명하게 판별하지 못한 상태로, 마치 봄에 목마른 사슴이 들판에 일어나는 아지랑이를 물로 착각하는 것과 같습니다. 이로 말미암아 능연(能緣) 견분의 모든 심왕과 심소가 대상의 상분에 구애(拘礙, 거리낌)되면 얽매여 자재하지 못하기 때문에 '상박(相縛)'이라 합니다. 자재하지 못하다는 말은 곧 상분에 얽매여 지배를 받고 있는 상태의 마음이라는 뜻입니다.

사막이나 아주 더운 여름날에 심한 갈증에 시달리는 사람이 허상으로 나타난 신기루를 보고 오아시스인 줄 알고 뛰어가는 것과

---

138) 보시자(布施者)·보시물(布施物)·보시의 수혜자(受惠者)를 가리킨다.
139) 함께 존재하지 않는 것. 또는 함께 존재하면서 한 덩어리로 모여 서로 떨어질 수 없는 관계가 되지 못하는 것.

같고, 봄날에 목마른 사슴 등의 짐승이 아지랑이[양염(陽焰)]가 피어오르는 허상을 보고 물인 줄 알고 이리 저리 뛰어 다니는 것과 같습니다.

이러한 뜻으로 『阿毘達磨經』의 게송에서는 이렇게 말씀하고 있습니다.

– 앞부분 생략. "이와 같이 염오의(染汙意, 염오의 말나식)는 이 6식 삼성심의 의지처다 . 이 의(意, 말나식)가 멸하지 못한 때에는 식의 계박(繫縛)에서 끝내 벗어나지 못한다(如是染汙意 是識之所依 此意未滅時 識縛終不脫)." 뒷부분 생략 –.

라고 합니다.

그렇다면 스님! 우리네 스님들은 어째서 '보시 등'의 6바라밀(波羅蜜)의 만행(萬行)을 『금강경』 등의 경문(經文)을 인용하여 그토록 많이도 말씀하시면서 '이러한 것 등의 번뇌는 털고 털어 없애라[展轉拂跡].'는 설법은 안 하십니까?

아닙니다. 6바라밀의 만행 가운데는 반드시 우리 범부가 머물면서 해야만 하는 번뇌의 조복과 단멸의 수행이 내포되어 있습니다. 곧 『금강경』의 「선현기청분 제2」 끝부분에서 "선남자 선여인으로써 아뇩다라삼먁삼보리심을 일으킨 자는 마땅히 이와 같이 머물고, 이와 같이 그 번뇌의 마음을 항복받는 수행을 해야 한다."고 하신 말씀과 같습니다.

또한 선(善)과 무부무기심(無覆無記心)일 때에 만약 아집이 없다면 마땅히 유루가 아니지만, 아집이 있는 것은 유루와 제7말나식의 아애심소(我愛心所)에 의해 이루어졌기 때문에 자신의 번뇌와 함께하므로 모름지기 유루(有漏)입니다.

자기 부류의 상속 중에 있는 6식의 번뇌는 그 선과 무부무기가 함께 일어나는 것은 아닙니다. '과거와 미래의 번뇌가 연(緣)이 되어 계박한다.'고 하지만, 이 말은 과거와 미래의 실체는 존재하는 것이 아니라서 토끼 뿔이나 돌로 조각한 여인의 아이[석녀아(石女兒)]140)와 같아 계박되는 것은 없기 때문에 바른 논리가 될 수 없습니다. 그러나 업의 결과[業果]로써 계박되어 지배를 받아 번뇌를 일으키는 것은 실체(實體)입니다.

다른 미혹으로 말미암아 유루가 되는 것이 아니기 때문이며, 다른 지해[解]로 말미암아 무루가 되는 것도 아니기 때문입니다.

또한 별도로 수면(隨眠)의 번뇌가 있고, 이것은 불상응행법(不相應行法)이며, 현재 상속하여 일어나서 이것에 말미암아 선(善) 등이 유루법이 된다고도 말할 수 없습니다.

수면(隨眠)의 심소는 참된 것[實有]이 아니라는 것도 논리적으로 증명할 수 있습니다.

또한 유루종자(有漏種子)로부터 그것의 선 등을 일으키기 때문에 유루가 되는 것이라고도 말할 수도 없습니다. 왜냐하면 선 등의 종자는 능훈(能熏)이 훈습할 때에는 모든 번뇌가 함께 있는 것은

---

140) 필경무(畢竟無 : 절대적인 비존재성)로 토끼 뿔·거북 털·허공 꽃(虛空華) 등과 같이 절대 존재할 수 없는 것을 말한다. 후대의 승론철학(勝論哲學)에서는 비존재성(不存,abhava)의 범주를 들고, 무엇이 존재하지 않는다는 것은 부정할 수 없는 실재의 한 면이라고 한다. 이에 네 가지의 비존재성 즉 전무(前無 : 父母未生前, 어떤 사물의 생성 이전의 부존(不存))·후무(後無 : 사물의 소멸 이후의 부존(不存)·상호무(相互無 : 사물이 다른 어떤 사물로 존재하지 않음으로써의 부존(不存))·필경무(畢竟無 : 절대적인 부존(不存))을 든다.

아니기 때문입니다. 그러니 어떻게 유루(有漏)만 될 수 있겠습니까? 그 종자는 이전부터 원인[因]으로써 유루만 되는 것은 없기 때문입니다.

이러한 것을 모르면 기도나 일상생활 중에 일어나는 여러 가지 번뇌에 대해서 그 원인을 알지도 못하고, 그것을 대치(對治)할 수도 없습니다.

그렇다면 그 기도는 엉망이 되어 성취됨은 아주 미미할 것이고, 생활 중에서는 범부의 일상적인 삶이라서 다람쥐가 쳇바퀴 돌듯 하는 윤회를 벗어날 수 없습니다.

그래서 저는 이왕지사 기도를 할 때는 자신의 마음[內心]만을 맑히기를 적극 권하고, 외부 사물을 욕심내어 구하는 것은 말립니다. 명문이양(名聞利養), 그러니까 명예와 이익을 구하는 것은 세간에서는 추구하는 것이지만 이것이 계박이 되면 보리도(菩提道)에 나아가는 것을 방해받기 때문입니다. 이를 비유해서 저는 '세간의 100년 살림살이 보다 절간의 툇마루에라도 잠깐 앉아 자신을 살피는 게 낫다.'고 말씀드립니다.

현명한 이는 제가 말씀드리지 않더라도 능히 잘 아시겠지만 기도는 속마음[內心]을 닦아 자신을 청정하게 하여 복을 얻는 것이지, 외부의 형상이 있는 사물을 욕심내어 얻으려고 해도 얻어지는 것이 아니라고 말씀드립니다. 마음 밖에서 얻어지는 것은 반드시 고통의 업과(業果)와 번뇌가 줄줄 따라 다닙니다.

그러니 기도의 성취는 지혜로써 해야 됩니다.

3. 업장소멸(業障消滅), 너무나 어려워 불가능하다고 생각되지만 꼭 해야 합니다.

업장소멸, 정말 말처럼 쉬운 게 아닙니다.

무척 힘들고 어렵지만, 꼭 해야만 합니다.

우리는 가끔 세속의 철학[역리(易理)]하는 사람이 '그대는 2 ~ 3개월이 지나면 귀인(貴人)을 만난다.'는 소리를 듣는데, 이러한 말을 그냥 세간의 소리로 들으면 현실의 고달픔이 행운으로 바뀌는 복권이라도 당첨되는 줄 알고 참 기분이 좋아집니다. 그러나 이는 그런 게 아니고, 그 기간 안에 업장소멸을 열심히 해야 한다는 뜻입니다.

본인 스스로 모든 것을 준비해 있어야 귀인[a noble man : 기회, a golden opportunity]이 온다는 뜻입니다. 곧 복을 받을 준비가 돼 있지 않는 사람에게 시기가 도래했다고 행운의 복이 성큼 성큼 들어서겠습니까?

절대 그러하질 않겠지요.

그렇다면 복은 스스로가 만드는 것이지 결코 어떤 하늘 사람[天人]이 노력도 하지 않는 자에게 사사롭게 갖다 주는 일은 절대 없는 것 아닙니까. 만약 개인적인 친분관계에서 주고받는다면, 이 세상은 찰나에 질서가 어지럽혀져서 제대로 존재할 수 없습니다. 그러니 우리는 자신의 악업장(惡業障)과 사회공동의 업장[공업(共業)]을 소멸하는데 항상 노력해야만 합니다.

특히 기도를 할 때나, 참선 등 공부를 할 때는 여러 가지 경계[

장애]가 마음으로부터 더 많이 일어납니다. 평소에는 생각이 없다가 기도할 때 비로소 마음을 모으면 그동안 모였든 업의 장애가 많이 일어나는 현상입니다. 이러한 장애를 『수능엄경』 제9권부터 제10권에서는 '음마(陰魔)'[141] 등이라 하여 오온에서 일어나는 마(魔)를 50가지로 분류하여 상세하게 설명하고 대치하는 법도 설하고 있습니다.

업장이 거칠고 무거운 번뇌로 찌들어져 있는 상태에서는 한 가지에 집중하려고 하면 오롯이 집중하려는 마음 때문에 잡된 것을 더 많이 일으켜 치성(熾盛)해지는데, 이러함은 곧 우리 마음이 바로 우주실상의 자체로 마음 가운데에는 온갖 더러움과 깨끗함이 함께 이루어져 있어서 지옥도 있고, 아귀도 있고, 축생도 있고, 천상도 있고, 또 극락 등이 다 들어 있기 때문입니다. 이것이 온마(蘊魔, 음마)입니다.

십법계(十法界), 곧 지옥·아귀·축생·아수라·인간·천상·성문·연각·보살·부처 등 일체법계가 우리 마음 가운데에 본래부터 다 갖추어 있는 것이지 홀연(忽然, 뜻하지 않게 갑작이)히 생겨나는 것이 아닙니다.

그래서 우리가 기도를 해 나가면 아뢰야식 내에 들어 있던 업의 종자들이 중연(衆緣, 여러 조건)을 따라 그에 상응한 경계가 나타나게 되지요. 때로는 과거 전생에 경험했던 사실이 자기가 상상도 못한 가운데 불쑥 나올 수가 있고, 어떤 때는 영식(靈識)이 맑아져

---

141) 온마(蘊魔)라는 말과 같은 뜻. 곧 색(色)·수(受)·상(想)·행(行)·식(識)의 5온(五蘊)을 마(魔)로 취급한 것이다. 5온은 중생의 불성을 잃어버리게 함으로 이렇게도 말한다.

서 방안에 있는데도, 산 아래 노(老)보살님이 쌀을 이고 땀을 뻘뻘 흘리면서 올라오시는 모습이 보이는 것도 다 마음이 연(緣)을 만나 요망(妖妄)한 작용을 일으키는 것입니다.

마음이 요망을 떨어 영식이 맑아지면 누구나가 가지가지의 현상이 나타나는데, 아무리 좋은 경계라도 집착하면 병이 되고 아무리 나쁜 경계라도 집착하거나 분별하지 않으면 무방하니, 근본자성 곧 청정한 진여불성을 굳게 믿고 정진해 나가면 필경에는 불생불멸한 법성을 깨닫는 무생법인(無生法忍)을 성취하게 됩니다.

이렇게 해야 업장소멸이 됩니다.

그래서 기도하는 중에는 반드시 나[我]라고 여기는 것 없이 오직 기도에만 전념해야만 하는데, 일어나는 갈애번뇌(渴愛煩惱) 때문에 그렇질 못합니다.

어떤 이는 '기도 과정에서 자신의 묵은 때가 씻겨 나가 신심이 청정해진다.'고 말씀하시지만, 사실은 그렇지 않습니다.

스님! 그렇다면 일어나는 번뇌는 어째서 계속 일어납니까?

네, 일어나는 번뇌는 아득한 옛적부터 자신의 현행식(現行識)이 희론(戲論)에 훈습되어진 종자로 그 자체가 허망한 자아와 법인데도 실체의 자아나 법이라고 판별하여 집착하고, 허망하게 사량분별(思量分別)하던 것이 지금 현기(現起, 일어남)하는 것이고, 또 번뇌를 일으키기를 좋아하는 마음142)이 자신의 마음속에 반드시 늘 들어있는데도 범부는 알 수가 없어서 이 번뇌들을 완전히 끊지 못했

---

142) 이는 제8식 내에 무기심의 종자가 변행심소에 의해 일으키는 흔아뢰야(欣阿賴耶)·희아뢰야(喜阿賴耶)·애아뢰야(愛阿賴耶)·낙아뢰야(樂阿賴耶)가 있다는 뜻이다.

기 때문입니다.

그래서 업장소멸이 어렵습니다.

'범부는 알 수가 없다.'는 것은 무명(無明)입니다.

무명도 본래부터 있는 것이 아니고, 업종자(業種子)에 의해 홀연히 한 생각이 일어남에 의해 생기는 것입니다. 이러함은 다만 우리가 진여불성을 깨닫지 못해서 일어나는 것으로 무명의 뜻에서는 '무시무명(無始無明)'이라는 말과 '근본무명(根本無明)'이라고 말합니다.

'근본무명'은 처음으로 분별하여 일어나는 한 생각입니다. 그래서 우리의 논사(論師)나 선사(禪師)들께서는 "불달일법계고(不達一法界故) 홀연염기(忽然念起) 명위무명(名爲無明)이라."하여 평등무차별한 청정법계의 도리를 깨닫지 못했기 때문에 문득 일어나는 분별심이라고 설명합니다. 따라서 무명은 일체 현실세계의 온갖 번뇌와 망상과 생사윤회의 근본으로 늘 우리의 몸과 함께 했고, 앞으로도 깨닫지 못하면 함께 합니다.

'우리의 몸과 함께 한다.'는 말은 곧 우리 중생의 몸은 모든 것을 끌어당겨서 지탱하고[섭지(攝持)], 받아드리는 영납(領納)의 뜻이 있기 때문에 '집수(執受)'143)라고도 합니다.

이러한 무명은 정견(正見) 곧 반야바라밀다에 의해서만 없앨 수가 있지, 다른 방법이나 편리[方便]는 없습니다.

---

143) 중생이 육신의 5근(根)·5경(境)을 가지고 비집수(非執受)의 법이라 하며, '집수(執受)'의 집(執)은 섭(攝)과 지(持)의 뜻이 있고, 수(受)는 영(領, 받아들임)의 뜻. 각(覺)의 뜻이 있어서 바깥 경계를 접촉하여 그것을 섭지(攝持)하여 잃어버리지 않고, 고락(苦樂) 등을 지각(知覺)하는 것을 집수(執受)라 한다.

또 『대반야경(大般若經)』에서는 "반야바라밀다는 일체 선법(善法)의 모체가 된다."고 하였고, "여래의 선법 또한 이 지혜[반야]로부터 생긴다."고 합니다. 원측법사(圓測法師)는 그의 『반야바라밀다심경찬(般若波羅蜜多心經贊)』에서 지혜를 당체(當體)인 지체(智體)와 작용인 지용(智用)으로 설명했습니다.

무명은 선천적으로 갖고 태어난 것과 후천적인 학습이나 반복에 의하여 익혀진 번뇌로 이를 번뇌장(煩惱障)과 소지장(所知障)으로 나눕니다. 이 번뇌장과 소지장도 선천적인 것과 후천적인 것이 서로 뒤섞여서 일어나기 때문에 마음에 대한 수련을 많이 했더라도, 또 근기가 예리한 수행자도 잘 알아차리지 못합니다. 왜냐하면 이 번뇌가 일어날 때는 그 수(數)가 많아 무엇이 어째서 언제부터 어디로부터 일어나는지 몰라 혼미(惛迷)하기도 하고, 이미 자신의 마음과 평등하게 화합되어 확정된 상태에서 일어나기 때문에 분간할 수도 없습니다.

'혼미하다.'는 말은 번뇌가 일어나는 순간에 일어남을 알아차리지 못한다는 말이고, '평등하게 화합되어 있다.'는 말은 곧 10가지 근본번뇌와 20가지 수번뇌, 그리고 불상응행법 등 51가지 심소가 이미 결합돼서 일어난다는 뜻입니다.

이렇게 미혹한 상태에서 일어나는 마음을 '번뇌'라고 하는데, 이러한 번뇌의 속성과 끊어지는 단계에 따라 견혹(見惑)과 수혹(修惑)으로 나눕니다.

'견혹'은 견도(見道)로 인해 단멸되는 번뇌로 곧 견도단(見道斷, 見道所斷)의 번뇌이니, 이를 줄여서 견혹이라 합니다. 이는 사성제[고(苦)·집(集)·멸(滅)·도(道)]의 진리를 알지 못하는 것으로,

곧 인생의 진실한 도리를 알지 못해서 혹(惑, 번뇌)이라 합니다.

또 '수혹(修惑)'이라 함은 수도에 의해 단멸되는 번뇌로 곧 수도단(修道斷, 修道所斷)의 번뇌로 간단하게는 수혹 또는 사혹(思惑)이라고도 말합니다. 이는 현상의 사물에 대한 사물상, 현실상으로 곧 의식주에 대한 기본욕망 같은 것을 집착하는 번뇌로 선천적이고 본능적인 번뇌입니다.

곧 갓 태어난 어린애도 분별합니다.

번뇌의 행위로는 배고프면 울고, 사람이 옆에 있으면 안아 달라고 보채고, 혼자서 옹얼거리고 생긋생긋 웃는 것도 다 중생의 본능적인 근본번뇌입니다.

이러한 견혹과 수혹을 끊어야만 진정한 인무아(人無我)와 법무아(法無我)를 아는 것이고, 이를 체득하는 것이 곧 업장소멸(業障消滅)이고, 진실한 참회[眞懺悔]가 됩니다.

이러한데도 많은 불자(佛子)들은 『천수경』에서 그저 「참회진언」이나 염송(念誦)하기를 "죄의 자성 본래 없는데, 마음 따라 일어나니, 마음이 만약 멸할 때는 죄의 업장 또한 멸하고, 죄와 마음 다 공(空)하기에 없어지면 이를 곧 참다운 참회라 말한다."는 말만 알아서는 안 됩니다. 이 말의 참다운 의미는 견혹과 수혹을 완전히 끊어야 변계소집(遍計所執)의 분별을 일으키지 않고, 유식의 참다운 성품에 안주(安住)해야만 된다는 뜻이니 잘 아셔야 합니다.

저는 앞에서 10가지 근본번뇌 중 뒤의 5가지 악견을 끊어야 견도위에 들어간다고 말씀드렸습니다.

악견의 5가지는 그 성질이 맹렬하고 예리해서 '5리사(五利使)'라고도 합니다.

여기서 '사(使)'라는 말은 중생의 마음을 이 번뇌가 이리 저리 끌고 다니고 부려서[驅使]144) 생사윤회의 6도(六道)에 유전토록 하기 때문인데, 5리사(五利使)는 그 작용이 표면적이고, 예리(銳利)하기에 한 번만이라도 달관영회(達觀領會)145)하면 영원히 일어나지 않습니다.

여기서 '한 번 달관영회한다'는 말은 곧 구생기아집과 분별기아집은 견도를 할 때 일체법의 생공진여(生空眞如)를 관찰하면 곧바로 없앨 수 있다는 의미입니다.

스님! 그렇다면 5리사(五利使), 곧 신견·변견·사견·견취견·계금취견 등에 대해 잘 알아듣고, 이해할 수 있게끔 설명해 주십시오.

네, 그러 하겠습니다.

첫째 '신견(身見)'이라는 말은 근본번뇌 중에서 5악견의 첫 번째로 5온이 인연에 의하여 가화합(假和合)한 정신과 육체를 상일주재(常一主宰)의 뜻이 있는 자아로 망집(妄執)146)하며, 또 자아[나]에 따른 기구나 권속도 내 것[我所, 나의 소유]이라고 잘못 판단하는 견해입니다.

또 신견을 유신견(有身見) 또는 위신견(爲身見) 혹은 살가야견(薩迦耶見)이라고도 합니다. 오취온(五取蘊)147)에 대하여 아(我)와

---

144) 번뇌가 중생의 몸과 마음을 자기의 말[馬]을 타고, 부리듯이 뜻대로 이리 저리로 끌고 다니면서 부리는 것.

145) 슬기로워서 사소한 일에 얽매이지 않고 사물의 진실을 꿰뚫어 봄으로써 세속을 벗어나 높은 경지에 이르는 것, 또는 그러한 경지.

146) 범어 abhiniveśa. 허망집(虛妄執)·허망집착(虛妄執着) 등의 줄임말. 존재하지 않는 것을 존재한다고 분별하고 집착하는 것을 일컫는다. 곧 실아와 실법은 다만 언어만으로 존재할 뿐 실재하는 것은 아닌데도 실재한다고 집착하는 어리석은 마음 등을 가리킨다.

아소(我所, 내꺼)를 집착하는 것으로 모든 견처[見趣, 一切見]에 대한 확정적인 뜻으로 돌아가야 할 곳의 견처(見處, 所歸處)의 의지처가 되는 것을 업용(業用)으로 삼습니다. 이 견해를 구별하면 20가지의 문구로 곧 5가지의 아견(我見)과 15가지의 아소견(我所見)으로, 오온 각각에 4가지의 문구가 있습니다. 이를 모두 합하면 20가지가 됩니다.

예를 들어 색온(色蘊)에 대하여 살펴보면, '색[물질]은 나이다.'와 '나는 물질을 갖고 있다.'와 '나는 물질에 속한다.'와 '나는 물질 가운데 있다.'라고 계탁(計度)하듯이 하나의 온(蘊, 쌓임, 덩어리)에 4가지의 이러한 문구가 있습니다.

그래서 5온(五蘊)을 전체적으로 말하면, 20가지의 문구가 됩니다.

이러한 것을 모두 합하면 5가지의 아견148)과 65가지149)의 문구가 됩니다. 모두가 후천적인 분별에 의하여 일어납니다.

이러한 이론에 대해서 『입능가경』 권4 「집일체불법품」 제3에서는

- 앞부분 생략. "대혜야! 신견(身見)에도 두 가지가 있는데, 어떤 것이 두 가지인가?

첫째는 구생[선천적인 것]이고, 둘째는 허망한 분별[후천적인 것]로 일어나는 것이니, 인연으로 분별하는 법과 같다.

대혜야! 비유하면 모든 인연법상[因緣法相, 인연법에 의해 생겨나는 양상]에 의거해서 허망한 분별로서 생기는 것을 실상(實相)이라 함과 같다. (그러나) 저

---

147) 오온 각각에 취착(取著)하는 것. 오온과 같은 것도 아니고 그렇다고 다르지도 않다.
148) 5온 각각에 대한 아영락(我瓔珞)과 아동복(我童僕)과 아기(我器)라는 3 가지씩의 아소견(我所見)이 되므로 합하면 20 가지의 문구(文句)가 된다.
149) 오온은 60 가지의 아소(我所)와 5가지'의 아견(我見)으로 구성되어 있다

인연법에는 있는 것도 아니고, 없는 것도 아니다. 있음과 없다고 분별하는 것은 다 실상이 아니기 때문이다." 뒷부분 생략 -.

라고 합니다.

곧 쉽게 말하면 자기 자신이 몸을 다치거나 아플 때는 병원이나 약국의 약을 복용하거나 치료하여 빨리 낫고 싶은 마음, 목숨[命]에 대하여는 이 세상에 오래 머물고 싶은 애착과 춥거나 더울 때에는 따뜻함과 시원함을 취한다거나, 또 맛있는 반찬이나 과일 등을 선택할 때에는 젓가락이 먼저 가는 습성, 주거(住居)나 사회신분[직업이나 명예 등]에 대하여 자신의 견해를 뚜렷하게 가려[선택]서 나타내는 것 등과 또 이러한 것에 대한 소견으로 '이러함도 다 허망한 인연법상이니 진실상이 아니라.'고 분별하는 미련한 단멸(斷滅)의 소견들도 다 포함됩니다.

오래전(약 20년전 쯤) 제가 걸망을 지고 이 선원, 저 선원 찾아 다니다가 아는 스님의 소개로 강원도 삼척시 노곡면 상마읍리의 옥밭골 밀행(密行)스님의 토굴을 찾았습니다. 더 이상 대중선원의 정진은 할 수가 없고, 이젠 이 세상에서 마지막으로 죽으면 죽고, 살면 살고 하는 모진 마음으로 목숨을 걸고 틀어 앉고 싶은 각오였습니다.

스님께서는 저의 인사를 받고 물으셨습니다.

어디서 왔소?

저는 한쪽 발을 쑥 내밀었습니다.

착(錯)이라(틀렸다).

왜 오지 마라 하십니까?

여보, 수좌(首座)!

이곳 겨울철은 추위가 보통 영하 20℃가 되고, 한 번 눈이 오기 시작하여 2~3일만 되면 1미터가 넘는다오. 저쪽 뒷간[화장실] 가는 길만 낸다오. 눈이 왔다하면 일주일간은 완전 고립이오. 고립의 외로움은 본래 그런 것이라고 여겨 참을 수 있지만, 추위는 힘드오. 산(야생) 꿩이 '끼룩'하는 소리에 노루가 갈 곳을 모르는 추위에 손발이 얼어 동상(凍傷)이 걸리면 간질간질하고 동상부위에서 진물이 나와 가려운데, 만약 교통이 복구되어 병원이나 약국에 가 치료받아 낫거나, 약을 사 바르고 싶은 마음이 일어날 것 같아 오지 말라는 것이오. 만약 그대가 오온(五蘊)이 공하다는 것을 체득하여 손발이 문드러지는 것을 보고도 수좌 마음에 티끌 하나 일어나지 않는다면 오는 것을 말리지 않소. 아마 수좌는 썩어 잘려 나가는 육신을 보면 따뜻한 남쪽 바다를 그리워 할 것이오. '마지막으로 이생에서의 목숨을 건다.'는 말은 공부도 못한 주제에 참으로 시건방진 짓이오.

저는 공부 얕음이 부끄러워 밀행스님께 예(禮)를 올리고는 얼른 밖으로 나왔습니다.

이렇게 참다운 진리는 배격하고 착오된 마음으로 참다운 이치를 잘못 판단하는 염혜(染慧)를 항상 일으키며, 인과의 도리도 무시하고 동시에 선견(善見)을 장애하여 참다운 이치에 미혹한 것[迷理]이 우리들이 갖고 있는 견혹(見惑) 중의 신견(身見)입니다.

둘째 '변견(邊見)'이라는 말은 변집견(邊執見)과 같은 뜻으로 '현재의 나는 사후(死後)에도 존재한다.'는 상견(常見)과 '내가 죽어 이 세상에 없으면 모든 것이 없다[끝이다].'고 생각하는 단견(斷見)

으로 어느 한 쪽으로 치우친 잘못된 소견으로 중도(中道)를 모르고 양단(兩端) 중 하나에 집착하는 소견(所見)을 말합니다.

이러한 사람은 자기 개성이 참으로 강하여 모든 일에서 '내가 아니면 안 된다.'는 견해로 항상 상대방을 존경하거나, 다른 이의 의견은 청취하려 하지 않고 자기주장만 내세우는 개똥 철학자나, 네 편, 내 편의 붕당(朋黨)을 만들고, 자신이 가장 애국자인체 거들먹거리는 정치인이나, 친척들 간에는 제 잘 난척하여 모든 일에 우기는 별종(別種)이 이에 속합니다. 그래서 이런 견해가 강한 사람은 약간의 외부충격에 의하여 우울증도 잘 걸리고, 또 자살도 잘하며, 선거에서 몇 번 낙선(落選)하면 일찍 죽습니다.

셋째 '사견(邪見)'이라는 말은 인과의 도리를 무시하는 등 선악의 윤리적 사상을 부정하는 삿된 소견입니다.

예를 들겠습니다.

『입능가경』 권제8 「차식육품(遮食肉品)」에서 부처님께서는

– 앞부분 생략(上略), "내가 열반한 후 미래 세상에 법이 멸하려고 할 때, 나의 법에 출가한 자로 수염과 머리카락을 깎고 '나는 사문(沙門) 석자(釋子)다.'라고 자칭하면서, 나의 가사를 입었으나 어리석기는 어린 아이와 같으면서 율사(律師)라고 자칭하고, 이변(二邊)에 떨어져 갖가지 허망과 각관(覺觀)150)과 산란심(散亂心)으로 고기 맛에 탐착해서는 자신의 소견머리에 의해 말하기를 '비니(毘尼, 계율) 중에서 고기를 먹을 수 있다고 말씀했다.'고 말하며, 또 나를 비방하여

---

150) 각(覺)이란 표면적인 분별, 관(觀)이란 미세한 분별을 뜻하는 말로, 신역가(新譯家)는 심(尋)과 사(伺)라고 번역하였다. 곧 각과 관은 모두 제2선(第二禪) 이상의 정심(定心)을 방해하는 것인데, 선정을 수행하는 사람에게 일어나는 세 가지 각관발상(覺觀發想)을 각관삼종발상(覺觀三種發想)이라 한다.

말하기를 '모든 부처님과 여래께서는 사람이 고기 먹는 것을 허락하셨다.'라고 하며, 또 말하기를 '제도(制度)에 고기 먹는 것을 허락하셨다.'라 할 것이다. 또 나를 비방하여 말하기를 '여래·세존 또한 자신이 고기를 먹었다.'라고 할 것이다. 대혜야! 나는 상액(象腋)151)·앙굴마라(央掘魔羅)152)·열반(涅槃)153)·대운(大雲)154)등의 일체의 수다라[경전]에서 고기 먹는 것을 허락하지 않았으며, 또 '고기는 식미(食味)에도 들어간다'고 말하지도 않았다. 대혜야! 내가 만약 모든 성문이나 제자들에게 고기를 먹을 수 있다고 허락했다면, 나는 마침내 항상 입으로 대자비행과 여실행(如實行)을 닦는 것을 찬탄하지 못할 것이고, 또 시타림(屍陀林)에서도 두타행(頭陀行)155)을 하는 자를 찬탄하지 않을 것이며, 또 대승을 수행하고 대승에 머

---

151) 『상액경(象腋經)』을 뜻한다. 이는 『佛說象腋經』의 약칭으로 1권이 있다. 유(劉)·송(宋)시대에 담마밀다(曇摩蜜多)가 번역했다.

152) 『앙굴마라경(央掘魔羅經)』을 말한다 4권으로 되어 있고, 부처님이 앙굴마라를 제도하는 일을 설한 [大乘部]의 경전이다. 송나라 구나발다라(求那跋陀羅)가 번역했다.

153) 『涅槃經』을 말한다. 원명은 『大般涅槃經』으로 범어는 mahāparinirvnaā-sūtra 이다. 대승불교에서는 흔히 『涅槃經』이라고 줄여서 말한다. 이 경전(經典)이 가지는 특색은 소승불교권에서는 부처님께서 열반하신 사건을 중심으로 한 것에 비해, 대승불교권에서는 열반하신 사건의 철학적이고 종교적인 의미가 강조되어 있다. 그래서 이 『경전』은 부처님께서 열반하시기 직전 마지막 설법의 형식을 통해서 첫째는 불신(佛身)의 상주, 둘째는 열반의 상락아정(常樂我淨), 셋째는 일체 중생의 실유불성(悉有佛性)이라는 세 가지의 사상을 밝히고 있다.

154) 『大方等無想經』의 약칭으로 『大雲經』이라 한다. 담무참(曇無讖)이 한역(漢譯)했다. 부처님께서 대운밀장보살(大雲密藏普薩)의 청문(聽問)에 의해 불가사의한 해탈문(解脫門)과 다라니문(陀羅尼門)과 대해삼매(大海三昧)를 얻으며, 여러 부처님의 실어(實語)를 이해하고, 여래의 보장(寶藏)을 얻을 수 있는 방법을 설하고, 또 여래는 궁극에도 열반에 들지 않으며, 상·락·아·정의 4덕(德)을 갖추었음을 설하신 내용이다.

155) 범어 dhūta, dhuta로 두다(杜多)·투다(投多) 등으로 음사하고, 두수(抖擻)·두책(抖揀)·수치(修治) 등으로 의역(意譯)한다. 범어의 원래 뜻은 흔들어 털어 버린다는 뜻을 가진 동사 어근 √dhū에서 파생한 것으로 흔들리다, 동요된다는 뜻이지만, 심신(心身)에 묻은 때를 떨어 없애 버린다는 뜻으로 사용된다. 곧 마음을

무는 자를 찬탄하지 않을 것이고, 또한 고기먹지 않는 자를 찬탄하지 않을 것이지만, 나 스스로도 먹지를 아니하고 다른 이가 먹는 것도 허락하지 않으니, 그러므로 나는 보살행을 닦을 것을 권하고 고기를 먹지 않는 것을 찬탄하며, 중생 보기를 응당 외아들 같이 하라고 권한다. (그러니) 어찌 내가 고기 먹는 것을 허락한다고 말하겠는가?

　　나는 제자에게 삼승행(三乘行)을 닦는 자에게는 빨리 과위(果位)를 얻게[得]하기 위하여 일체 고기를 금[遮]하여 모두 먹는 것을 허락하지 않는데 어찌 나의 비니(毘尼, 계율) 중에서 사람들에게 고기 먹는 것을 허락한다고 말하리오. - 중간 부분 생략[中略] -

견(見)·문(聞)·의(疑)156)란 말하자면 타살이요, 견·문·의가 아닌 것은 말하자면 스스로 죽은 것[自死]이다. 그러므로 대혜야! 나는 비니 중에서 말하기를 '무릇 있는 고기는 일체 사문 석자(釋子, 석가모니 부처님의 제자)에게는 다 깨끗하지 못한 음식이니, 청정한 혜명(慧命)을 더럽히고 성도분(聖道分)을 장애하니 어떤 방편으로도 먹을 수 없다.'고 했다. 만약 말하기를 '부처님의 비니 중에서 세 종류 고기를 말씀한 것은 먹는 것을 허락하지 않기 위함이요, 먹는 것을 허락하기 위함이 아니다.'라고 한다면 마땅히 알라! 이 사람은 굳게 비니에 머무는 것이요, 나를 비방함이 아니다. 대혜야! 지금 이 능가의 수다라(修多羅) 중에서는 '모든 때와 모든 고기는 또한 어떤 방편으로도 먹을 수 없다.'라고 하노라. 그러므로 대혜야! 내가 고기 먹는 것을 막는[遮] 것은 한 사람 만을 위한 것이 아니다. 현재와 미래에

　　닦아 의·식·주에 대한 탐욕을 털어 버리는 수행을 가리킨다. 두타의 의미에 대해서 『大乘義章』권15에서는, '두타란 인도 말이니 중국말로 한역(漢譯)하면 두수(抖擻)이다. 이것은 탐착을 떠나는 수행이니 비유를 따라 그 말[이름]을 지었다. 마치 옷을 털어서 먼지와 때를 없애는 것처럼 이 두타행을 닦아 탐착을 털어 버림으로 두수라 한다'고 하고 있다.

156) 견(見)은 본 것·문(聞)은 들은 것·의(疑)는 보고 듣지는 않았으나, 의심스러운 것. 이 세 가지를 계율학에서는 삼근(三根)이라 한다. 죄인의 죄를 거론함에 있어서 우선할 내용이다. 『사분율행사초』卷上에서는 '죄로 인하여 고발당한 사람의 말을 믿을 수 없는 경우에는 고발한 사람을 불러서 먼저 본 것·들은 것·의심나는 것 등을 진술하게 한다'는 뜻이다.

도 일체 먹을 수 없다고 함이다. 이러한데도 삿되어 우치한 사람이 스스로 율사(律師)라고 말하면서 '비니에서 사람들에게 고기 먹는 것을 허락하였다.'고 말하고 또 부처님을 비방하여 말하기를 '여래께서도 스스로 먹었다.'고 한다면 저 우치한 사람은 큰 죄장(罪障)을 만들어 오랫동안 좋지 못한 곳[無利益處]과 성인이 없는 곳[無聖人處]과 법문을 들을 수 없는 곳[不聞法處]에 떨어질 것이며, 또 현재와 미래의 현성(賢聖)의 제자도 친견하지 못할 것인데 하물며 모든 부처님·여래를 친견할 수 있겠느냐? 보살이라는 말은 중생이 모두 알기를 부처님과 여래의 자비심의 종자이기에 능히 중생에게는 귀의할 곳[歸依處]이므로 듣는 자는 자연히 의심과 두려움을 내지 않고 친우(親友)라는 생각과 선지식(善知識)이라는 생각과 두려워하지 않는 생각을 내니 귀의처를 얻었고 안온처(安穩處)를 얻었으며, 훌륭하게 인도하는 스승[善導師]을 얻은 것을 말하느니라. 고기를 먹지 않음을 말미암아 능히 중생은 이와 같은 신심을 내게 한다. 만약 고기를 먹는다면 중생은 곧바로 모든 신심을 잃어 문득 말하기를 '세간에는 믿을 만한 것이 없다.'고 말하여 믿음의 근원[신근(信根)]을 끊을 것이니, 그러므로 기도하는 자와 불도를 수행자는 중생의 신심을 두호(斗護)157)하기 위하여 일체의 모든 고기를 모두[悉] 먹지 않아야 하느니라." 뒷부분 생략 -.

라고 합니다.

이렇게 고기 먹는 것[식육(食肉)]을 막는 데도 이를 무시하고 자기 마음대로 견해를 내는 것과 불교인의 6바라밀 중 지계바라밀(持戒波羅蜜)에 율의계(律儀戒) • 섭선법계(攝善法戒) • 요익중생계(饒益衆生戒)158)가 있건만, 불제자(佛弟子)라는 신분을 잊고 고기집

---

157) 남을 두둔하여 보호하는 것.
158) ※ 율의계(律儀戒) : 삼취정계(三聚淨戒)의 하나로 섭율의계(攝律儀戒)라고도 한다. 또 별해탈계(別解脫戒)·별해탈율의(別解脫律儀)라고도 한다. 수계(受戒)하는 작법에 따라 5계(戒)·10계(戒)·구족계(具足戒) 등으로 몸이나 입으로 짓는 악업을 따로따로 해탈하는 계법(戒法)이다.
※ 섭선법계(攝善法戒) : 범어 kuśalasaṅgrahaśilam의 번역. 삼취정계의 하나로

이나 횟집을 생쥐처럼 드나들면서 '나는 먹는 것은 해탈했다.'고 말하는 등 이러한 삿된 생각이 사견(邪見)입니다.

넷째 '견취견(見取見)'이라는 말은 자기의 옳지도 못한 견해를 취하여 가장 정확한 견해라고 집착하여 우기고, 그릇된 소견인데도 옳다고 주장하는 꼴같잖은 견해입니다.

곧 불교의 인무아와 법무아의 가르침을 듣고도 '참된 자아와 법이 있다.'고 생각하여 온갖 번뇌를 일으키는 것을 말합니다. 특히 기도 중에 옳지 못한 견해를 일으키어 자신의 부정견(不正見)이 옳은 진리라고 집착[취착(取著)]하여 기도의 성취 등에 의심을 하는 견해 등입니다.

다섯째 '계금취견(戒禁取見)'이라는 말은 외도들의 계율이나 수행법을 말합니다. 특히 외도들이 생천(生天)을 목적으로 한다고 하면서 '만약 옷을 입으면 무거워서 하늘나라에 올라가지 못한다.'고 하여 나체로 생활하거나 머리카락을 뽑고 횟가루를 몸에 바르고 물[水]이나 불[火]에 투신하기도 하고, '인분(人糞)을 먹는 것이 옳다.'는 등의 삿된 계법(戒法)을 주장하는 것 등입니다. 또 우리 중생들이 자기 조상은 좋은 세상에 왕생하기를 바라면서 소나 돼지 등의 중생을 도살하여 제사상에 올려놓고 절하는 것이 예의라는 견해를 내는 것 등입니다.

온갖 선을 닦는 대승계(大乘戒)를 말한다.
※ 요익중생계(饒益衆生戒) : 요익유정계(饒益有情戒)라고도 한다. 삼취정계의 하나로 중생을 널리 그리고 넉넉하고, 이익토록 할 것을 계로써 규정한 대승계(大乘戒)다. 『華嚴經』·『梵網經』·『瓔珞經』·『瑜伽論』·『唯識論』 등에서 설(說)하고 있다.

이렇게 5악견(惡見)은 사성제(四聖諦)의 진리에 미혹해서 일으키는 것인데, 그 성질이 매우 예리하기 때문에 근기가 수승한 사람은 견도위(見道位)에서 단박에 돈단(頓斷)할 수 있습니다. 또 견도위에서는 이러한 5악견이 돈단되면, 근본번뇌 중의 진심(瞋心, 성냄)도 거의 단멸되었음을 알 수가 있습니다.

스님! 어째서 그렇습니까?

성내는 마음은 우리가 사는 욕계에 국한되어 있고, 색계나 무색계에는 이 번뇌가 없기 때문입니다.

스님! 그렇다면 상부세계(上部世界)인 색계나 무색계의 선신(善神)들이 일으키는 진심(瞋心, 성냄)은 어째서 있습니까?

네, 상부세계에서 일어나는 진심은 독단으로 일어나는 것이 아니고 탐심(貪心)이나 치심(癡心) 등이 일어날 때 부수(附隨)하여 부분적으로 일어나는 것이라서 세력이 미약하거나 하부세계인 욕계 중생을 제도하기 위하여 조금[파(頗)] 일으킵니다.

욕계중생은 자기의 마음에 맞지 않으면 모두 진심의 대상이 됩니다. 중생은 진노(瞋怒, 매우 노함)하면 악구(惡口)하거나, 투구(鬪毆)159)를 하거나, 살해(殺害) 등의 사건을 일으킵니다.

제가 잘 아는 어떤 분의 경우입니다.

이 분은 고양이만 보면 쫓아냅니다.

아무데나 똥 싸고, 배고프면 '맡겨 놓은 것 내놔라'는 식으로 한밤중에도 창문 밑에 와서 찡찡거리고, 가까이 돌보면 자기 몸을 아무데나 문질러 털을 뽑아 놓기 때문입니다. 사실 고양이가 섬돌[계

---

159) 서로 다투거나 싸우며 때리는 행위.

단]에 떨어져 있는 낙엽 하나라도 줍는 청소를 합니까, 그렇다고 참선을 하거나 주인을 돕는 일을 합니까.

오직 자기 몫만 챙기는 짓만 하기 때문에 밉습니다. 묶어 놓고 교육을 시키려고 하면 주인이고 뭐고 간에 할큅니다. 요즘 세상에는 쥐도 잡지 않고, 똥도 아무데나 싸 놓는 등 정말 얄미운 짓만 가려서 하기 때문입니다. 그래서 보기만 하면 성이 나서 먹이도 주기 싫어집니다. 이놈도 불쌍한 중생이라서 자기 몸이라도 내놓아 돕고 돕는 것이 상위계층인 인간의 본분이고, 삼계에서 마음을 일으키기만 하면 전도(顚倒)됨을 알고, 무아법(無我法)을 깨닫고자 열심히 하지만, 제6식의 분별심이 일어날 때는 자신의 마음이 이미 잡염(雜染)에 휩싸여 작용하고 있는 것을 알지만, 성나는 마음[嗔心]이 발발(撥撥)거리면 중지하지 못합니다.

스님! 이렇다면 이 분을 어떻게 평가할 수 있습니까?

네, 그렇다면 누구든지 한 말씀 해보십시오.

혹 '누구나 견도위에 들어서면 지금까지 쌓이고 쌓여온 온갖 묵은 번뇌와 허물[때]이 잠깐 동안의 삼매 속에서도 한꺼번에 녹아지기도 한다.'고 말하는 사람도 있지만, 사실은 그렇지 않습니다.

만약 그렇게 말하는 사람의 견해가 옳다면, 견도위가 바로 구경(究竟, 최고)이 되기 때문이고, 부처님께서는 견도를 한 사람의 이마를 만져주시며, 수기(授記)160)하는 일도 없을 것입니다.

스님! 그렇다면 기도하는 사람이 어떻게 하면 저 앞산 높이보다 더 쌓인 악업장이 이글이글 거리는 숯불위에 떨어지는 봄눈처럼

---

160) 수별(受莂)이라고도 한다. 부처님으로부터 다음 세상[當來]에는 반드시 부처가 된다는 기별(記莂, 보증)을 받는 것을 말한다.

한꺼번에 녹아 흔적도 없이 됩니까? 어떻게 하면 자기 마음에 현재 흐르고 있는[現流] 번뇌를 단박[一時]에 깨끗하게 없앨 수 있습니까?

네, 이에 대해서는 저의 견해보다는 성스러운 가르침인 『입능가경』 권제3의 「집일체불법품」을 인용하겠습니다.

- 앞부분 생략[上略]. "대혜야! 자기 마음에 현류(現流=현재 흐르는)를 깨끗하게 하는 것은 차츰 차츰 깨끗하게 하는 것이지, 단박에 깨끗해지는 것이 아니다. 대혜야! 비유하면 암마라(菴摩羅)161)의 열매가 점차적으로 익는[성숙하는] 것처럼 단박에 익는[성숙한] 것이 아닌 것과 같다. 대혜야! 중생의 자심현류(自心現流)를 청정하게 함도 또한 이와 같아 점차로 청정해지는 것이지 단박에 된 것이 아니니, 비유하면 도공[陶師]이 모든 그릇을 만들 때에도 점차로 만들어지는[성취된] 것이지 단박에 만든[성취한] 것이 아닌 것과 같다. - 중간부분 생략[中略] -

대혜야! 비유하면 거울은 분별하는 마음이 없어 단박에 모든 색상을 나타내는 것처럼 여래와 세존께서는 또한 이와 같아서 분별함 없이 중생 성품의 자심현류를 깨끗하게 하지만, 단박에 깨끗하게 한 것이요, 점차로 깨끗하게 하지 아니하여 그들로 하여금 적정하게 하여 분별이 없는 곳에 머물게 한 것이다. 대혜야! 비유하면 해와 달의 광명이 단박에 모든 색상(色像)을 두루 비추고 전후(前後)가 있지 않는 것과 같다." 뒷부분 생략 -.

고 합니다.

스님! 어찌하여 앞에서는 '자심에 흐르는 번뇌를 차츰차츰 깨끗

---

161) 범어 āmara의 음역(音譯). 또 암라(菴羅)·암몰라(菴沒羅)·아말라(阿末羅)·암마륵(菴摩勒)이라고도 함. 나수(奈樹)·난분별수(難分別樹)라 번역. 열매는 타원형이고 살이 두껍고 액즙이 많아 맛이 좋다. 이와 비슷한 음역(音譯)으로 아마락가(阿摩洛迦)·암마락가(菴摩洛迦)·아마륵(阿摩勒) 등이 있으나 amara(天華)·amala(無垢淸淨)는 다르다.

하게 하는 것.'이라 했고, 뒤에서는 '단박에 깨끗하게 한다.'고 여래
께서 말씀하셨습니까?

네, 앞의 말씀은 중생의 부류[類]는 깨닫는 능력[機]을 점진적으
로 성숙시켜서 마침내 최상의 깨달음을 얻게 하는 방법론이고, 뒤
의 말씀은 5악견의 번뇌장을 없애고 소지장(智障)까지 없앰을 체
득한 세존 • 여래의 계위에 오른 성인에 대한 말씀입니다.

계속해서『입능가경』권제3「집일체불법품」의 다음 글귀[문장]
를 인용합니다.

— 앞부분 생략. "대혜야! 여래 세존께서도 또한 이와 같아서 중생들로 하여금
자심의 번뇌와 훈습된 습기의 허물도 떠나게 하고, 단박에 헤아릴 수 없는 지혜와
최승[가장 훌륭한]의 경계를 보여 주느니라. 대혜야! 비유하면 아리야식이 현재의
경계와 자기 몸과 살림살이와 기세간162) 등을 분별하는데 일시에 아는 것이요,
전후가 없는 것과 같다.

대혜야! 보불여래(報佛如來)163)도 또한 이와 같아서 단박에 중생세계를 성숙케
하여 색구경천(色究竟天)의 깨끗한 묘궁전(妙宮殿, 훌륭한 궁전)에 두어 청정한
곳에서 수행케 한다. 대혜야! 비유하면 법불(法佛)164)과 보불(報佛)이 모든 광명
을 방광(放光)하는데도, 응화불(應化佛, 응신불 혹은 화신불)이 있어서 모든 세계

---

162) 범어 shājana-loka로 기(器)는 물건을 담는 그릇으로 자연계는 이 용기처
    럼 그 속에 살고 있는 것을 수용하고 유지하므로 기세간이라 부른다.『俱舍
    論』에서는 기세간을 유정이 공업(共業)으로 말미암아 받는 과보(果報) 곧
    의보(依報)라 하고,『成唯識論』권2에서는 "아뢰야식이 전변에 의하여 나타
    난 것으로 아뢰야식의 대상이다."라고 한다.
163) 성실히 노력하여 수행한 공(功)으로 얻은 만덕(萬德)이 원만한 부처님을 일
    컫는다.
164) 법신불(法身佛)을 의미한다. 3불신의 하나로 법의 성품인 만유제법의 본체
    를 법신(法身)이라 하고, 법성(法性)에 각지(覺知)하는 덕이 있으므로 불
    (佛)이라 한다.

를 비추는 것과 같으니라. 대혜야! 내신(內身, 신체의 내부=我空)의 성스러운 행과 광명의 법체(法體)로 세간의 유(有)와 무(無)의 사견(邪見)을 비추어 없애는 것도 또한 이와 같다." 뒷부분 생략 -.

고 하시니, 중생은 누구나 견도를 한 후에도 계속적으로 여실(如實)한 수행을 반복해야만 여래가 되어 악업장도 완전히 소멸할 수 있습니다. 우리가 선(禪)에서 '견성성불(見性成佛)'이라 할 때 자신의 성품이 부처와 동일함을 확인한 후에도 여실한 수행을 해야 성불을 이룰 수 있는 것과 같습니다.

곧 자신의 악업장 모두를 소멸시키면 바로 불과(佛果)를 이루는 것입니다. 이것이 진실한 참회입니다.

스님! 그렇다면 『천수경』에서는 "백겁(百劫)동안 지어 쌓인 죄가 한 생각에 모두 사라짐이 마른 풀이 타고나면 아무 것도 남지 않는 것과 같다."고 합니까?

네, 이에 대한 말씀은 은밀(隱密)한 말씀임을 아셔야 합니다.

'은밀하다'는 것은 내포된 뜻을 밖으로 분명하게 드러냄이 아니고 본뜻은 숨겨놓고 말씀한다는 의미가 아주 깊은 것으로, 분명하게 그 뜻을 드러낸다는 뜻인 '현료(顯了)하다'는 말의 반대입니다.

부처님께서는 이러한 예(例)로 삼자성(三自性)인 변계소집성·의타기성·원성실성에 대해서도 '일체법은 자성이 없다.'고 밀의(密意)로써 설하시기도 했습니다.

처음의 변계소집성(遍計所執性)에 대해서는 상무자성(相無自性)을 설하시고, 의타기성(依他起性)에 대해서는 무자연성(無自然性)을, 원성실성(圓成實性)에 대해서는 변계소집성에서 집착된 자아와 법을 멀리 떠난 것에 의거한 자성을 설하신 것과 같은 내용입니다.

그러므로 "백겁적집죄 일념돈탕진 여화분고초 멸진무유여"라는 게송(偈頌)에도 반드시 인무아 법무아의 체득(體得)이 내포되어 있음을 아셔야 합니다.

기도 중에 문득 문득 과거 삶의 업종자(業種子)가 일어나 기도자를 괴롭히는 것도 다 현재의 자신이 자아와 법이 실재한다고 여겨서 집착하고 있기 때문입니다. 이는 앞에서도 말씀드렸지만, 아득한 과거로부터 희론(戲論, 名言種子)이 훈습되어진 결과이고, 자기 자신이 아공과 법공을 체득하지 못했기에 자심(自心)이 일으키기를 좋아하는 마음이기 때문입니다. 지금 당장 이러한 마음이 일어남을 싫어하여 일으키지 않으려고 아무리 노력하더라도 아공과 법공을 체득하지 못하는 한 헛수고일 뿐입니다. 이러하면 업장소멸을 못합니다.

그래서 기도하는 사람은 반드시 불교의 참다운 가르침에 의한 수행과 회향을 동시에 하는 것이 가장 바람직합니다.

아무리 열심히 기도를 하더라도 복과 지혜, 그리고 방편이 없어 마음이 어지럽게 날뛴다면 기대되는 영험은 별로 성취하지 못하기 때문입니다.

더욱이 과거 삶의 희로애락이 펼쳐지면서 상처를 주고받은 마음, 원한 맺힌 마음의 종자들이 봄눈 녹듯이 녹아진다면 얼마나 좋겠습니까마는 식이 전변되어 결코 평등성지(平等性智)를 얻지 못하니 참으로 답답합니다.

자연히 아득한 과거로부터 지금까지 나고 죽고 나고 죽고 하면서 지은 업식(業識)이 도대체 어떠했기에 이렇게 괴로운 것일까요?

많이도 생각하고 궁리해 보아도 도저히 알 길이 없는 것이 자신이 갖고 있는 일체종자식(一切種子識)입니다.

'일체종자식(sarvabijaka-vijāña)'은 아득한 옛적부터 부처가 될 때까지[佛果] 상속하면서 종자를 저장하여 보존하고 감각기관을 유지하는 종자[원인]를 말합니다. 수행기간[因位]에서는 유루와 무루의 종자를 다 지니지만, 깨달음의 지위[佛果位]에서는 무루종자(無漏種子)만을 지닙니다. 이 '일체종자식'을 '집지식(執持識, adana-vijāña)'이라고 부르기도 하는데, 그 까닭은 모든 종자를 굳게 고정하여 움직이지 않도록 꽉 붙들어 맨다는 뜻이 있는 것으로 제8식을 말합니다.

이 일체종자식은 반드시 훈습을 받아야 종자가 됩니다. 또 일체종자식은 근본식 중에서 능히 모든 유위법의 자과(自果, 자기 결과)를 일으키는 특수한 정신적인 힘[공능차별(功能差別)]도 갖고 있습니다. 예를 들면 우리가 추위를 느낄 때는 몸을 움츠려 옷깃을 여미고, 모기 등의 벌레에 물렸을 때는 무의식 중에 모기 등의 벌레를 딱 때려잡는 행위도 모두 제8식의 일체종자식에서 나옵니다. 우리가 배고프면 밥 먹고 싶은 마음, 싫은 사람을 만나면 피하고 싶은 마음 등 원초적인 근본번뇌도 다 여기로부터 나옵니다.

이것이 등류과(等流果)165)와 이숙과(異熟果)166)와 사용과(土用果)167)와 증상과(增上果)168) 등의 모든 결과를 일으키기 때문에

---

165) 등류과(等類果)는 첫째는 종자생종자(種子生種子)로 곧 종자가 전후의 찰나에 자류상생(自類相生)하는 것이다. 둘째는 종자생현행(種子生現行)으로 그 현행은 종자와 동류(同類)이기 때문이다. 이렇게 종자가 등류인(等類因)이 되어 종자와 현행의 등류과(等類果)를 이룬다.

166) 선악의 업종자(業種子)가 무기(無記)의 현행(現行)의 과보(果報)를 일으키는 결과이다.

'일체종자'라고 부릅니다. 계박(繫縛)됨을 떠나거나 증득한 결과[證果]는 제외하는데, 이는 종자로부터 생겨나는 것이 아니기 때문입니다. 곧 이 말은 계박을 떠난 증과(證果)란 무루성도(無漏聖道)의 지혜의 힘으로써 번뇌의 계박을 여의고 끊는데서[離斷] 나타나는 열반의 진리를 가리키는 것으로 종자생(種子生)이 아니기 때문에 제외합니다. 그래서 비록 증득할 수는 있지만, 종자의 결과는 아니라는 뜻입니다. 반드시 현기(現起)한 무루의 수승한 도(道)로써 번뇌[結]를 단멸해야만 얻을 수 있습니다. 이렇게 해야 업장을 소멸시킵니다.

전전(展轉, 현행훈종자)함은 있지만169) 너무나 방대해서 여기서 다 말한다는 것은 무리입니다. 그래서 여기서는 능히 분별을 일으키는 종자에 대해서만 말씀드렸습니다.

혹 어떤 분이 조금 더 알고 싶어 하실 것 같아 미리 약간만 설명을 더 드리겠습니다.

---

167) 작의(作意)의 종자가 이른 바 종자경각(種子警覺)으로서 현행법(現行法)을 일으키는 경우 사용과(士用果)를 얻는다. 사용(士用)은 사대부[士夫]의 작용[**명령**]이라는 뜻으로서, 사람[**하인들**]의 노력에 의해 어떤 사업을 성취하는 것처럼 상응인(相應因)·구유인(俱有因)의 작용에 의해 얻는 결과다.

168) 어떤 유위법(有爲法)이 생겨날 때에는 자기 이외의 법이 직접적으로 힘을 주거나 또는 방해하지 않음으로써 도와주는 관계로 인해 생겨나는 결과이다. 곧 다른 것이 능작인(能作因)이 되어 그 증상력(增上力)에 의해 생긴 결과라는 뜻이다. 예를 들면, 제7식의 종자를 구유(俱有)로 하여 제8식을 생겨나게 할 때, 곧 그 증상과(增上果)를 얻는 것과 같다.

169) 종자는 능히 지혜를 생겨나게 하고 지혜는 미혹(迷惑)을 끊어 계박에서 벗어남을 증득한다. 이렇게 종자에서 열반을 바로 증득하는 것이 아니고 전전(展轉)해서 생겨나게 한다. 그렇지만 『유식삼십송』의 게송에서 "일체종자(一切種子)로 말미암아"라고 한 말과는 상관이 없다.

이 종자는 식(識)으로써 자체를 삼기 때문에 '식(識)'이라170)고 말[이름]합니다.

종자는 근본식(根本識)을 떠나서는171) 별도의 체성이 없습니다.172)

'종자식(種子識)'이라는 말에서 '종자와 식'이라는 두 가지 단어로 된 말은 종자식이 아닌 것과 같거나, 다른 것을 간택(揀擇)하여 그 차별됨을 밝히기 위한 것입니다. 식으로서 종자가 아닌 것173)과 종자로서 식이 아닌 것174)이 있기 때문이지요.

또 '종자식'이라는 말은 근본식(根本識) 내(內)에 있는 종자를 나타내는 말로, 종자를 지니는 현행식[제8식]은 아닙니다. 이 식 중의 종자가 나머지 다른 연(緣, 三緣)175)의 도움을 받기 때문에 곧 문득 이렇고 이렇게[如是如是] 전역(轉易)과 변숙(變熟)176)을 합니

---

170) 외부의 대상[外境]을 식별·요별·인식하는 작용. 곧 마음의 작용을 가리켜 붙인 이름이며, 외경(外境)에 대해 내식(內識)이라고도 한다.
171) 종자(種子)와 식(識)과의 관계는 같은 것도 아니고(非一), 다른 것도 아니기(非異) 때문이다.
172) 만약 상분과 식이 전변(轉變)하는 것을 삼을 때에는 자체분(自體分)으로서 별도의 체성을 가질 수는 없다.
173) 현기(現起)하는 모든 식을 말한다. 이것을 소승에서는 내부종자(內部種子)가 아니라고도 말한다.
174) 외부의 곡맥(穀麥, 곡식) 등과 같은 것으로 이것은 식의 자체분(自體分)이 아니기 때문이다.
175) 여기서 연(緣)이란 4연(四緣) 중에서 인연을 제외한 나머지 세 가지 연[三緣]은 외연(外緣)으로서 도움 받는 것을 말한다. 심법(心法)을 일으키는 것은 삼연(三緣)이고, 색법을 일으키는 것은 증상연(增上緣) 뿐이다. 어째서 인연(因緣)이 제외되느냐 하면 인연은 연즉연(因卽緣)의 뜻으로 과(果)를 생(生)하는 직접적인 내적의 원인이기 때문이다.
176) 전변(轉變)과 같은 뜻.

다. 말하자면 생겨나는 지위를 따라 전전해서 성숙한 때에 이르기까지 전변하는 종자가 아주 많습니다. 그래서 유식학(唯識學)에서는 거듭해서 '여시여시(如是如是)'라고 말하여 강조합니다.

일체종자에는 세 가지의 훈습(熏習)177)과 공상(共相)과 불공상(不共相)178) 등 식의 종자를 모두 포함합니다.

제가 '오직 종자만이 인연의 성품'이라 말한 것은 수승하게 나타난 것을 의거해서 말한 것이지, 논리로써 말한 것은 아닙니다. 왜냐하면, 성스러운 가르침[성교(聖敎)]에서 "전식(轉識)과 아뢰야식은 전전하여 상망(相望)하면 인연을 삼는다."라고도 말씀하기 때문입니다.

이러한데도 어떤 분은 '기도를 하면 저절로 참회가 되고 사랑과 용서의 마음이 솟아오르며, 모든 인연에 감사하는 마음이 일어난다.'고 합니다만 이는 자기의 마음과 의(意)와 의식의 체성과 그 작용[행상]에 대해 전혀 모르고 하시는 말씀입니다.

이러함은 자신의 과거나 현재의 이숙식(異熟識)의 아주 적은 일부분이 변(變)하여 새로운 이숙식이 생겨남을 뜻하는 것이지, 결코 마음이 전사전득(轉捨轉得)하여 업장소멸이 되는 것은 아니라는 말씀이니 잘 기억하셔야 합니다.

또 '이러한 정화의 과정을 통해 업장이 사라진다.'고 말하면서 또

---

177) 명언훈습(名言熏習)과 아집훈습(我執熏習) 그리고 유지훈습(有支熏習)을 3종훈습(三種熏習)을 가리킨다.
 ※명언(名言)은 언어를 사용한 개념적인 사고에 의해 훈부(熏附)되는 것이고, 아집(我執)은 자아가 실재한다는 아견에 의해 훈부되는 것이고, 유지(有支)는 삼계에 생사윤회케 하도록 만드는 훈부(熏附)다.
178) 다른 것과는 공통되지 않고 자기에게만 속한 모양 곧 특성을 말한다.

직접 이런 현상이 없었다고 하더라도 꾸준히 기도하는 사람은 몸과 마음의 변화를 충분히 느낄 수 있다고 말씀하시지만, 이는 자신의 견분(見分, 마음의 주체)이 상분(相分, 인식되는 객체) 위를 행보[유이(遊履)]하는 것을 '변화'라고 하는 말은 옳지 못한 말씀입니다. 변화(變化)란 본인의 마음이 완전히 개변(改變)되어 다시는 같은 종류의 번뇌는 일어나지 않는 것입니다.

그래서 저는 기도에서도 분별기(分別起)의 번뇌장과 소지장을 지혜로써 끊고, 견도위에 드는 삼매에서 구생기(俱生起, 선천적)의 번뇌장과 소지장을 점차적으로 끊으면서 기도하거나 수행을 해야만 한다고 주장합니다.

2장(二障)의 번뇌를 끊으면서 기도한다는 것은 범부로서는 불가능할 정도로 힘이 드는 어려운 수행입니다. 왜냐하면 현재의 자신은 실아(實我)가 있다는 마음으로 확정되어 굳어있기 때문입니다. 이를 올바른 가닥으로 잡으려면 세상의 흐름과 반대로 흐르는 삶을 살아야만 합니다. 곧 『금강경』 「일상무상분(一相無相分) 제9」에서 설하는 바와 같이 수다원과(須陀洹果)을 증득한 성인의 흐름에 참여하여야 가능합니다. 곧 이 말의 뜻은 범부들의 세속적인 삶의 이치에 의지하지 말고 불법(佛法)에 의지하고, 세상의 문자(文字)가 아니고 이치[義]에 의지하며, 불요의경(不了義經)179)이 아닌 요의경(了義經)에 의지하고, 범부의 망식(妄識)이 아닌 지혜에 의지하여 잠시도 단절됨 없이 살면서 수행해야 한다는 것입니다.

만약 이렇게 하지 않고 다른 분이 말씀하는 것처럼 해 보시고,

---

179) 부처님께서 불법의 이치를 직접 완전한 형태로 설하신 가르침이 아닌 경전을 불요의경이라 한다.

훗날 반야지(般若智)를 증득했을 때에는 '정말 헛되게 먼 길을 돌고 돌았다.'는 사실을 아실 것입니다.

　기도나 지혜가 얕은 분은 '그렇게 기도해도 소원성취가 이뤄지더라.'고 말씀하시는 것은 참다운 가르침은 모르면서 아주 미미한 성취에 대한 것을 크게 이룬 것처럼 과대하게 부풀려서 다른 사람에게 기도에 대한 법문을 거창하게 말합니다. 이러함은 자신도 알지도 깨닫지도 못했으면서 남에게 법을 말하는 것으로 자신도 잘못되었지만 남들도 잘못되게 하거나 더디게 할 수 있다는 사실을 알아야 하는데, 이 분에게는 이미 자신에게 치우쳐 집착하는[局執] 견해가 들어있어 '틀렸다'라고 말하면, 자기의 법을 얕잡아 본다는 마음에서 화[성]를 내고 가 버립니다.

　그러므로 기도자는 항상 자기 점검을 하면서 생활해야만 합니다. '점검을 하면서 생활해야 한다.'는 말은 곧 자기가 가지고 있는 10가지 무거운 장애[10重障]와 이러한 번뇌를 끊어 없애는 방법과 지위에 대해서 잘 알아야만 한다는 뜻입니다. 이러한 이치를 몰라 자기 점검을 제대로 못한다면, 자신의 업장소멸은 요원하기만 합니다. '업장소멸이 요원함'이란 마치 남쪽의 바닷가[沿岸]에 앉아 태평양 물을 다 잔[배(杯)]질 하려는 것과 같습니다.

　우리 중생은 누구나 무겁고 구체적인 장애 10가지를 반드시 가지고 있습니다.

　이 10가지 무겁고 구체적인 장애를 '10중장(十重障)'이라 합니다. 이러한 무거운 장애를 없애는 것이 곧 기도자의 업장소멸이 되는 것이지, 결코 얕은 이참(理懺)[180]이나 사참(事懺)[181]같은 걸로 완전한 참회가 된다고 보면 참으로 어리석은 생각입니다. 본인이 자신의 10중장을 끊기 전에는 완전한 참회는 될 수가 없습니다. 장애가 남은 정도가 아니고, 장애도 다 했다고 생각되는 비법상(非法相)의 경지에서도 비법상에 걸리면 아집의 바탕인 아상은 반드시 살아나기 때문입니다. 곧 번뇌는 뿌리까지 완전히 뽑아내야만 되는 것이지 돌이나 사금파리 같은 걸로 풀을 눌러 놓듯이 하면, 반드시 옆으로 돋아난다는 말씀입니다.

열 가지의 무거운 장애[重障] 가운데 첫 번째는 '중생 성품의 장애'입니다. 말하자면 염오무지(染汙無知)의 번뇌장과 불염오무지(不染汙無知)인 소지장의 두 가지 장애 중에서 분별에 의해 생겨나는 것을 말합니다. 이것의 종자에 의거해서 중생의 성품이 건립(建立)되기 때문입니다.

이승(二乘)의 견도가 눈앞에 나타날 때[現在前]는 오직 번뇌장의 종자만을 단멸할 수 있는데, 성스러운 가르침에서는 이 '번뇌장만 단멸해도 성인의 성품을 얻는다.'고 합니다. 보살의 견도가 눈앞에 나타날[現在前] 때에는 번뇌장과 소지장의 종자를 모두 단멸함으로써 성인의 성품을 얻는다는 것은 말할 필요도 없습니다.

범부나 성인이나 진견도(眞見道)182)가 현전할 때에는 번뇌장과

---

180) 제법실상(諸法實相)의 도리를 관하여 번뇌즉무생(煩惱卽無生)임을 체득하여 분별기번뇌인 견혹(見惑)을 깨뜨리기 위해 참회하는 것을 말한다.
181) 종교적인 여실한 수행[예불(禮佛)·송경(誦經) 등의 작법]으로 구생기번뇌(俱生起煩惱)인 수혹(修惑)을 깨뜨리기 위해 참회하는 것을 말한다.
182) 진견도(眞見道)를 또한 일심진견도(一心眞見道)라고도 한다. 무분별의 정체지가 아공과 법공에서 나타난 진여[二空眞如]의 도리를 인식대상으로 하여 갖가지 희론의 모습을 전혀 취하지 않고, 유식의 참다운 승의(勝義)의 성품에 계합한다. 그렇게 하여야 인식대상[境]인 진여와 인식주체[能緣]인 지혜가 평등하고 평등해서 모든 소취(所取)와 능취(能取)의 모습을 떠난다. 비록 진여를 인식대상으로

소지장, 두 가지 장애의 종자는 반드시 동시에 성취되지는 않습니다.

미혹하게 되는 것과 성도(聖道)가 함께 하는 일은 없기 때문이지요. 범부와 성인의 품류가 어찌 함께 성취되는 과실이 있을 수 있겠습니까. 비유하면 밝음과 어둠은 반드시 함께 하지 않는 것과 같고, 수평저울의 양쪽머리 중 하나는 아래[밑]에 있을 때는 다른 한쪽은 높이[위] 있는 때와 같습니다.

모든 것이 서로 어긋나는 법은 모든 이치가 반드시 이렇게 반대가 되기 때문이지요. 그러므로 범부와 성인의 성품이 함께 성취되는 과실은 없습니다.

스님! 묻습니다.

무간도(無間道)183)의 시기에는 이미 미혹의 종자는 없는데, 어째

한다고 하더라도 상분을 띠고 반연하는 것이 아니라 곧 진여의 체(體)를 띠고서 [狹帶] 반연한다. 진여의 자체를 떠나지 않기 때문에 인식대상의 모습이 없고, 인식주체인 견분도 또한 분별이 없다. 진여(眞如)와 무분별지(無分別智)가 계합하여야 평등하다는 뜻이다.

183) 범어 ānantarya-mārga, 2도(二道 : 무간도와 해탈도) 중의 하나. 또 4도(道: 가행도(加行道)·무간도(無間道)·해탈도(解脫道)·승진도(昇進道) 중의 하나. 무애도(無礙道)라고도 한다. 번뇌를 끊고 해탈을 증득하는 과정을 2도 혹은 4도로 나누는데, 그 중의 하나이다. 번뇌를 끊는 바로 그 순간을 가리킨다. 이를 무간도라 하는 까닭은 번뇌의 득(得)을 끊는데 간격이나 방해하는 것이 없고, 또 이후에는 해탈도로 진입하는데, 간격이나 방해하는 것이 없기 때문이다. 흔히 무간도와 해탈도는 도둑을 쫓은 후 문을 걸어 잠그는 것에 비유하기도 한다. 견도에서는 8인8지(八忍八智) 중 8인(忍)이 무간도에 속하고, 수도위(修道位)에서는 3계9지(三界九地) 각각에 9품(品)의 번뇌가 있는데, 한 품의 번뇌를 끊을 때마다 무간도가 있으므로 각지에 9무간도(無間道)가 있게 된다. [설일체유부]는 무간도에서는 번뇌의 득(得)을 인정하고, 다음 단계인 해탈도에서는 번뇌의 득이 없는 대신 계박을 여읜 결과를 얻음이 있다고 하여 무간도와 해탈도를 구분한다. [유식

서 다시 해탈도를 일으키는 작용이 있어야 합니까?

네, 답해 드리겠습니다.

미혹을 끊는 것과 적멸을 증득하는 기간의 마음은 다르기 때문입니다. 곧 이 말은 무간도에서는 미혹만을 끊고 해탈도에서는 적멸(寂滅)을 증득하는데, 무간도에서는 이미 미혹의 종자는 없앴지만, 무위는 증득하지 못했기 때문에 이를 증득하기 위해 해탈도를 일으켜야 한다는 말씀입니다.

중생의 추중(麤重)한 성품인 번뇌장과 소지장의 습기(習氣)를 버리기 위함입니다. 무간도일 때에는 비록 미혹의 종자는 이미 없지만, 아직 습기(習氣)에 대해서는 자재하지 못하게 하는 성품은 버리지 못합니다. 이것을 버리기 위해 해탈도를 일으켜야만 성인의 택멸무위(擇滅無爲)[184]를 증득할 수 있습니다.

비록 견도가 일어날 때라고 말해도 22가지의 어리석음은 반드시 있습니다. 22가지의 어리석음[22種의 愚癡]이란, 보살이 10지와 불지(佛地)에 근접한 묘각(妙覺)과 등각(等覺)의 지위에서도 반드시 끊어야 할 우치(愚癡)로 22가지가 있는데, 이것을 '22종우치(種愚癡)' 또는 '22우(愚)'라고도 말합니다. 이 말씀은 아직도 구생기의

학파]에서는 무간도에서 이미 번뇌를 끊었으므로 해탈도를 일으키는 이유는 택멸(擇滅)을 증득하기 위해서라고 한다. 혹은 '무간도에서 굵은 번뇌는 끊었지만, 번뇌의 습기는 끊지를 못하므로 다시 해탈도에서 습기를 모두 끊고 택멸을 증득한다.'고 한다.

184) 택멸(擇滅)이란 곧 무위로 『俱舍論』에서는 '세 가지 무위[三無爲] 중의 하나'라 하고, 『唯識論』에서는 '여섯 가지의 무위[六無爲] 중의 하나'라고 한다. 이것은 간택(簡擇)하는 힘으로 여러 가지의 잡념을 멸하여 구경에 진리를 얻는 까닭에 택멸무위(擇滅無爲)라 한다. 여기서 간택한다는 말은 지혜이고, 잡념은 번뇌이다.

미세한 소지장이 남아 있고, 자연적으로 일어나는 번뇌종자가 있다는 뜻입니다.

총체적인 악취(惡趣)와 개별적인 악취의 업과(業果) 등이 일어나지는 않지만, 이것도 지금은 능히 일으키는 번뇌만을 말하는 것은 이것이 근본이 되므로 중요하기 때문입니다.

이로 말미암아 초지(初地) 즉 견도위에서 '두 가지의 어리석음[현행]과 그것의 추중[종자와 습기]을 단멸한다.'고 『해심밀경』 권4(高麗藏10. p. 732下)와 『유가사지론』 권78 「菩薩地」 (高麗藏 15. p. 1189上)에서는 말합니다.

첫째는 자아와 법에 집착하는 어리석음이니, 곧 이 중에서 중생성품(衆生性品)에 의한 장애입니다.

둘째는 악취(惡趣)와 잡염(雜染)의 어리석음으로 곧 악취의 모든 업의 과보[業報] 등이니, 마땅히 잘 알고 끊어야 합니다.

알지 못하면 배 아플 때에 이마에 진통용 파스를 붙이는 격[꼴]입니다. 어리석음의 품류이기 때문에 총체적으로 어리석음이라고 합니다.

'업과(業果) 등도 어리석음의 영역'이라고 말하는 의미는 모든 업과(業果) 등은 그 체성 자체는 어리석은 것이 아니지만, 업 자체는 어리석음을 생겨나게 하기 때문이고, 과보는 업이 초감(招感, 불러온)한 결과이기 때문입니다. 이후의 모든 수행계위에서도 각 지위(地位)마다 '어리석음과 그것의 종자를 단멸한다.'고 말하는 것과 '견도위에서 2가지 어리석음과 그것을 단멸하는 추중종자(麤重種子)라'는 것 역시 이것에 견주어서 알고 대치(對治)해야 합니다.

오직 예리한 번뇌185)와 둔한 번뇌186) 장애의 품류와 함께 일어나는 두 가지의 어리석음입니다.

여기서 '추중(麤重)'이라고 하는 말은 그 두 가지의 번뇌장과 소지장의 종자를 말합니다. 곧 범부는 일으키는 번뇌종자 때문에 성인처럼 되지 못하는 성품입니다. 이 말의 뜻은 앞에서 2가지의 어리석음이라고 한 말은 현행종자이고, 여기서 추중이라고 하는 말은 범부는 종자와 습기 때문에 금강유정(金剛喩定)187) 이상 지위의 성인들처럼 정심(定心)을 현행시킬 수 있는 능력이 없음을 뜻합니다.

두 가지는 선정에 들어갈 때에 괴로움의 근[고근(苦根)]을 끊고, 끊어진 고근188)은 비록 현행도 종자도 아니지만, '고근의 추중이

---

185) 이사(利使=예리한 번뇌)는 모든 법의 진리에 대해 미혹해서 일어나는 번뇌로서 그 성품이 빠르고 예리해서 중생의 몸과 마음을 마음대로 부린다. 여기에는 열 가지의 근본번뇌 중 다섯 가지의 악견[五惡見]으로 곧 신견(身見)·변견(邊見)·사견(邪見)·견취견(見取見)·계금취견(戒禁取見)이 해당된다.

186) 둔사(鈍使)는 사물의 현상에 대한 이치를 알지를 못하여 일어나는 번뇌로서 그 성품은 매우 느리고 둔해서 범부는 알지를 못한다. 이것은 열 가지의 근본번뇌 중에서 앞의 다섯 가지로 곧 탐(貪)·진(瞋)·치(癡)·만(慢)·의(疑)의 심소가 여기에 해당된다.

187) 범어(梵語) vajra-upana-samādhi로 금강정(金剛定)·금강삼매(金剛三昧)라고도 한다. 금강에 비유할 만큼 견고하고 날카롭기[견리(堅利)] 때문으로 온갖 미세한 번뇌를 단멸할 수 있는 선정을 말한다. 대·소승을 불문하고 수행자가 바야흐로 수행의 극치에 이르러 최후로 번뇌를 단절할 때 일으키는 선정이다. 수행자가 이 선정을 일으켜 끊으면 아라한과(阿羅漢果)나 불과(佛果)를 얻게 된다. 보통 번뇌를 끊는 단계를 무간도(無間道)라 하고 진리를 깨닫는 단계를 해탈도(解脫道)라 하는데, 금강유정(金剛喩定)은 무간도의 최후심(最後心)에 해당하고 금강유정을 일으키는 무간도(無間道)를 금강무간도(金剛無間道)라 말한다.

188) 범어 duḥkha-indriya. 22근 중의 하나. 5식과 상응하여 일어나는 몸의 감각작용 중에서 고통을 감수하는 작용을 지닌 것. 여기서 근(根)이란 지배하는 힘을 뜻한다. 『俱舍論』 권3에는 "5식과 상응하여 일어나는 감수작용 중에서 괴로움을 느

라.'고 말하는데 이것 역시 그러합니다. 다른데서 '추중(麤重)'이라고 하는 말도 이것에 견주어 알아야 합니다.

비록 초지(初地)에서 단멸되는 중생성품[異生性]의 장애도 실제로는 두 가지의 장애에 통하지만, 이것도 이생성(異生性, 범부의 성품)의 장애라고 말하는 의미는 소지장을 취하는 뜻이 있기 때문입니다.

'열 가지 무명[소지장]은 염오성(染汙性)이 아니라.'고 성문이나 연각에 견주어서 세친(世親)보살이 지은 『섭대승론석(攝大乘論釋)』권7.(高麗藏17. p. 226中)에서는 말하고 있습니다만, 그러나 무명(無明)은 곧 열 가지 장애 품류의 어리석음에 포함[攝]됩니다.

성문이나 연각 역시 능히 번뇌장은 단멸합니다. 왜냐하면 초지의 무명은 염오(染汙)와 2장(二障)의 종자에 통한다는 것을 인정하기 때문입니다. 또 10가지 무명은 염오성은 아니라는 것은 오직 10지(地)의 수도위에서 단멸되는 것[소지장]에 의거해서 말한 것으로, 지금의 수도위(修道位) 중에서는 역시 번뇌장을 조복하고 번뇌의 추중은 단멸한다고 말하지만, 이것도 올바른 의미는 아닙니다.

왜냐하면 대승의 10지에 이른 보살도 번뇌장의 일부분을 남겨 두었다가 원력(願力)을 도와 몸을 받아 태어나기[受生] 때문에 올바른 의미는 아니라는 뜻입니다.

우리가 너무나 잘 알고 있는 보살들로 문수(文殊)・보현(普賢)・관세음(觀世音)・지장(地藏) 등 여러 보살님들이 계시지요. 이 보살님들은 원력의 수면(隨眠, 번뇌장)을 고의적으로 단멸하지 않고

끼는 주체가 되는 것을 고근(苦根)이라 한다."고 한다.

있기 때문에 이러한 번뇌는 해당되지 않는다는 뜻입니다.

진실한 도리로는 초지의 수도위(修道位) 중에서 선천적으로 일어나는 소지장의 일부분도 단멸하지만, 지금은 초지(初地)에서 단멸하는 중생의 성품[異生性]에 대해서만 말합니다.

이후 아홉 단계의 지위[2지부터 10지까지]에서 단멸하는 것도 여기에 견주어 말합니다.

대승보살이 원만한 원력에 머물거나, 원만한 수행 중일 때에는 중생계에서 모든 중생이 성불할 때까지 오래 머뭅니다. 왜냐하면 중생제도의 원력도 바라는 바가 남아 있어 "해탈문에는 절대로 들지 못한다."고 앞에서 말씀드린 것도 이러한 뜻입니다.

이치적으로는 마땅히 진취(進取)해서 단멸해야 할 장애를 끊어야 합니다만 그러나 입(入) • 주(住) • 만(滿)일 때[時期]189)의 도는 차별이 없습니다. 그러므로 대승의 여러 보살은 현관(現觀)을 얻고 나서, 다시 10지의 수도위 중에서 오직 소지장을 영원히 단멸하는 도를 닦지만, 번뇌장은 남겨 두었다가 원력의 도움으로 몸을 받아 태어나서는[受生] 중생들이 고통에서 벗어날 수 있도록 도와줍니다.

성문이나 연각의 이승들처럼 빨리 원적(圓寂, 열반)을 얻는 것과는 같지 않음은 이들은 대승의 대비보살(大悲菩薩)이라서 그렇습니다. 그래서 대승보살은 수도위 중에서는 번뇌장의 일부분을 고의로 단멸하지 않고 있다가 장래 모든 중생을 다 성불시키고 나면, 그때는 남겨 두었든 번뇌장을 단박에 끊고 자신도 성불합니다.

---

189) 보살의 수행계위는 10지(地)의 각지(各地)에 들어가서[입(入)] · 그 지위에서 수행하고[주(住)] · 원력의 몸을 받는 일[만(滿)].

두 번째는 삿된 행[邪行]을 하는 것으로 중생이 몸으로 짓는 장애입니다.

소지장 중에서 구생기의 수도(修道)에서 단멸하는 모든 소지장과 거기서 일으켜지는 속임 등[기만(欺瞞)]을 범하는 3업(三業, 신·구·의) 등입니다.

그것은 2지(地)의 극히 청정한 시라(尸羅, 계율)를 장애하기 때문에 제2지[이구지(離垢地)]에 들어갈 때에 미리 단박에 영원히 단멸해야 합니다. 여기서 '미리 단박에 영원히 단멸한다.'는 말은 마치 물이 많이 흐르는 강이나 냇물에 다리를 놓거나, 도로에 흘러내린 바위 등의 토사가 있으면, 이를 치워 다니는데 불편함[장애]을 미리 없애는 것과 같습니다. 이로 말미암아 "2지에서는 두 가지의 어리석음과 그것의 추중을 단멸한다."고 『유가사지론』 권78(高麗藏15. p. 1189上)의 「보살지(菩薩地)」에서는 말합니다.

첫째는 미세한 착오로 범하는 어리석음이니, 곧 소지장에서 선천적으로 (자연스럽게) 일어나는 것[俱生]의 일부분입니다.

둘째는 여러 가지 업취(業趣)190)의 어리석음이니, 곧 거기서 일으켜진 착오로 범하는 3업(業)입니다.

처음은 업을 일으키는 것을 알지 못하는 것이고, 다음에는 일으켜진 업에 대해 어떤 것인지를 전혀 느끼지도 알지도 못하는 어리석음입니다. 이러한 장애는 제2지인 이구지(離垢地)에서 영원히 단멸합니다.

세 번째는 우둔함의 장애입니다.

---

190) 업취(業趣)를 '훼책(毀責)'이라고도 한다. 곧 인(人)의 악취(惡趣)와 같다.

말하자면 소지장 중에서 구생기의 일부분으로 듣고[聞], 생각하고[思], 닦는[修] 법을 잊어버리는[慧를] 장애로 곧 우리들이 어떻게 머물고 수행하며, 항복받고 또 기도해야 하는지를 모르고 수행과 기도를 하는 어리석음의 장애입니다.

곧 『금강경』 「대승정종분 제3」에서 강조하는 머물고[住]•수행하며[修]•항복(降伏)받는 것에 대한 대답과 같습니다.

제3지인 발광지(發光地)의 보살지위에서는 훌륭한 선정191)과 총지(總持, 다라니)192) 및 거기서 일으켜진 수승한 세 가지 지혜[三慧=문혜(聞慧)•사혜(思慧)•수혜(修慧)]를 장애합니다.

제3지인 발광지에 들어갈 때는 한꺼번에 영원히 미리 단멸[永斷]합니다. 그래서 '두 가지의 어리석음과 그것의 추중을 단멸한다.'고 말합니다.

첫째는 욕탐(欲貪)의 어리석음이니, 곧 이 중에서 뛰어나고 훌륭한 선정과 수혜(修慧, 닦아서 얻는 지혜)를 장애합니다.

어리석음[愚]의 암둔장(闇鈍障)은 알 수 없는 옛적부터 많은 욕탐(欲貪)과 함께 했기 때문에 욕탐의 어리석음이라고도 말합니다. 중생은 욕탐의 어리석음 때문에 아귀세계로 스스로 가서 많은 고통을 받습니다.

제3지의 발광지에서는 수승한 선정과 닦아서 얻는 지혜로써 소지장은 그러는 동안에 영원히 단멸되고 욕탐(欲貪)의 번뇌도 따라 조복됩니다.

욕탐의 번뇌는 아득한 옛날부터 소지장에 의지(依止)해서 전전(

---

191) 등지(等持)와 등지(等至)로 수혜(修慧)를 일으킨다.
192) 법(法)다라니와 의(義)다라니의 두 가지로 문혜(聞慧)와 사혜(思慧)를 일으킨다.

展轉)했습니다.

둘째는 원만히 듣고, 지니는 것과 다라니(陀羅尼)를 장애하는 어리석음이니, 곧 이 중에서 능히 다라니[총지(摠持)]와 들어서 얻은 지혜[聞慧]와 사유하는 지혜[思慧]를 장애하는 수혜(修慧)입니다.

네 번째는 미세한 번뇌가 현행하는 장애입니다.

소지장 중에서 선천적으로 일어나는 것[俱生]의 일부분이 제6식과 함께 하는 신견(身見) 등에 포함되는 것으로서 아소(我所, 나의 소유)와 변견(邊見)과 아만(我慢)과 아애(我愛) 등에 대한 소견(所見)과 함께 하는 장애는 정애(定愛)와 법애(法愛)입니다.

최하품[연품(軟品)]이기 때문에 마음을 일으키지 않아도 자연적으로 일어나 반연하는 것으로 아득한 옛날부터 몸을 따라서 일어났기 때문에 미세합니다. 알 수도 없는 아득한 세월로부터 몸과 함께했기 때문에 감지(感知)하지도 못합니다.

이것이 제4지(地)의 보리분법(菩提分法, 37조도품)을 장애하는 것은 37조도품과는 반대의 성품이기 때문입니다. 제4지[염혜지]에 들어갈 때에 능히 영원히 미리 단멸[永斷]합니다. 그것은 일찍부터 대부분 제6식 중에서 자연적으로 일어나서 '자아는 실재한다.'고 집착하는 견해 등과 동체(同體)로 일어나기 때문에 번뇌라고 말함은 비록 일어나는 것은 다르지만, 대부분 번뇌와 동일한 바탕[體]에서 함께 일어나기 때문에 묶어서 번뇌라고 말합니다.

지금 제4지 중에서 이 '무루의 보리분법을 증득함으로써 미세한 번뇌가 현행하는 장애는 영원히 단멸된다.'고 합니다.

소지장과 함께 일어나는 아견 등도 역시 조복되어 영원히 현행하지 않습니다. 대승보살 수행지위의 초지(初地), 제2지(地), 제3지

(地)에서는 보시, 지계, 인욕 등의 바라밀수행(波羅蜜修行)을 실천하는 양상은 세간의 유정이 세 가지 복업(福業)을 짓는 것과 같습니다.

제4지에서 보리분법을 닦아 증득함으로써 출세간이 됩니다. 그렇게 함으로써 영원히 두 가지 신견(身見, 구생과 분별) 등을 없앨 수 있습니다.193)

이것은 제6식과 함께 하기 때문입니다.

제7식과 함께 아견 등을 집착하는 것은 인공무루도(人空無漏道)194)와 체성이 서로 어긋나기 때문이고, 제8지 이후부터는 이미 전의(轉依)를 했기 때문에 무루만이 상속하여 영원히 현행하지 않습니다.

제7지 이후에서도 현기(現起)하면 나머지 탐욕과 진에(瞋恚)195) 번뇌의 의지처(依止處)가 됩니다. 곧 이 말의 뜻은 제8지 이전에는 아직 전의를 하지 못했기에[未轉依] 아직은 번뇌가 현기(現起)함으로써 번뇌의 의지처가 된다는 뜻입니다.

제6식과 함께 하는 아견(我見)은 거칠고[麤], 제7식과 함께 하는 아견은 미세하고 둔(鈍)해서 조복하는 것에도 전후가 있는 것은 제6식의 아견은 거칠어서 감지하기가 쉬워서 끊기도 쉽지만, 제7식의

---

193) 견도에서는 분별기(分別起)의 아견 등은 단멸하고, 제4지[焰慧地]에서는 구생기(俱生起)의 아견 등의 번뇌를 단멸하기 때문에 영원히 두 가지의 번뇌를 없앤다고 말한다.

194) 아공무루도(我空無漏道)라고도 한다. 아견(我見)에 의해 인식되고 집착된 인·아(人我)는 존재하지 않는다는 것을 밝게 깨달아 무루지(無漏智)로써 닦는 관행(觀行)이다.

195) 범어 krodha. 삼독(三毒)의 하나. 자기의 의사에 어그러짐에 대해 성내는 일. 곧 노여움 혹은 분노다.

아견은 미세하고 둔해서 감지하기가 어렵기 때문에 끊기도 어렵습니다.

그래서 제가 말하는 것[번뇌]은 제6식에만 상응합니다.196)

신견(身見) 등197)이라고 말하는 것에는 역시 아득한 옛날부터 소지장에 포함[攝]되는 정애(定愛, 선정에 대한 애착)와 법애(法愛, 법에 대한 애착)도 포함됩니다.

이 정애와 법애는 제3지에서는 오히려 증성하고, 제4지에 들어갈 때에 영원히 단멸[永斷]할 수 있습니다. 보리분법(菩提分法)이 도리어 정애(定愛) 등에 어긋나기 때문이지요.

이로 말미암아 제4지에서는 '두 가지의 어리석음과 그것의 추중을 단멸한다.'고 말합니다.

첫째는 등지(等持, 삼매)를 애착하는 어리석음이니, 곧 이 중에서 정애와 함께 하는 것을 말합니다.

둘째는 법애를 애착하는 어리석음이니, 곧 이 중에서 법애와 함께 하는 것을 말합니다.

소지장에 포함된 두 가지의 어리석음이 단멸되기 때문에 번뇌의 두 가지 애착도 역시 영원히 현행하지 않습니다.

다섯 번째는 어리석은 중생은 하위 단계의 교법[하승(下乘)]에서도 반열반(般涅槃)하고 싶어 하는 장애입니다.

소지장 중에서 구생기번뇌의 일부분에 속하는 것으로 생사가 너

---

196) 이것을 두 가지 수면[二睡眠]이라 하여 분명하게 경계를 연취(緣取)하지 못하고, 심용(心用)을 매략(昧略)하게 하는 성용(性用)이 있으며, 관(觀)을 장애함을 업용(業用)으로 한다. 제6식과 상응해서 일어나는 심소이다.
197) 오직 탐(貪)·치(癡)·만(慢)과 나머지 수번뇌(隨煩惱)는 아니다.

무나 힘들기에 싫어하고 열반만을 좋아합니다. 수행지위가 낮은
이승(二乘)이 괴로움은 싫어하고, 적멸을 좋아하는 것198)과 같이
견도위에도 들지 못한 대승계(大乘戒)를 수지한 수행인(修行人)도
마찬가지입니다.

어째서 그렇겠습니까.

출가 수행하는 사람도 내적으로는 너무나 춥고 더우며, 배고프고
몸 아프며, 외적으로는 인연이 반연되는 사람들이 어려운 곤경에
처해 현실의 괴롭고 어려움을 토로(吐露)할 때, 시원하게 그들이
바라는 바를 해결해 줄 수 있는 선방편(善方便)이 없기 때문입니
다.

이러함은 제5지의 무차별(無差別)의 도를 장애합니다.

그러나 제5지에 들어갈 때에는 영단(永斷)됩니다.

이로 말미암아 제5지에서는 '두 가지의 어리석음과 그것의 추중
을 단멸한다.'고 말합니다.

첫째는 순전히 작의(作意)199)해서 생사를 피하려는 어리석음이
니, 곧 이 중에서 생사를 싫어하는 것입니다.

둘째는 순전히 작의해서 열반에만 향하는 어리석음이니, 곧 이

---

198) 전지(前地 = 第4地인 焰慧地)에는 각분관(覺分觀)에 의해서 신애(身愛) 등과 무
    루도를 관(觀)한다. 소지장으로 말미암아 선심(善心) 등으로 하여금 좋아하고
    [欣], 싫어함[厭]이 있게 된다. 이 지위의 진여를 무차별(無差別)이라 말[이름]
    하기 때문에 그것을 반연하는 도(道)도 무차별이라 말[이름]한다.
199) 범어는 manasikāla이다. 경각(警覺)의 뜻이다. 이 경각에는 종자경각(種子警覺)
    과 현행경각(現行警覺)의 두 가지가 있다. 종자경각은 작의의 종자가 다른 심
    (心)·심소(心所)의 종자를 경각(警覺)하여 현행시키는 것을 말한다. 현행경각은
    작의가 현행하여 다른 심심소를 경각시켜서 인식대상[所緣境]에 나아가게 하는
    것을 말한다.

중에서 열반만을 즐기고 바라는 것입니다. 곧 생사 그 자체가 바로 열반임을 모르기 때문이지요. 수행하는 저도 몸이 오래도록 병고(病苦)에 시달려 지칠 때는 차라리 몸을 바꾸는 게 낫겠다고 생각하기 때문입니다.

여섯 번째는 구체적인 모습이 현행하는 장애입니다.

말하자면 소지장 중의 구생기의 일부분입니다. 잡염200)과 청정201)의 구체적인 모습이 별도로 있다고 집착해서 현행하는 것을 말합니다. 곧 참선 수행자나 기도하는 자가 현전지(現前地, 제6지)를 증득하지 못한 계위(階位)에서 마음으로부터 일어나는 청정한 식만 좋아하고, 염오식(染汗識)이 일어나는 것을 극히 싫어하는 것입니다. 마치 『대승기신론』에서 말하는 정법훈습(淨法熏習)202)만을 좋아하는 것과 같습니다. 그렇다고 정법훈습을 순간이라도 놓치거나 포기해서도 안 됩니다. 만약 이러지 않으면 무심위(無心位)가 아니라서 곧바로 염법훈습(染法熏習)203)이 달려들기 때문입니다.

이러함은 제6지[現前地]의 잡염과 청정이 없는 도를 장애합니다.

---

200) 4제(四諦)의 고제(苦諦)와 집제(集諦)를 말한다.
201) 4제(四諦)의 멸제(滅諦)와 도제(道諦)를 말한다.
202) 범부와 이승 및 보살을 발심수행(發心修行)시키는 망심훈습(妄心熏習)과 청정법(淸淨法)인 진여가 망심에 훈습은 되었지만, 내 몸 안에는 진여가 있는 것을 믿게 하여 열반으로 나아가게 하는 것을 정법훈습(淨法熏習) 혹은 진여훈습(眞如熏習)이라 한다.
203) 염법(染法)이란 정법(淨法)에 대칭되는 말로 번뇌로 오염되어 청정하지 못한 것을 말한다. 염법훈습에는 다음 세 가지 있다. (1) 무명습기(無明習氣)로 무명이 진여를 훈습하여 업식(業識) 내지 분별사식(分別事識)의 망심(妄心)이 형성되는 것을 말한다. (2) 망심훈습(妄心熏習)으로 망심이 무명에 훈습되어 생사[미혹의 세계]의 고(苦)를 나타내게 된다. (3) 망경계훈습(妄境界熏習)으로 식의 대상인 6境[망경계(妄境界)]이 식에 훈습되어 아집과 법집을 증가시켜 크게 한다.

204) 제6지에 들어갈 때는 영단(永斷)됩니다.

이로 말미암아 제6지에서 '두 가지의 어리석음과 그것의 추중을 단멸한다.'고 말합니다.

첫째는 현재 생멸하는 유위법[行]205)의 유전을 관찰하는 어리석음이니, 곧 이 중에서 잡염이 있다고 집착하는 것을 말합니다.206) 일상의 생활에서 모든 유위법에 의한 유전에는 잡염분(雜染分)에 포함되어 생사의 업만 더 짓는다고 생각하기 때문이지요.

둘째는 사성제(四聖諦) 중의 멸제(滅諦)와 도제(道諦)의 청정한 모습만이 현행하기만을 바라는 마음의 어리석음으로207) 곧 이 중에서 청정함이 별도로 있다고 여기어 집착하는 것을 말합니다.

특히 토굴(土窟)이나 독(獨)살림하는 수행자가 분별기와 구생기의 번뇌로 인하여 일어나는 것 때문에 가장 괴로워하는 것과 같습니다. 심지어 어떤 어리석은 수행자는 이러할 때 생각을 잘못하여 '현재의 이 몸, 이 식(識)으로는 청정하지 못하여 도저히 안 된다. 다시 깨끗한 새로운 몸을 받아 시작하자.'는 생각이 들어 그만 스스로 목숨을 버리는 경우가 있습니다.

오직 깨달음 하나만을 바라고 이 산문(山門)에 들어와 수행하다가 그만 자신에게 깨끗한 식[정식(淨識)]만이 작용하기만을 바라

---

204) 앞의 제5지인 난승지(難勝地)에는 4제(四諦)를 관(觀)하기 때문에 두 가지의 잡염과 두 가지의 청정이 있으므로 제6지인 현전지(現前地)의 무염정(無染淨)의 도(道)를 장애한다.

205) 고제(苦諦)와 집제(集諦)의 생멸하는 유위법[行]이다.

206) 고제(苦諦)와 집제(集諦)의 생멸하는 유위법의 유전(流轉)하는 모습을 반연함으로써 장애로 삼는다. 집착이 있으면 곧 잡염(雜染)이기 때문이다.

207) 연기(緣起)의 환멸관(還滅觀)을 장애한다.

다가 자신의 앞가림도 못한 체 고통의 업(業)만 짊어지고는 알 수 없는 곳으로 가는 것을 볼 땐, 같은 길을 가던 도반이었기에 눈물이 납니다.

지난 철에도 친하게 지내던 스님이 무문관(無門關)에서 그렇게 갔다는 소식을 들었습니다.

스님! 어째서 이러한 분은 그러한 길을 택합니까?

네, 항상 무루의 청정한 양상만 취하려고 하기 때문에 형상이 있는 관법(觀法, 相觀)208)이 많이 작용해서 아직 무상관(無相觀, 형상이 없는 관법)에는 잠시도 머물지 못하기 때문입니다.

이러한 장애도 제6현전지에 들어가면 문득 없어집니다.

일곱 번째는 미세한 모습이 현행하는 장애입니다.

이 장애도 제7지인 원행지(遠行地, 深行地 · 深入地 · 深遠地 · 玄妙地)에서는 단멸됩니다. 말하자면 소지장 중에서 구생기의 일부분입니다. 태어남[流轉]과 멸함[還滅]이 별도로 있다고 집착해서 미세한 형상이 현행하는 것209)을 말합니다. 그것은 제7지[遠行地]의 승묘(勝妙)한 무상(無相)의 도를 장애합니다. 제7지에 들어갈 때에 모두를 영단(永斷)할 수 있음으로 그래서 제7지에서는 '두 가지의 어리석음과 그것의 추중을 단멸(斷滅)한다.'고 말합니다.

첫째는 미세한 모습이 현행하는 어리석음이니, 곧 이 중에서 삶[유전]이 있다고 자연스럽게 집착하는 것입니다. 말하자면 유전(流轉)함으로써 미세하게 생겨나는 모습에 집착[취착(取著)]하는 것

---

208) 유상관(有相觀)이다. 즉 후득지(後得智)가 형상이 있는 청정관(淸淨觀)을 짓는다.
209) 생(生)과 멸(滅)의 미세한 양상은 앞의 제6지에서 가리킨 잡염(雜染)과 청정(淸淨)한 구체적인 양상을 말한다.

입니다.

둘째는 순전히 작의(作意)하여 형상이 없는 것[無相]만 구하는 어리석음이니, 곧 이 중에서 멸함[還滅]이 있다고 집착하는 것을 말합니다. 오히려 환멸의 미세한 생(生)의 모습만을 집착하기 때문으로 특히 선지식의 지도(指導)없이 수선(修禪)하면, 『반야심경』 등에서 말씀하는 '무소득(無所得)'을 모르기에 이렇게 되는 경우가 많습니다. 순전히 무상만 작의(作意)해서210) 부지런히 구하더라도 아직 공(空)211) 중에서 형상이 있는 관법[有觀]의 수승한 작용을 일으키지 못하기 때문입니다.

『금강경』 등에서 '무상(無相)의 도리를 알라.'는 가르침은 중생의 수행단계에서는 이 무상의 도리를 깨우친다는 것은 절대로 불가능합니다. 그런데도 법사스님은 법회 때마다 무지렁이 중생을 앉혀놓고는 자신도 잘 모르시면서 '무상! 무상(無相無相)이라!' 고 우레[뇌(雷)]치는 법문은 참으로 아이러니 합니다. 여기서 말씀드리는 '무상의 도리'는 보살이 수행을 하여 무소득(無所得)을 체득한 것으로써 대원경지(大圓鏡智)로 구경위(究竟位)의 성자이어야 합니다. 그러나 범부단계로부터 잘 수행하여 보살위로 수행계위가 올라감으로써 무상관(無相觀)에 의하여 도리를 알아지기 때문에 부지런히 닦고 배워야 합니다.

여덟 번째는 무상의 관법(觀法) 중에서 가행(加行)을 짓게 하는 장애입니다.

제8지인 부동지에서 무상의 도리를 알면, 이러한 장애는 없앱니

---

210) 형상이 없는 것에 대해서만 관심을 기울이는 마음.
211) 무상(無相)의 공리(空理)로 진관(眞觀)을 의미한다.

다. 말하자면 소지장 중에서 구생기의 일부분이지요.

무상관법(無相觀法)이 작용하여 자연적으로 일어나지 않게 하는 것입니다. 앞의 제5지[난승지(難勝地)]에서는 유상관법(有相觀法, 형상이 있는 관법)이 많고 무상관법(형상이 없는 관법)은 적습니다. 곧 앞의 제5지에서는 관법(觀法)하는 마음이 적기 때문에 무상관법이 적다는 뜻입니다.

제6지[現前地]에서는 염(染)과 정(淨)을 관하는 것이 평등함으로 유상관법은 적고 무상관법이 많습니다. 제7지[遠行地] 중에서는 미세한 생(生)과 멸(滅)의 모습이 현행하는 것을 능히 영원히 단멸하기 때문에 무상관법이 비록 항상 상속은 하지만, 자재하지는 못하기 때문에 가행(加行)을 해야만 합니다. 무상관법 중에서 가행이 있기 때문에 아직 자재하게 형상과 국토 등을 마음대로212) 만들거나 나타내지는 못합니다.

이와 같은 가행은 제8지 중에서 무공용[임운(任運), 자연스러움]의 도(道)를 장애합니다. 그러므로 제8지에 들어갈 때에 미리 능히 영단(永斷)합니다. 그것이 영단됨으로써 형상과 국토, 두 가지를 나타내는데 자재함을 증득합니다.

이렇게 됨으로써 제8지에서 '두 가지의 어리석음과 그것의 추중한 업(業)의 장애를 단멸한다.'고 말합니다.

첫째는 무상(無相)의 것에 대해서 노력하여 작용을 억지로 짓고자 하는 어리석음입니다.213)

---

212) 금(金)·은(銀) 등의 형상과 대(大)·소(小)의 국토이다. 곧 형상은 넓은 것[寬]이고 국토는 협소하다[狹]는 의미이다.

213) 『大乘莊嚴經論』(高麗藏 ? ; 大正藏31. p. 603中)에 "佛事無功用 譬如如意寶珠

둘째는 형상에 대해서 자재하려는 어리석음을 말합니다.214) 형상이 있는 것은 색법(色法)으로 장애가 있어 자재하지 못하기 때문이지요. 형상이라는 말에는 우리가 의보(依報)로 받아 살고 있는 국토와 사회와 환경도 포함됩니다.

제8지 이상에서는 순전히 무루도(無漏道)가 자연스럽게 일어나기 때문에 삼계의 번뇌가 영원히 현행하지 않습니다. 그러나 제7식 중의 미세한 소지장만은 아직 현기(現起, 일어남)합니다. 아공(我空)의 지혜와 결과215)가 제7식의 법집에 단단하게 붙어있기 때문입니다.

어째서 그렇겠습니까.

『성유식론소(成唯識論疏)』에서는 말씀하기를 "법집(法執)의 말나(末那)는 그것에 위배되지 않는다."고 하는데, 제8지(地)의 보살지(菩薩地)에서도 무루가 상속은 하지만, 미세한 소지장의 번뇌는 남아 있다는 뜻입니다.

雖復無心 自然能作種種變現 如來亦爾 雖復無功用心 自然能起種種變化(불사(佛事)는 무공용이다. 비유하자면 여의주는 비록 무심하지만 자연스럽게 여러 가지 변화를 나타낼 수 있는 것과 같다. 부처님 역시 그러하다. 공용하는 마음이 없어도 자연스럽게 여러 가지 변화를 일으킬 수 있다)"고 하고, 『大乘止觀法門』(高麗藏 ? ; 大正藏46. p. 654下)에서는 "若心自證 卽是不由功用 而得寂靜(마음이 스스로 증득하면 공용에 따르지 않더라도 적정함을 얻는다)"고 하며, 『華嚴經旨歸』(高麗藏 ? ; 大正藏45. p. 591上)에서는 "如此所現 雖無功用 皆依海印三昧之力 而得顯現(이와 함께 드러나는 것은 비록 공용이 없지만 모두 해인삼매(海印三昧)의 힘에 의하여 顯現한다)"고 하고 있다.

214) 분별상(分別相)을 버리고 임운무공용(任運無功用)한 자재로 곧 무분별자재에 대한 반어(反語)이다.

215) 제6식 아공(我空)의 정체지(正體智)와 후득지(後得智)의 결과는 법집(法執)의 제7식에 위배되지 않기 때문이다.

아홉 번째는 이타행(利他行)을 실천하려고 하지 않는 장애입니다. 소지장 중의 구생기의 일부분을 말하는 것으로 유정을 이롭고 안락하게 하는 일을 부지런히 실천하려 하지 않고, 자신의 이익만을 즐겨 닦는 것입니다. 이러함을 우리는 '소승(小乘)'이라고 말합니다만, 꼭 그렇지 않음은 대승(大乘)을 수행하는 이[수행인]도 반드시 그러하기 때문입니다.

그것은 제9지[선혜지(善慧地)]의 사무애해[四無礙解, 네 가지 걸림 없는 지해(知解)]는 이타(利他)의 법이기 때문에 장애를 받습니다. 제9지에 들어갈 때에 미리 영원히 단멸[永斷]합니다.

그래서 제9지에서는 '두 가지의 어리석음과 그것의 추중한 번뇌를 단멸한다.'고 말합니다.

첫째는 설하신 바의 무량한 법문[의무애해(義無礙解)]과 무량한 명칭[법무애해(法無礙解)]과 문구와 글자와 지혜의 언어[사무애해(詞無礙解)] 등 세 가지를 모두 지니는216) 자재함에 대한 어리석음입니다.

모든 부처님께서 설(說)하신 무량한 법문의 뜻을 모두 지녀서 자재한 것은 온갖 교법의 뜻에 걸림이 없는 지해(知解, 의무애해)입니다. 곧 표현의 대상[所詮]을 모두 지녀 자재한 것입니다. 하나의 뜻 중에서 모든 것의 뜻을 나타내기 때문이지요. 무량한 명칭과 문구와 글자에 대해서도 모두를 지녀 자재하다는 것은, 말하자면 모든 법에 대해서 걸림이 없는 지해[법무애해]입니다.

곧 표현의 주체[能詮]를 모두 지녀서 자재합니다. 하나의 명칭과

---

216) 다라니의 말씀은 삼무애해(三無礙解)를 모두 관통(貫通)하기 때문이다.

문구와 글자 가운데서 모든 것의 명칭과 문구와 글자를 나타내기 때문입니다.

지혜의 언어[혜변(慧辯)]을 모두 지녀 자재하다는 것을 보다 쉽게 말하면, 모든 언어에 통달한 지해[사무애해]를 말하는 것으로 곧 음성이 전전하여 해석하고 인도하는 것[훈석(訓釋)]을 모두 지녀, 삼계의 어떤 곳의 언어나 글자에도 자재하다는 뜻입니다.

하나의 음성 중에서 모든 음성을 나타내기 때문입니다. 곧 부처님께서 하시는 연설은 하나의 말로써 하시지만, 어떠한 중생도 자기네의 말로 들리어 다 알아들을 수 있는 것과 같습니다.

둘째는 변재(辯才)에 자재한 어리석음으로 변재가 자재하다는 것은 법을 듣는 이[者]로 하여금 보다 잘 이해하게 법을 설하는데, 걸림이 없는 지해[知解, 변무애해]입니다.217)

듣는 사람이나 미물(微物) 내지는 영가(靈駕)들까지도 능력[근기]의 적절함을 잘 알고 훌륭하게 말하기 때문입니다. 어리석음이 능히 이 네 가지 자재함을 장애하기 때문에 모두 제9지의 장애에 포함됩니다.

---

217) 무애해(辯無礙解)는 요설무애(樂說無礙) 또는 변무애변(辯無礙辯)이라고도 한다. 무애자재로 바르게 변설하는 지(智)라 하여 변무애해를 다음의 7변(辯)으로 나누기도 한다. 이 7변이라 함은 불·보살이 가지고 있는 뛰어난 7종의 변재(辯才)로서 건질변(捷疾辯=일체법에 무애자재하다.)·이변(利辯=아주 깊고 예리하게 분석하는데 통달함)·부진변(不盡辯=제법의 실상을 설하는데 변재가 무진(無盡)하다)·불가단변(不可斷辯=問難(묻기조차 어려운 것과 토론에 단절하는 일이 없다)·수응변(隨應辯=사람들이 요구하는 대로 설법한다.)·의변(義辯=열반의 깨달음에 도달할 수 있는 이익이 있다고 설함)·일체세간최상변(一切世間最上辯=일체세간 제일의 대승을 설한다.)의 일곱 가지가 그것이다. 또 건변(捷辯)·신변(迅辯)·응변(應辯)·무소(無所)·류변(謬辯)·무단진변(無斷盡辯)이라고도 한다.

열 번째는 모든 법 중에서 아직도 자재함을 얻지 못하게 하는 장애가 있습니다.

소지장 중에서 구생기의 일부분으로 모든 법에 대해서 자재함을 얻지 못하게 하는 것을 말합니다. 그것은 제10지 대법(大法)의 지혜구름218)과 함장(含藏)되어진 다라니문(陀羅尼門)219)과 삼마지문(三摩地門)220) 등과 지혜가 일으키는 신통(神通)을 장애합니다.

제10지에 들어갈 때에 미리 모두를 영단(永斷)합니다. 이로 말미암아 제10지에서는 '두 가지의 어리석음과 그것의 추중을 단멸한다.'고 말합니다.

첫째는 대신통의 어리석음이니, 곧 이 중에서 지혜가 일으키는 모든 대신통(大神通)을 장애하는 것입니다.

둘째는 미세하고 비밀된 것을 깨달아 들어가는221) 어리석음이

---

218) 대법(大法)이란 진여를 의미한다. 진여를 반연하는 지혜는 대운(大雲)과 같아서 대법지운(大法智雲=큰 법의 지혜 구름)이라 말[이름]한다.

219) 부처님과 대보살이 다라니를 통해 중생을 구제하는 방편. 또는 다라니를 염송하여 부처님의 가피를 구하거나 성불을 꾀하는 수행문을 가리킨다. 밀교의 수행문인 진언문(眞言門)을 달리 부르는 말로 밀교경전을 가리키기는 말로도 쓰인다. 다라니는 범어 dhāraṇi의 음역. 혹은 다련니(陀憐尼)라고도 하고, 총지(總持)·능지(能持)·능차(能遮)라고도 의역한다. 불법을 마음속에 간직하여 잊지 않게 하는 힘이다. 또 뛰어난 기억력이라는 의미도 갖고 있다. 총지(總持)란 하나를 기억함으로써 다른 것까지 연상하여 다 기억한다는 뜻이고, 능지(能持)란 여러 선법(善法)을 지니고 있다는 뜻이며, 능차(能遮)란 여러 악법을 능히 막아 준다는 뜻이다.

220) 범어(梵語) samādhi의 음역(音譯)으로 삼매(三昧)라고도 한다. 등지(等持)·정(定)·정정(正定)·정의(正意) 등등으로도 해석한다. 마음이 들뜨고[掉擧] 가라앉음[惛沈]을 여의고 하나의 대상에 집중하는 심리상태로 가지가지 삼매의 차별이 되기 때문에 문(門)이라 한다. 보살이 증득한 삼매는 부처님이 갖춘 무량삼매의 문호(門戶)에 들기 때문에 문(門)이라 한다.

니, 곧 이 중에서 대법(大法)의 지혜구름과 함장(含藏)되어진 다라
니문과 삼마지문을 장애하는 것입니다.

이 지위[法雲地]에서는 총지(總持, 다라니)와 선정(禪定)과 업(業
)에 대해서는 비록 자재함을 얻었지만, 남아 있는 장애가 있기 때
문에 아직은 깨달음의 궁극(窮極, 끝)이라고는 말하지 못합니다.
왜냐하면 아직도 구생기의 미세한 소지장이 남아 있고, 자연적으로
일어나는 번뇌종자가 있기 때문입니다. 우리 대승보살님들의 '일체
중생을 모두 구제하겠다.'는 원력도 임운(任運)의 번뇌종자에 속합니
다. 비로소 금강유정(金剛喩定)이 눈앞에 나타날 때에는 그것 모두
를 눈 깜짝하는 순간에 끊고 여래지(如來地)에 들어갑니다.

이렇게 고찰(考察)해 볼 때에 대단히 어려워 부처님 지위가 되어
야 두 가지의 어리석음과 그것의 추중(麤重) 모두를 단멸하여 업장
을 완전 소멸(消滅)한다고 할 수 있습니다.

첫째는 모든 인식대상[所知境]에 대해서 극히 미세하게 집착하
는 어리석음이니, 곧 이 중에서 미세한 소지장을 말하고, 둘째는
극히 미세하게 장애하는 어리석음으로 곧 이 중에서 모든 것이 자
연적으로 일어나는 번뇌장의 종자로 남아있는 대승보살의 원력(願
力) 등입니다.

그래서 『대승아비달마잡집론(大乘阿毘達磨雜集論)』222)에서는
"보리를 증득할 때에 재빨리 단박에 번뇌장과 소지장을 끊고 아라
한을 이루어 여래가 된다."고 말합니다.

---

221) 『成唯識論疏』 卷10의 末에서 말하기를 "미세(微細)와 비밀(秘密)한 것은 미세와
　　비밀한 것을 장애하기 때문이라"고 말한다.
222) 『大乘阿毘達磨雜集論』 卷14.(高麗藏16. p. 386上).

대열반(大涅槃)과 대보리(大菩提)를 증득하기 때문입니다.

이렇게 대열반과 대보리를 증득하여야만 기도자건 수행자건 간에 업장(業障)의 소지장(所知障)을 완전히 단멸하여 모든 일에 자재함을 얻을 수 있는 것인데, 이러하지 못하고 '업장을 소멸했다.'거나 '업장 모두를 소멸한다.'고 말함은 모두 자신도 어리석어 깨닫거나 알지도 못하면서, 남들도 잘못되게 하는 마설(魔說)이 아닐 수 없습니다.

'어리석어 깨닫지도 알지도 못한다.'는 것은 세속을 버리고 출가하여 1년이고 60년이고 기도하고 수행했다는 스님도 부처님의 진정한 가르침은 공부를 하지 않아서 잘 모르신다는 뜻입니다.

초기불교에 대해 많이 공부하고 깊이 연구하신 어느 스님의 말씀으로 20 ~ 30년간 절에 다닌 신도 분에게 불교에서 가장 많이 말하는 '도(道)가 무어냐?'고 물으면 부처님의 가르침에 대해서는 그만 입이 얼어붙는다고 합니다.

정말 한심한 현실의 수행이고 믿음입니다.

참선수행이나 기도를 오래하신 어른 스님들은 '평상심이 도(道)'라고 말씀은 하시지만, 당신의 상좌나 신도에게는 자세하게 가르치지 않으셨다는 뜻이 아닙니까.

그렇다면 '평상심(平常心)'은 무엇입니까?

'배고플 때 밥숟가락 입에 오면 입 벌려 밥 먹고, 피곤하면 눈감고 잠자는 것이라.' 하신다면, 이놈의 도(道)는 참으로 쉽습니다.

그러나 이 말씀은 우리가 일상(日常)에서 반드시 해야 할 8가지의 수행을 지적한 것입니다. 이를 우리는 8정도(八正道)라 하고, 범어로는 āryāṣṭāṅga-mārga라고 합니다.

우리 중생의 생사윤회의 근본 괴로움인 고(苦)・집(集)・멸(滅)・도(道)를 완전히 해결할 수 있는 길이기도 합니다.

곧 8정도는 욕락(欲樂)과 고행(苦行) 등의 극단을 떠난 중도로 올바른 깨달음[覺]에 인도하기 위한 가장 합리적인 방법입니다. 이 8정도는 중정(中正)・중도(中道)의 완전한 수행법이므로 정도(正道)이고, 성인의 도(道)이기에 성도(聖道)를 8가지로 나누었기에 지(支) 또는 분(分)이라고도 합니다.

맨 먼저 정견(正見)이란, 올바른 견해로 불교의 바른 세계관과 인생관으로서의 인연과 사성제(四聖諦)에 관한 지혜입니다. 이 지혜를 확립하지 못한 자에게는 바른 신앙으로 이끕니다. 또한 우리의 일상에서도 어떤 사업을 하는 경우의 전체적인 계획이나 전망이 정견(正見)에 해당됩니다.

두 번째의 정사유(正思惟)는 바른 의사, 생각, 혹은 결의를 말합니다. 언제나 자기의 입장을 바르게 생각하고 의사(意思)하는 것이지요. 세 번째의 정어(正語)란, 정사유(正思惟) 다음에 생기는 올곧은 언어적 행위입니다. 망어(妄語)・악구(惡口)・양설(兩舌)・기어(綺語)를 하지 않고 진실하게 남을 사랑하며, 융화시키는 유익한 말을 하는 일입니다. 네 번째의 정업(正業)은 정사유 다음에 생기는 신체적 행위입니다. 살생(殺生)・투도(偸盜, 도둑질)・사음(邪淫)을 떠나 생명의 애호(愛護)・시여자선(施與慈善)・성도덕을 지키는 것 등의 선행을 하는 일입니다. 다섯 번째는 정명(正命)으로 바른 생활 내지는 직업입니다. 이것은 바른 직업에 의해 바르게 생활하는 것이며, 일상생활을 규칙적으로 하는 것이기도 합니다. 수면・식사・업무・운동・휴식 등에 있어서 규칙적인 생활을 함으로써 건강이 정진되고 일의 능률도 향상되며, 경제생활과 가정생활이 건전토록 되게 하는 것입니다. 여섯 번째의 정정진(正精進)은 용기를 가지고 바르게 노력하는 것이지요. 이는 이상(理想)을 향해 노력하는 것으로 종교적·윤리적·정치적·경제적·육체건강상의 모든 면의 이상(理想)으로서의 선(善)을 낳고, 증대시키되 이에 어긋나는 악을 줄이고, 제거하도록 노력하는 것을 가리킵니다. 일곱 번째는 정념(正念)입니다. 이는 바른 의식을 가지고 이상과 목적을 언제나 잊지 않는 일입니다. 일상에서는 멍청하지 않는 일이지요. 마지막 여덟 번째의 정정(正定)은 정신통일을 말하며, 구체적으로는 4선정(四禪定)을 가리킵니다. 4선정과 같은 깊은 선정은 우리 범부로는 얻을 수 없다고 하더라도 일상생활에서 마음을 안정시키고 정신을 집중하는 것은 바른 지혜를 얻거나 지혜를 적정하게 활용하기 위해 필요합니다. 그래서 선사(禪師)스님들은 '성성착(惺惺著, 정신이 깨끗하고 또렷하게 깨어 있어야 할 일)하라.'고 합니다.

명경지수(明鏡止水)같이 흐림이 없는 마음과 무념무상(無念無想)과 같은 마음의 상태는 정정(正定)이 진전된 것입니다. 맨 앞의 정견(正見)은 나머지 7가지를 달성하기 위한 목적이기도 합니다. 그리고 8정도는 8가지 항목이지만, 이것은 하나의 성도(聖道)를 이루는 각 부분이며, 이 여덟 가지는 일체로서 유기적으로 결합되어 있기 때문에 별개가 아닙니다. 8정도를 계(戒)·정(定)·혜(慧)의 불교의 삼학(三學)과 관계 지으면 정견과 정사유(正思惟)는 지혜고, 정어(正語)·정업(正業)·정명(正命)은 계율이며, 정정진(正精進)은 3학(三學)에 공통이며, 정념(正念)과 정정(正定)은 정(定)과 관계지울 수 있습니다. 곧 부처님의 최초 법문 가운데서 이것을 말씀하셨으며, 사성제(四聖諦)와 12연기(緣起)와 함께 불교의 근본교의(根本教義)가 됩니다. 또한 이 8정도는 중생을 고통세계인 이곳에서 안락한 세계인 피안(彼岸, utopia)으로 건네주는 힘을 가지고 있어 배[船]나 벌(筏,뗏목)로 비유하여 8도(八道)의 선팔벌(船八筏)이라 하고, 또 차륜(車輪, 차바퀴)의 폭과 각(殼, 타이어) • 망(輞, 타이어 휠)이 하나가 되어 차가 움직이는 것에 비유하여 8륜(八輪)이라고도 할 수 있습니다. 이에 반하여 사견(邪見,삿된 견해) • 사사(邪思, 삿된 뜻) • 사어(邪語,삿된 말) • 사업(邪業,삿된 행위) • 사명(邪命. 삿된 직업) • 사정진(邪精進),삿된 것에 노력함, 곧 점이나 굿 등) • 사념(思念,삿된 생각) • 사정(邪定,삿됨에 빠져 있음, 무당, 점쟁이, 타종교인 등)의 8가지를 8사(八邪) • 8사행(八邪行)이라 합니다. 이러한 8정도를 수행하여야 생사윤회를 벗어날 수 있지 그렇지 않으면 불가능합니다.

또한 '본성(本性)'이라는 말은 우리에게 선악의 마음은 물론이고 무기심(無記心)도 일어나지 않는 아라한지위의 청정무구(淸淨無垢, amala)한 마음입니다. 그런데도 중생들은 온갖 허망한 분별과 전도(顚倒)된 관념의 집착으로 배어져[훈습(熏習)]있기 때문에 이를 깨달아 없애는 것, 곧 우리의 본성의 지혜를 활발발(活撥撥)하게 작용시켜 널리 회향하는 행위가 업장소멸이지, 그저 '옴 살마못자 모지 사다야 사바하'라는 참회진언(懺悔眞言)이나 염송하면 업장소멸이 되는 것이 아님을 아시고, 이토록 대단히 어렵고 힘들지만 꼭 해야 합니다.

업장소멸! 지금 당장 시작하고 안하는 것이 별로 차이가 없는 것 같이 생각되어 보이지만, 바로 고개를 옆으로 돌리는 순간에 천지가 벌어집니다. 그러니 어찌 무쇠로 주조(鑄造)된 소가 강을 건너고, 석녀가 아이를 낳는 것을 보지 않으려 합니까?

4. 자기에 대한 점검, 항상해야만 합니다.

그러니 기도는 자신의 현실이 급박할 때에만 하는 것이 아니고 일상에서 자기가 현재 어떠한 것을 분별하는지, 또 어떤 희론(戱論)으로 훈습되어진 것이 작용[현행]하고 있는지, 어떤 것을 집착(執著)하고 있는지 자신의 심·의·식을 점검하고 관찰하며, 잠시도 산란심(散亂心) 없이 믿음의 대상에 온 몸과 마음을 기우려[전주(專住)] 생활하는 것입니다. 곧 본인의 현재 생활이 도(道)이고 성불의 길이지, 이 순간 바로 여기를 벗어난 다른 데에 도가 있거나 부처의 길이 있다고 생각하면 아주 잘못된 생각입니다. 그래서 자신의 마음이 어째서 일어나고 머물며, 달라지고 멸하는지를 살펴야 하고, 무엇 때문에 자신의 몸은 생·노·병·사하며, 우주라는 태양계는 어찌하여 성(成)·주(住)·괴(壞)·공(空)하는지 그 원리를 참구(參究)해야만 합니다.

자신의 마음이 일어나[生] 머물다가[住], 변하여[異] 없어지는[滅] 것도 모르는 상태에서 기도하거나, 선수행(禪修行) 등을 하는 것은 어떤 사람을 사랑하는데, 그 사람이 어디에 살고 무엇을 하며, 이름은 무엇인지, 또 몸매는 잘 생겼는지 못 생겼는지, 마음은 잘 쓰는지 못쓰는지 조차 전혀 모르면서 '사랑'한다고 말하는 것과 같은 이치입니다.

그래서 먼저 자신의 마음이 작용하는 것과 현재 자신의 환경부터 반드시 알아야 하는데, 우리 중생들은 그러하질 못한 것이 큰 탈입니다.

　범부는 자신의 삶이 수학의 사인곡선(sine a curved line ; a cu-rve)과 같다는 것을 모른다는 말씀입니다. 현재 자기의 환경이 잘 나아가면 '이 행복 영원하기를' 바라는 마음과 '영원할 것이라'는 착각으로 해해거리며 방정을 떨고, 자신의 형편이 아주 어려우면 온갖 죽는 시늉을 다 냅니다. 자신의 이숙업이 초감(招感)하여 잘 나아가는 것은 곡선이 상한(上限)의 정점(頂點)에 올라 있을 때이고, 죽을 맛이 날 때는 최저(最低)인 하한점(下限點)에 내려 있을 때인데, 이를 잘 모릅니다. 상한점에서는 곧바로 죽을 맛이 나는 하한점을 향한 내리막길로 미끄러지고 있다는 것과 아주 어려운 하한점에서는 지금 바로 형편이 좋아질 것이라는 것은 생각하지 않고 기고만장(氣高萬丈)하거나 풀이 죽고, 기가 죽어 있습니다. 그래서 누구나 급경사(急傾斜)의 상승곡선을 그려 앞으로도 계속 잘 살기만을 바란다면 항상 자기 점검을 하여 기도하고 수행하면서 좋은 일 많이 해야 하는데, 잘 나갈 때는 거만심(倨慢心), 죽을 맛이 나는 때는 비만심(卑慢心)이 강력하게 일어나서 못합니다.

　내가 아는 분 중에도 살맛나서 잘 나갈 때는 몇 년 동안 온갖 것 다 하면서 안부전화 한 통 없다가도 아주 어려워지면 그때야 찾아옵니다.

　그러면 저는

저승[幽界]과 이승[今世] 사이의 강가[江邊]
외딴 초막(草幕, 執受) 한 채,
거기의 늙은 중[僧]은 낮밤 없이
저 건너[彼岸]를 향해 목탁(木鐸)을 친다.
또르르 똑,

무위심내기비심(無爲心內起悲心, 진실한 마음인 자비심을 펴소서)

또르르 똑.

한다고 일러 줍니다. 그러면 그 때는 수긍하는 것 같은데, 돌아가면 또 실천이 잘 안 되는 모양입니다.

실천을 제대로 하려면 우리 자신의 마음이 어떻게 일어나고 작용하고 없어지는지를 잘 살펴서 알아야 합니다. '잘 살펴서 알아야 한다.'함은 『화엄경』의 「야마천궁게찬품」에서 말씀하는 "일체유심조(一切唯心造)"의 뜻과 같습니다.

그런데 이 일체유심조라는 진실한 뜻에 대해서도 많은 사람들이 잘못 이해하고 있습니다.

항상 마음[心]에 대한 강조는 불교정신문화에서 보듯이 자칫 육체에 비하여 정신의 우위를 의미하면 절대 잘못된 것입니다. 마음 수행을 하는 사람들은 종종 마음을 육체와 비교해 우위로 여기는 것은 일종의 종(種) 우월주의를 지니고 있는 폐단과 같습니다. 그 예로 선(禪)을 참구하는 사람들은 자주 우리의 육신에 대해서 '아무리 잘 먹이고 잘 가꾸어 주더라도 결국은 자신을 배신한다.'고 말합니다.

사실은 몸과 마음은 분리되어 결코 따로 인식되어서는 안 된다는 것이 분명함에도 불구하고, 특히 어떤 사람은 "일체유심조(一切唯心造)"라는 주체적 삶의 표현을 문자적으로 해석함으로서 일어나는 오류를 범하고 있다는 말씀입니다. 결코 살아있는 현재의 우리 마음은 몸을 떠나 어디 따로 의지하거나 존재할 수 없질 않습니까. 분명한 것은 몸은 마음이 의지하는 곳이고, 몸과 마음은 고

정되어 머무르지 않고 서로 관계하여 계속 변하고 있다는 사실입니다. 몸과 마음, 양쪽 모두 오직 지금 이 순간의 현존만이 있을 뿐이지요. 곧 『반야경전』에서 말하는 개공(皆空)하기에 무소득(無所得)과 같습니다.

그럼에도 불구하고 마음만의 수양을 강조하며 일체유심조의 왜곡된 이해는 몸에 대한 잘못된 인식과 더불어 자신도 모르게 '마음주의'에 빠지게 됩니다. '마음주의'라는 것은 현재와 미래의 과학시대에는 과학이 이 세상의 모든 것을 다 해결해 줄 것으로 착각하면서 과학을 일종의 종교로써 받아들이고 있는 '과학주의자(scientism ; almighty)'처럼 불자 중에 마음이 또 하나의 고정된 이데올로기가 되어 버림으로써 관념적으로 마음에만 집착하는 경우입니다. 마음주의에 빠진 이들은 마음에 머무르며, 무조건 마음만을 강조하면서 몸에 대한 무관심과 더불어 마음만으로 다 되는 것처럼 잘못 판단하여 생각하는 병폐입니다. 그러니 우리의 현재의 몸, 곧 항상 환화공신(幻化空身)으로 존재하는 몸이 법신(法身)이니, 이 몸을 떠나서 상신(常身)이나 법신을 구하지 말라는 것입니다. 만약에 이 육신을 떠나서 따로 상신(常身)과 법신을 구한다면, 미륵보살(彌勒菩薩)의 궁전에 앉아서 도솔천에 태어나기를 원하는 것과 같고, 서울의 시청광장에서 서울이 어디 있는가를 찾는 것과 같은 격입니다.

누구나 상신(常身)과 법신을 보고파 한다면, 지금 바로 자신이 행주좌와한 곳을 향하여 실컷 보아서 끝내 버려야만 비로소 얻는 것이지, 행주좌와 하는 일상(日常)의 작용을 버리고 따로 상신과 법신을 구한다면, 문득 귀신의 굴속에서 살 수 있는 방법을 계교하는 것과 같습니다. 이런 까닭으로 말하건대 잠꼬대 같은 생각과 소리는 하지 마십시오.

이를 즉설(卽說)로 표현하면 허망한 현재의 몸과 마음으로 깨닫는 깨달음, 그 자체도 허망한 것임을 아셔야 한다는 것입니다. 그래야 '무소득'의 진실한 뜻을 알 수 있습니다.

마음 쪽에서 볼 때 우리 중생이 일으키는 5식[223]은 잠깐씩 단절함[間斷]이 있어 상속의 뜻은 없지만, 그러나 등류심(等流心)[224]으로 이어지면 상속합니다.

등류심의 5식은 제6의식의 결정심(決定心)과 승경(勝境)과 비승경(非勝境),[225] 그리고 6식의 염정심(染淨心)과 작의(作意)의 5가지 마음[五心]이 됩니다.

이러한 5심(心)은 객관의 대상을 인식할 때 일어나는 다섯 가지의 마음으로 여기에는 솔이심(率爾心) • 심구심(尋求心) • 결정심(決定心) • 염정심(染淨心) • 등류심(等流心)이 있습니다.

솔이심은 처음 대상에 작용하는 찰나의 마음이고, 심구심은 대상이 무엇인지를 알려고 추구하는 마음이며, 결정심은 대상이 어떤 것이라고 결정하는 마음입니다. 염정심은 대상을 결정한 후에 선심(善心)이나 악심(惡心) 등을 일으키는 것이고, 등류심은 잡염심 혹은 청정심이 찰나 찰나에도 변하거나 잠시도 끊어지지 않고 같

---

223) 안(眼)·이(耳)·비(鼻)·설(舌)·신(身)의 5가지' 식을 말한다.
224) 객관의 대상을 인식할 때 일어나는 다섯 가지의 마음[솔이심·심구심·결정심·염정심·등류심] 중의 하나, 등류심은 잡염심과 청정심이 찰나 찰나에 상속해서 같은 마음으로 계속되는 것을 말한다.
225) 5식이 어떤 증승(增勝)한 대상과 접촉했을 때 순간적으로 일어나는 마음이 정식(淨識)일 때를 승경(勝境)이라 하고, 염식(染識)일 때를 비승경(非勝境)이라 한다.

은 마음으로 계속되는 마음입니다.

이 다섯 가지 마음[5심]의 세력에 의해 이끌려 생겨나면 인식대상인 미남이나, 미녀의 얼굴이나 몸매[용모(容貌)]에 집중해서 주목하는 것과 같이 안식과 의식의 두 식을 능히 버릴 수 없는 순간에서 어째서 많은 생각이 상속한다고 인정하지 않을 수 있겠습니까.

이러하기 때문에 『유가사지론(瑜伽師地論)』 권1(高麗藏15, p. 467中) 「유심유사지(有尋有伺地)」에서는 말하기를 "결정심 이후에는 바야흐로 염정심이 있고, 그 다음에는 등류심의 안식이 있어서 선(善)과 불선(不善)으로 전전(展轉)한다."고 설(說)합니다.

그런데 안식(眼識)은 자신의 판별력에만 의지하는 것은 아닙니다. 우리 중생은 안식(眼識)뿐만 아니라 나아가서는 감각기관 모두가 판별은 하지만, 대상을 사실 그대로 완전히 파악하지는 못합니다.

더욱이 마음의 뜻[心地, 意]이 다른 대상[境]에 나아가지 않을 때는 그곳의 시간을 경유해서 안식과 의식의 두 가지 식은 혹 선(善)이나 혹은 잡염(雜染)으로 함께 상속해서 전전합니다. 안식이 생겨나는 것과 같으며, 신식(身識)에 이르기까지 그러합니다.

이것의 의미는 반드시 시간을 경과해도 안식과 의식의 두 식이 함께 상속하여 전전(展轉)한다는 뜻입니다.

이미 안식이 작용하고 있을 때에는 의식이 없는 것이 아닙니다. 그러므로 안식과 의식은 서로 상속해서 생기는 것이 아니지요. 만약 강력한 대상[경계]이 상속하고 현전하여 몸과 마음을 바짝 조이고, 빼앗아서 잠시라도 버리지 못할 때의 5식신(五識身)[226]은 반드시 상속합니다. 마치 열지옥(熱地獄, 화탕지옥)과 희망천(戱忘天, 희망염천(戱忘念天))과 같습니다. 여기서 희망천이라는 것은 욕계 6천(天)227) 중의 네 번째로 이 하늘의 무리들은 항상 시시덕거리며, 웃느라고 8정도(八正道) 중의 정념(正念)을 잃어버려서 그 하늘에 떨어졌기 때문에 희망천이라고 합니다.

우리의 세간에서는 '웃음은 건강에 참 좋으니 많이 웃어라.'는 말을 따라 히죽히죽 자꾸 웃으면 바른 기억[정념]을 상실합니다.

그래서 『유가사지론』 권52(高麗藏15, p. 910上) 「오식신상응지의지(五識身相應地意地)」에서는 말하기를 "만약 이 6식을 저 6식의 등무간연(等無間緣)228)으로 삼으면, 곧 시설(施設)해서 의근(意根)이라고 말해야 한다."고 합니다. 만약 5식의 전후 찰나에 반드시 의식만 존재한다고 생각하면, 『유가사지론』 권52(高麗藏15, p. 910

---

226) 이 5식신은 두 가지로 해석할 수가 있다. 첫째는 승경염정(勝境染淨)과 등류(等流)이고, 나머지는 승경(勝境)을 솔이심(率爾心)으로 볼 수가 있다.

227) 욕계의 6 하늘로 사왕천(四王天)·도리천(忉利天)·야마천(夜摩天)·도솔천(兜率天)·화락천(化樂天)·타화자재천(他化自在天)을 가리킨다.

228) 범어 samanantara-pratyaya로 네 가지의 연[四緣] 중의 하나이다. 심왕과 심소가 전념(前念)과 후념(後念)으로 옮겨 변할 때에, 전념에 없어진 마음이 길을 열어 후(後)에 생겨나는 마음을 이끌어 일으키는 원인이 되는 것을 말한다. 곧 불교에서는 두 마음이 함께 일어난다고 하지 않는 것은 마치 두 사람이 함께 외나무다리를 건널 때와 같은 것으로 비유한다. 전념이 식의 영역[識域]에서 떠나서 그 위치를 주지 않으면 후념도 생길 수가 없다. 전념과 후념의 심왕과 심소의 수(數)는 설사 많거나 적거나 같지 않더라도, 그 주체는 전후가 평등하여 하나이므로 등(等)이라 하고, 후념은 전념과의 사이에 설사 얼마의 시간이 경과한다 하더라도 다른 마음이 그 사이를 뜨게 하지 않고 곧 생기므로 무간(無間)이라 한다. 이 등무간연은 심법에만 국한되고 다른 법에는 통하지 않는다. 또 아라한이 열반에 들려는 최후심(最後心)의 심왕(心王)과 심소(心所)를 제외하고는 모든 마음의 작용은 반드시 이 관계를 가지는 것이라 한다.

上)「五識身相應地意地」에서는 마땅히 이렇게 말씀해야 할 것입니다.

"만약 이 하나의 의식을 저 6식의 등무간연으로 삼거나 혹은 거기서 만약 이 6식을 저 하나의 의식의 등무간연(等無間緣)으로 삼는다."

라고 해야만 합니다.

이미 그러하지 않기 때문에 5식은 상속하는 경우도 있다는 것을 아셔야 합니다.

5식이 일어날 때에는 반드시 의식이 있어서 능히 다음 찰나의 의식을 일어나게끔 이끄는 것이지, 무엇 때문에 다른 5식을 빌려서 개도의(開導依)[229]로 삼겠습니까. 이를 물과 파도에 비유하면 파도는 물에 의지하여 일어나는 것은 현재의 바람에 의해 일어나는 것으로 다른 바람에 의지하지 않는다는 것입니다. 또 파도는 일어날 때보다도 일어나지 않을 때가 많다는 의미이기도 합니다. 이 말은 5식은 일어날 때 보다는 단절될 때가 많다는 의미도 있습니다.

무심위(無心位)의 수면(睡眠)과 민절(悶絶) 등의 상태에서는 의식이 단절되어 없습니다. 또 멸진정이나 무상정(無想定)의 두 선정에서도 의식은 일어나지 않습니다. 이후에 수면이나 민절 그리고

---

229) 인연의(因緣依)·증상연의(增上緣依) 등과 더불어 3종소의(三種所依) 중의 하나. 등무간연의(等無間緣依)·개도근(開導根) 등이라고도 한다. 뒤에 생기는 식별작용(識別作用)이 의지하는 곳. 곧 먼저 생긴 마음이 길을 열어 뒤에 생기는 심왕과 심소를 인도하는 것. 이것에는 여러 이설(異說)이 있다. 『성유식론』에 따르면 "등무간연의란 전에 멸한 의(意)로 모든 심왕과 심소가 모두 이것에 의지한다. 개도근이 없으면 결코 생기지 못하기 때문이라"고 한다.

선정에서 다시 일어나거나, 삼매에서 나오는 출정(出定)일 때는 장식(藏識)과 말나식은 항상 상속하고 있기 때문에 역시 6식이 개도의가 되어 출정(出定)하게 됩니다(합니다). 곧 근본식에 의지(依止)한다는 뜻입니다. 그것이 전 찰나의 자기부류를 이용해 열고 인도한다[開導]고 말하면, 5식의 자기부류[自類]도 그러하다고 인정하지 않을 수가 없습니다.

만약 참선이나 기도의 삼매에서 나올 때 장식이나 말나식이 없어서 현행[작용]하지 않는다면, 선정 혹은 기도는 그대로 계속되어 수행자는 삼매로부터 영원히 나올 수가 없습니다.

만약 이러한 마음의 작용과 상태도 모르고 '참선이나 기도로 삼매에 들었다.'고 말한다면 그것은 삼매가 어떤 것인지도 모른다는 소리입니다. 왜냐하면 선정으로부터 출정할 때는 반드시 촉의 심소에 의해 나오는데, 선정자는 세 가지의 촉[부동촉(不動觸) · 무상촉(無想觸) · 무소유촉(無所有觸)] 중의 하나의 촉으로 삼매로부터 출정(出定)합니다. 이 세 가지 중에서 어느 촉심소(觸心所)로 출정한 것이냐에 따라 얻어진 지혜도 차이가 있습니다. 만약 부동촉에 의해 출정할 경우에는 유식의 5가지 지혜[유식5지(唯識五智)] 중 평등성지(平等性智)와 상응하는 말나식이 처음 일어날 때에는 반드시 제6의식에 의지한다는 것을 압니다. 이 말의 뜻을 모르고 혼매(惛昧)230)하다면 삼매의 근처에도 가지 못했다는 것입니다.

제6의식이라는 것은 세제일법(世第一法)으로 유루(有漏) 2공(二空, 아공과 법공)의 제6식을 말합니다. 이것은 취(取)하고, 집착[着]

---

230) 어둡고 어리석어서 사리를 잘 모름.

할 바의 네 종류의 법231) 가운데 오직 자기 마음이 변한 모습을 보이는 것으로서 가유실무(假有實無)232)하다는 것을 아는 동시에 취하고, 집착[著]하는 식상(識上)의 네 가지의 법도 내면의 식[內識]을 떠나서는 참다운 존재가 아님을 깨달아 아는 의식이지요. 이것 역시 6식을 사용해서 개도의로 삼습니다.

또한 대원경지(大圓鏡智)와 함께하는 제8청정무구식(第八淸淨無垢識)은 처음에는 반드시 제6식과 제7식의 방편에 이끌려서 생겨납니다. 또한 이숙심(異熟心)233)은 염오(染汚)의 말나식[意]으로 구유의에 의지합니다.

혹은 "비원(悲願, 6식과 7식의 2智)과 상응하는 선심에 의지한다."고 『섭대승론(攝大乘論)』 권3(高麗藏17, p.180上) 「알아야 할 의지처의 뛰어남과 뛰어난 말[所知依殊勝殊勝語]」에서는 말씀하고 있습니다. 이미 이러하기에 반드시 제8식은 제6식과 제7식으로써 개도의(開導依)로 삼는다는 것을 알아야만 합니다.

5식은 전 찰나의 6식의 범위 내에서 따르기에 어떤 식을 사용하

---

231) 유식의 가행위(加行位)에서 닦는 제법의 명(名)·의(義)·자성(自性)·차별(差別)의 4가지 법이다.

232) 존재하는 모든 것[有]은 인연의 화합으로 이루어져 있는 것으로 실체는 존재하지 않는다는 뜻이다. 곧 자기 자신의 독립적인 실체가 없는 것으로 가유(假有)라고 한다. 가(假)란 임시적으로 인연에 의해 화합된 것으로 무자성(無自性) 등의 뜻을 내포하고 있다. 유(有)뿐만 아니라 인연의 조건에 의하여 발생하고 소멸하는 모든 것은 가(假)의 뜻으로 성립된다. 곧 연기의 세계에서는 무(無) 또한 가무(假無)이다. 이것은 주로 [中觀派]·[三論宗]·[天台宗] 등 반야 사상에 근거한 공(空) 관계의 여러 종파에서 내세우는 학설이다.

233) 유루(有漏)인 중생 본인의 신체를 처음부터 끝까지 굳게 고집하여 유지하며, 외부의 감각작용을 빠지거나[闕(궐)] 분별없이 능히 받아드리는 마음이다.

더라도 개도의로 삼습니다. 제6의식은 전 찰나(前刹那)의 자기부류
나 혹은 5무심위(無心位) 이후의 제7식과 제8식을 사용하여 개도의
로 삼습니다. 제7말나식은 전 찰나의 자기부류[自類]나 혹은 제6식
으로 최초의 무루위(無漏位)를 사용하여 개도의로 삼습니다.

아타나식(阿陀那識, 청정무구식(淸淨無垢識))은 전 찰나의 자기
부류와 제6식과 제7식을 개도의로 삼는데, 이것은 대원경지가 처음
으로 일어날 때와 또 중생이 몸을 받아 태어날 때의 지위[受生位]
와도 같습니다.

개도의란, 유체(有體)의 소연(所緣)을 인식대상으로 갖는 법[有
緣法] 즉 능연(能緣)의 작용이 있는 것이 아니면 개도의가 되어 심
왕과 심소를 이끌어 생겨나게[引生] 할 수가 없습니다.

이것은 곧 심법(心法) 이외의 색법(色法)이나 불상응행법(不相應
行法) 또 무위법(無爲法) 등은 개도의가 될 수 없다는 뜻이기도 합
니다. 인식대상이 있는 법이 주체가 되어 자재력이 있어야만, 마음
[心]을 이끌어 생겨나게[引生] 하는 개도의가 될 수 있다는 뜻이지
요.

능히 등무간연(等無間緣)으로 이것은 다른 종류의 식, 타인의 식,
뒤 시기[後時]의 심왕을 앞 시기[前時]의 심왕에 배대한 것으로 같
은 시기[俱時]의 심왕과 심소라고 주장하는 이론을 비판한 것입니
다.

그래서 개도의라 함은 유체(有體)의 인식대상을 갖는 법[有所緣]
234)과 위주(爲主)235)와 등무간연(等無間緣)의 세 가지의 뜻을 갖춘

234) 심식(心識)을 유소연(有所緣), 심식 이외의 것을 무소연(無所緣)이라 한다. 소연
(所緣)이라는 말은 안식(眼識)은 물질[色]에 이식(耳識)은 소리[聲]에 대하는 것

다는 의미입니다.

이것은 뒤의 시기[後時]에 생겨나는 심왕과 심소법을 위해 열어서 피하고[開避彼路], 이끌어서 통[引導令生]하게 함으로써 개도의라고 말합니다. 이것은 다만 심왕에만 속하고 심소에는 이런 작용이나 능력이 없습니다.

만약 앞생각[前念]의 심왕과 뒷생각[後念]의 심왕과 심소가 같이 일어나는 뜻이 없다고 말하는 견해를 논파한 것으로 다른 종류의 식이 같이 일어나는 뜻이 없는데도, 만약 다른 종류의 식이 개도의가 있어서 같이 일어난다고 하면, 다른 종류의 식은 개도의가 없어야 하는 것으로 쌍비(雙非)236)가 됩니다.

앞생각[前念]의 안식은 뒷생각[後念] 안식의 심왕과 심소에 대하여 개도력(開導力)이 있음도 알아야 합니다.

묻습니다.

스님은 일신(一身)에 여덟 가지 식이 이미 같이 일어난다는 것은 수용한다면서, 어째서 다른 부류의 여덟 가지 식을 개도의로 삼는다고 말씀합니까?

네, 대답해 드리겠습니다.

만약 서로가 개도의로 삼지 않는다면, 여덟 가지의 식은 같이 일

처럼 심식이 반연하는 경계를 말한다. 심식은 반드시 소연이 있기 때문에 유소연(有所緣)이라 한다.

235) 의지하는 주체로, 마음 안의 6처(處)에 국한할 때 사용하는 말이다. 결정(決定)·유경(有境)·위주(爲主)·취자소연(取自所緣)의 4가지 조건을 구비하는 데에는 구유(俱有)의 소의가 된다.

236) 4구(四句)를 분별할 때 세 4구(句)의 제 1도 비(非)요, 제 2구(句)도 비(非)라는 것을 말한다. 혹은 쌍망(雙亡)이라고도 한다.

어나지 않습니다. 그렇게 되면 문득 소승의 [설일체유부]237)에서 "심왕은 같이 일어나지 않는다."고 말하는 논리와 같아집니다.

우리의 어리석은 생각으로는 앞생각[前念]이 먼저 자리를 비켜 주어야만 뒷생각[後念]이 일어날 수 있다고 생각하지만, 사실은 그렇지 않습니다. 이미 후념(後念), 곧 8가지 식의 심왕과 심소가 작용하여 앞생각[前念]의 식을 밀어내고 있는데, 범부인 우리는 미세하고 둔하게 일어나는 마음[식]을 감지하지 못할 뿐입니다.

또한 일신(一身) 중에서 모든 식이 같이 일어남이 다소 시간적으로는 일정하지 않더라도 서로 등무간연이 되는 것을 인정한다면, 색법 등도 그러해야 합니다. 그래서 『섭대승론』에서는 "색법에도 역시 등무간연이 있어서 수용한다."고 말씀한 것은 수순하기도 하고 부정하기도 하는 말입니다. 소승에서 "신체와 마음[色·心]이 전후하여 등무간연이 된다."고 말한 것은 가정적인 것을 따르기 때문에 인연을 부정하는 것이지요. 이러한 것을 종합적으로 판단하면, 8가지 식은 오직 자기부류[自類]의 식으로만 개도의(開導依)로 삼는다는 것을 알 수 있습니다.

---

237) 범어 sarvāstivādih의 번역으로 소승 20부파 중의 하나. 성근본설일체유부聖根本說一切有部·살바다부(薩婆多部)·설인부(說因部)·인론선상좌부(因論先上座部)·일체어언부(一切語言部)·유부(有部) 등이라고도 한다. 불멸 후 300년경(BC 344~245) 가다연니자(迦多衍尼子)가 새 교리를 주장함에 대하여 구풍(舊風)의 상좌(上座)들이 설산에 있으면서 설산부(雪山部)를 세움에 마침내 가다연니자를 중심으로 한 부파를 이루어 설일체유부라 불렀다. 이 부파는 아공법유(我空法有)의 삼세실유,법체항유(三世實有,法體恒有)의 뜻을 세우고 일체법을 5위 75법으로 건립하였다. 소승 20부파 중 가장 뛰어났다. 『大毘婆沙論』·『發智論』·『六足論』 등은 설일체유부의 교리를 서술한 것이며, 『阿毘達磨俱舍論』 역시 이 교리를 밝히고 있다

비록 심왕과 심소는 감수·표상[이미지 : image] 등의 다른 종류[異類]로서 나란히 일어나기는 하지만, 이러함도 서로 상응합니다. 화합해서 하나인 것에 비슷하거나 같게 되고 반드시 함께 생멸하는 것은 하는 일이 반드시 같기 때문입니다. 하나가 개도할 때에는 다른 심소(心所)도 또한 개도(開導)합니다. 그렇게 전전해서는 심왕과 심소가 등무간연을 만듭니다. 심소 역시 심왕과 심소가 등무간연을 만들지요. 그래서 '전전(展轉)'이라고 말합니다.

저의 견해는 모든 식이 다 그렇다는 것은 아니니 확정하지는 마십시오. 그래서 모든 심소가 개도의는 아니므로 이끌려 생겨난 것에 대해서는 따르는 것[종(從)]이기에 주체적이기는 하지만 확정된 뜻은 아닙니다.

만약 심왕과 심소의 등무간연은 각기 오직 자기 종류[自類]뿐이라고 말한다면, 제7식과 제8식이 처음 전의할 때에 상응하는 믿음[信]의 심소 등의 연(緣, 6식의 분별연)은 문득 없게 됩니다. 그러면 곧 진리의 말씀에서 "모든 심왕과 심소는 네 가지 연[四緣]에 의해 생겨난다."고 말씀한 것에 어긋나게 됩니다.

선정의 삼매와 무심의 극수면(極睡眠, 깊은 잠)과 민절(悶絶, 기절) 등의 상태에서 의식은 비록 끊어지지만, 이후에 털고 일어날 때에 그것의 개도의는 곧 처음 있었던 자기 종류의 식(識)이라는 것은 곧 선정에 들어갔다가 출정할 때에 자기 부류의 식으로써 개도의(開導依)를 삼는다는 말입니다.

앞에서 말씀드린 '출정(出定)할 때의 촉심소(觸心所)'에 대한 보충 설명도 이러합니다.

단절이 많은 5식도 제6식으로써 의(意)를 삼는다는 것도 같은 뜻

[同法]입니다. 그래서 자기 부류의 심왕이 중간에서 간격이 조금도 없는 것을 무간(無間)238)이라 합니다.

그것이 과거에 멸한 때에는 이미 지금의 식에서도 개도가 되는 것은 과거는 없기 때문이고, 현재는 통과하는 순간이기 때문인데, 현재에 머문다는 것은 장차 멸할 때에 이미 개도의가 되고 있다는 의미입니다.

그래서 『금강경』의 「일체동관분(一切同觀分)제18」 뒷부분에서 "수보리야! 과거심도 있을[얻을] 수 없고, 현재심도 있을[얻을] 수 없으며, 미래심도 있을[얻을] 수 없다."고 하는 말씀도 어떤 순간에도 뒤의 식을 개도하기 때문에 찰나의 순간에도 확정적인 마음은 있을 수 없다는 뜻이라는 것을 알고 기도를 해야 올바른 자기에 대한 점검이 됩니다.

옛날 중국의 덕산(德山)스님이 『금강경』을 다 안다고 자부하고 다니다가 떡을 파는 노파에게 한 방 맞고, 다시 용담(龍潭)스님을 찾았다가 움씬 두들겨 맞은 이유도 망심(妄心)조차도 멸하여 다 없어지면, 진(眞) 또한 공하여 곧바로 보리를 증득하여 등급(等級)을 초월하게 된다는 사실을 몰랐기 때문입니다. 곧 망심(妄心)이 없으면 진심(眞心) 또한 없다는 사실인데, 사람들은 망심을 제거하여 진심을 찾으려고 끙끙거립니다. 참으로 헛수고만 하고 있지요.

이러한데 어찌 다른 부류[異類]를 번거롭게 개도의로 삼는다고 말하겠습니까.

---

238) 무간(無間)이란, 동일(同一)의 식이 상속하여 곧바로 이루어지는 것과 같은 것을 말한다. 즉 전(前)과 후(後)의 시간적인 간격은 비록 있을지라도 같은 식이나 업이 바뀌지 않고 그대로 유지된다는 의미다.

그래서 '전6식이 서로 이끌어 내며, 혹은 제7식과 제8식은 제6식과 제7식에 의지해서 생겨난다.'고 말한 것은 모두 뛰어난 증상연(增上緣)에 의거해서 말한 것이지, 등무간연(等無間緣)의 측면에서 말한 것은 아닙니다.

『유가사지론』권85「섭사분(攝事分)」에서는 "만약 제8식과 잠깐의 간격도 없이 모든 8가지 식이 반드시 생겨난다."고 말씀한 것은 이것을 저것의 등무간연을 삼는다는 말씀입니다.

또한 6식을 기준해서 이 6식을 저 6식의 등무간연으로 삼는다면, 곧 이것을 기준해서 말하는 것은 말은 총체적으로 하지만 뜻은 개별적입니다. 왜냐하면 말은 총체적으로 6식에 두루하고, 뜻은 별도로 6식의 자기 종류를 각각 배대[相望]하기 때문입니다.

그러므로 자기 부류를 의지처[개도의]로 삼는다고 말한 것은 성인의 가르침이나 올바른 논리에 충분히 계합되니 이러쿵저러쿵 어지러운 분별은 하지 마십시오.

만약 이에 대해서 어떤 분이든 간에 이의(異義)가 있으시다면 얼마든지 토론해 드릴 수도 있습니다.

이유는 『유식삼십송』의 제5게송에서 "의피전연피(依彼轉緣彼)"라고 말씀하기 때문입니다.

이 말은 '제7말나식은 제8아뢰야식에 의지하고 반연해서 유전(流轉)한다.'는 말로 인연과 증상연을 나타냅니다. 이 제7식의 의지처와 인식대상은 제8식임을 의미하는 것이지요. 인연과 증상연의 의지처는 수승한 작용이 있기 때문인데, 이러함은 함께하는 의지처는 서로 가까움으로써 종자를 직접 생겨나게 하므로 개도의가 된다는 뜻입니다.

　제7말나식인 의(意)의 의지처[所依]는 이러하지만, 인식의 대상[所緣]은 참으로 묘연(渺然)합니다.

　스님! 그렇다면 인식대상은 어떻게 알아야 합니까?

　네, 『유식삼십송』의 제5게송에서는 "연피(緣彼, 그것을 반연한다.)"라고 한 것에서 "그것[彼]"이라는 말은 곧 앞에서 말한 제7식의 의지처인 제8식을 가리키는 것으로 이 제7식은 저 제8아뢰야식의 견분(見分)을 반연한다는 뜻입니다.

　색법 등의 종자는 식온(識蘊)이 아니기 때문에 『유가사지론』권52(高麗藏15, p. 916上) 「오식신상응지의지(五識身相應地意地)」에서 말씀한 것처럼 종자는 참다운 존재[實有]입니다. 종자가 허망한 존재라면 존재하지 않는 것과 같아서 인연이 성립하지 않아야 된다는 것인데, 만약 이것의 종자가 허망한 것[假]이라면 현행하는 법을 배대하여도 마땅히 인연이 되지 않아야 하는 것은 무법(無法, 없는 것)과 같습니다.

　또한 이 제7식과 함께하는 아견[薩迦耶見]은 자연적이고 한 종류로 항상 상속해서 생겨납니다. 어찌 별도로 분별의 자아와 아소(我所)가 일어난다고 집착함을 용납하겠습니까.

　저는 자아와 아소(我所)에 대한 집착을 아집(我執)이라 말합니다. 이러한 아집은 모두가 무상(無常)한 5취온(五取蘊)의 모습을 망령되게 집착해서 자아로 삼은 것입니다. 모든 온(蘊, 쌓임, 무더기)의 모습은 연(緣)을 따라 생겨나기 때문에 허깨비와 같은 것이지만 존재는 합니다. 망령되게 집착한 자아는 제멋대로 계탁한 것이기 때문에 그래서 실재(實在)하는 것이 아닙니다.

　스님! 묻습니다.

실체(實體)의 자아[實我]가 없다면, 어떻게 예전의 일을 기억하고 모든 인식대상[境界]을 식별하며, 책을 읽으면 문장 속에 들어 있는 내용[文史]을 알며, 자신이 받은 은혜에 대해서는 갚으려 하고, 타인으로부터 받은 피해에 대해서는 원한을 품는 등의 일이 있을 수 있습니까?

답합니다.

모든 유정(有情)들은 각기 근본식[제8식]이 있어서 한 가지[一類]로 상속하고 종자를 임지(任持)합니다. 일곱 가지의 전식[七轉識]이 모든 법[一切法]과 함께 서로 원인이 되어 훈습하는 힘에 의해 새로운 종자가 생겨나는 등 이와 같이 기억하고 식별합니다.

이 말은 7가지 전식은 서로 원인이 되므로 기억하고 식별하는 등의 작용을 한다는 의미입니다.

스님! 다시 더 묻겠습니다.

만약 실아(實我)가 없다면 누가 업(業)을 짓고, 누가 과보를 받습니까?

답합니다.

여러 부파의 외도[소승]들과 타종교인은 "집착하고 있는 실아는 이미 변역(變易)이 없다."고 말하기 때문에 비유하면 허공(虛空) 등의 6무위(六無爲)와 같은데. 어찌 업을 짓고 과보를 받는다는 것입니까?

그대는 허공이 업을 짓고 과보를 받는다는 말씀을 들어 본 일이 있습니까?

우리는 변역을 하고 있다는 것을 알고 있으면, 응당 무상(無常)한 것이어서 실아(實我, 참된 자아)가 아니지 않습니까. 무상한 것을 어찌 실아[참된 나]라고 할 수 있습니까.

모든 유정들은 심왕과 심소법에 의한 인연의 세력[因緣力]이 상속하기 때문에 단절됨이 없어서 여러 가지 업(業)을 짓고 그에 상응하는 과보를 반드시 받는 괴로움이 있습니다.

또다시 묻겠습니다.

자아가 실재(實在)하지 않는다면 뭣이 생사하는 데서 여러 갈래로 윤회하고, 누가 생사(生死)의 고통을 싫어해서 출가하고 열반을 찾고 구합니까?

네, 대답해 드립니다.

집착된 바의 "실체의 자아는 이미 생멸이 없다."고 샹캬학파(수론학파(數論學派), 바이세시카) 등의 외도들은 말하였으니, 어떻게 생사에 윤회한다고 말할 수 있습니까. 그들의 주장이나 그대의 생각처럼 '항상하다'면 앞에서 말씀드린 바와 같이 고통에게 괴롭힘을 당하지 않는 존재가 어떻게 괴로움을 극히 싫어해서 생사를 벗어나려 하고, 열반을 찾고 구하겠습니까.

그러니 유정의 무리[중생들]는 몸과 마음이 상속하면 번뇌[惑]와 업(業)과 고통[苦]의 세력 때문에 여러 갈래의 세계로 윤회합니다.

고통을 싫어하기 때문에 열반을 찾고 구하질 않습니까.

만약 실체의 자아가 있다면, 중생은 항상 중생성품의 자아이기 때문에 언제나 성불을 못하는 중생이어야만 합니다. 그래서 고정된 '실아(實我)는 존재하지 않기 때문에 성불(成佛)할 수 있다.'고 뚝 잘라 말합니다.

제가 상속한다고 말한 뜻은 앞의 법이 멸하면 뒤의 법이 생겨나서 원인과 결과로 상속한다는 의미입니다. 허망한 훈습으로 말미암아 같거나 비슷한 자아[사아(似我)]의 모습으로 사현(似現)[239] 하는 것인데, 무지한 범부는 망령되게 집착한 것을 자아로 삼습니다.

왜냐하면 우리의 주체적인 본래의 마음[見分]은 아득한 옛날부터 종자가 한 종류로 상속하여 상주함[常]과 한 종류인 것[一]에 가깝기 때문이고, 항상 모든 법의 의지처가 되었기 때문에 그렇습니다.

제7식은 오직 제8식만을 집착해서 자기 내면의 자아[自內我]로 삼음으로써 용어의 편리함을 따라서 나의 소유[내 것, 아소(我所)]라고 여깁니다. 혹 제7식은 제8식의 나[가아(假我)]의 나[계탁(計度)하는 바의 자아]라고 집착합니다. 집착하는 바의 자아(ātman)는 상일주재성(常一主宰性)의 존재이어야만 합니다.

말나식의 측면에서 볼 때는 아뢰야식은 아득한 옛날부터 끊임없이 상속되었기 때문에 상일(常一)한 것으로 착각하고, 7전식(轉識)을 비롯하여 모든 현상적 존재가 그것을 근본적인 의지처로 인식함으로써 주재(主宰)한 것으로 여깁니다만 잘못된 판단[오류(誤謬)]입니다.

그러므로 하나의 견분에 대하여 사실적으로 보면, 다만 말나식의 네 가지 번뇌 중의 아견(我見)인데, 아(我)와 아소(我所)의 뜻으로

---

239) 대상과 같거나 비슷하게 나타나는 뜻으로 사현(似現, pratibhāsa)을 현현(顯現)·변사(變似)라고도 하며, 심(心)이 인식대상을 닮은 형상을 띠는 작용을 말한다. 범어 pratibhāsa는 원래 물에 비친 달 등의 영상(影像)을 의미하는 용어였는데, 유식학에서는 마음속에 나타난 사물의 영상 또는 주체적인 쪽으로는 인식작용을 의미한다.

는 두 가지로 말할 수 있습니다.

초지보살(初地菩薩, 견도) 이전 단계의 범부나 수행자인, 곧 이승 (二乘)인 성문이나 연각이 유학(有學) 등의 지위로서 전의를 이루 지 못한[未轉依] 상태에서는 오직 아뢰야식(阿賴耶識, 藏識)만을 반연하고, 견도(見道)하여 전의(轉依)를 이룬 후에는 역시 진여 및 다른 다섯 가지의 무위법240)도 반연합니다. 즉 미세망념(微細妄念) 을 다 여의게 되면, 승발도(勝拔道)로써 모든 것의 생상(生相)이 다 끊어져서 묘유(妙有)의 정훈습(淨熏習)241)을 받는다는 의미입니다.

평등성지(平等性智)는 열 가지 평등성[평등성의 지혜]을 증득합 니다.

이 말의 뜻은 곧 모든 상[諸相]과 증상(增上)과 희애(喜愛)와 나 아가서는 10가지 바라밀을 잘 닦으면, 헤아릴 수 없는 공덕이 심어 져 구경에 이르게 된다는 뜻입니다. 모든 10지 보살은 중생들이 이 해하는 근기의 차이를 알아서 갖가지 부처님의 모습인 불영상(佛

---

240) 단멸해야 할 법이 아닌 것(非所斷)을 말한다. 곧 무루법(無漏法)이기 때문에 견 도위(見道位)나 수도위(修道位)에서 단멸해야 하는 법이 아니라는 것이다. 곧 6 무위(無爲) 중 진여를 제외한 허공(虛空)·택멸(擇滅)·비택멸(非擇滅)·부동(不動)· 상수멸(想受滅)의 5가지' 무위법을 가리킨다.

241) 진여가 무명을 훈습하는 것으로 훈습하는 인연세력에 의하여 망심으로 인한 생 사의 고통을 싫어하고 열반을 구하기를 좋아한다. 이러한 인연에 의하여 스스로 자신의 본 성품을 믿어서 마음이 망령되게 움직일 뿐 다른 경계가 없음을 알고, 망념을 멀리 여의는 방편으로 수순하여 법을 닦아 집착하지도 않고 잘못 생각하 지도 아니하며, 나아가서는 오랫동안 훈습하는 세력에 의해 무명이 곧 없어지게 된다. 무명이 멸했기 때문에 마음에 일어나는 것이 없고, 마음이 일어나지 않으 니 대상도 또한 멸하여 일어나지 않는다. 이렇게 직접적인 원인과 간접적인 원 인이 멸하여 심상(心相)이 다 없어지니 텅 빈 거울 속에 아무 것도 비추어 지는 것이 없는 것과 같다.

影像)으로 타수용신(他受用身)242)을 나타내 보이기도 합니다.

여기서는 아직 전의를 이루지 못한[未轉依] 시기의 지위로 우리 범부에 관한 것이므로 다만 제7식은 제8식의 장식만을 반연합니다. 깨달음[무루(無漏)]과 미혹[유루(有漏)]이 통합되어 깨달음과 국집(局執, 미혹)이 함께 있다는 논리입니다.

무아와 자아의 경계가 두루함[무아(無我)]과 두루하지를 못함[자아(自我)]이 있기 때문이지요.

스님! 묻습니다.

어째서 이 식은 내 자신의 의지처만을 반연(攀緣)합니까?

네, 다음 찰나(剎那)의 제6식이 앞 찰나의 제6식[등무간의 의근(意根)]을 반연함은 앞 찰나의 등무간연의 의근(意根)이 있기 때문입니다. 이미 이것의 의지처이므로 역시 인식대상[所緣]이 되기 때문이지요.

스님! 그렇다면 제7말나식의 자성[自證分]과 행상[見分]은 어떤 것입니까?

네, 이에 대해서 『유식삼십송』 제5게송[思量爲性相]의 마지막 구(句)에서는 "사량(思量, 사리를 이리저리 궁리하여 헤아리는 것)하는 것을 체성(體性)243)과 행상(行相)244)으로 삼는다."고 말합니

---

242) 다른 이를 교화하기 위하여 이타(利他)하는 편에서 활동하는 불신(佛身). 자증(自證)하여 얻은 법락(法樂)을 자기가 수용하는 것을 자수용신(自受用身)이라 함에 대하여 다른 이로 하여금 그 법락을 수용시키기 위해 나타나는 불신(佛身)을 일컫는다.

243) 물질 고유의 본질을 체(體)라 하고, 그 본체의 성품이 고쳐지거나 변화하지 않는 것을 성(性)이라 한다.

244) 여기서는 심식의 각자 고유한 성능을 의미한다.

다.

　앞에서도 여러 번 말씀드렸지만, 제7말나식은 사량하는 것을 자성으로 삼고, 또 사량함으로써 행상으로 삼는다는 뜻입니다. 능히 사리(事理)를 생각해서 헤아리는 것을 '말나(末那)'라고 합니다. 전의를 이루지 못한 지위[미전의(未轉依)]에서는 항상 살펴서 집착된 자아의 모습[염오(染汚)]을 사량하고, 이미 전의를 이룬 지위에서도 살펴서 무아(無我)의 모습[청정한 양상]도 사량하기 때문에 무루에도 통합니다. 이 말은 제7말나식에 염오(染汚)만 있는 것이 아니고, 청정(淸淨)함도 함께 작용한다는 뜻이기도 합니다.

　염오(染汚)와 청정(淸淨), 양쪽으로 다 말하면 항상 네 가지 번뇌[아치 • 아견 • 아만 • 아애]와 어울려 함께 하고, 아울러 5변행심소(五遍行心所, 촉(觸) • 작의(作意) • 수(受) • 상(想) • 사(思))와도 상응합니다.

　스님! 그렇다면 우리 중생의 말나식과 상응하는 심소는 몇 가지나 됩니까?

　네, 염오(染汚) 쪽으로는 네 가지 번뇌와 항상 함께합니다.

　'함께 한다'는 말은 곧 상응한다는 것을 나타낸 뜻이고, 상응한다는 말은 서로가 평등하게 화합하여 작용한다는 뜻입니다.

　우리 중생들은 사랑하고 싶고, 사랑하기 때문에 남녀가 결혼합니다. 결혼을 하고 보니 장점 보다는 단점이 많이 보이는 것도 4가지 번뇌 때문입니다. 이 번뇌 때문에 다시 다른 사람을 찾아 눈을 돌리거나, 마음을 돌리면 어리석은 업을 짓습니다. 만약 결혼한 후에도 계속 좋다고 생각하면 참으로 멍청한 사람이고, '그래 그렇지'라고 여기면 약간은 깨달은 사람입니다.

또 아내 쪽에서 남편을 볼 때 밖에 나가 장사를 하던 정치를 하던 사회사업을 하던 무엇을 하든지 간에 하는 짓이 어린애 같고, 멍청해 보이기에 적극적이든 형식적이든 도와줍니다. 여기서도 남편이 만약 훌륭한 사람으로 보여 홀딱한 상태라면 대단히 우둔한 아내입니다.

아득한 옛날부터 아직 전의를 이루지 못한 우리 범부의 지위[미전의위(未轉依位)]에 이르기까지 이 말나식은 자연적으로 항상 장식(藏識, 無沒識, 아뢰야식)의 견분을 반연하고, 네 가지 근본번뇌와도 상응합니다.

스님! 네 가지 근본번뇌란 어떤 것입니까?

앞에서도 많이 말씀드린 아치(我癡, 무명)와 아견(我見)과 아만(我慢)과 아애(我愛)의 심소입니다.

아치(我癡)는 곧 무명(無明)입니다.

자아의 양상에 대해 어리석어 무아의 도리에 미혹하기 때문에 아치라고 말합니다. 아치(ātmamoha)란, 무아의 도리를 모르기에 '무명'입니다. 이 무명에 대하여는 근본불교시대부터의 가르침으로는 사성제(四聖諦) • 12연기(緣起) 등에 대한 이치[진리]를 모르는 것으로 이러한 도리를 실제 몸소 철저하게 깨닫지 못하고, 그냥 헤아려 이해만 하여 연역법(演繹法)이나 귀납법(歸納法)으로 추론(推論)하여 확인하는 것도 무아의 이치에 미혹한 상태입니다.

이렇게 미혹한 것은 근본무명(根本無明)으로 이것은 항상 제7말나식과 더불어 상응합니다. 또 불교의 『반야경전』인 『금강경』 등에서 말하는 4상(四相) 가운데서 '아상(我相)이 있다.'라는 말의 뜻이 바로 어리석음을 뜻합니다.

그래서 『금강경』 등에서 말하는 '아상(무명)'은 4가지 마음 , 곧
직심(直心)과 발행심(發行心)과 심심(深心)과 보리심(菩提心)에 머
물면서 6바라밀행을 수행하고, 그 마음을 항복시켜야 상(相)에 집
착하지 않게 되는 것이지, 이 방법 외에는 다른 길은 없습니다. 특
히 아상(我相)을 끊는 4가지 마음 중에서 보리심이란, 세속의 헤아
릴 수 없는 많은 번뇌를 끊고 한량없는 부처님의 가르침을 닦아
익히고, 무량한 중생을 다 구제하기를 바라는 서원(誓願)을 실천하
여 무상보리(無上菩提)를 얻는 길이 보리심입니다.

아견이란, 아집(我執)을 말하는 것으로 자아가 아닌 법에 대해서
망령되게 계탁하여 자아로 삼는 것을 말합니다. 즉 아견(ātmadsṛṣṭ
I)은 5온으로 가화합(假和合)된 자기의 허망한 몸을 실체의 자아(ā
tman)로 착각하여 집착하는 것으로 살가야견(薩迦耶見, satkāya-dṛṣṭi:有
身見)이라고도 말합니다.

말나식이 아뢰야식을 대상으로, 의식이 5취온(五取蘊)을 대상으
로 해서 자아로 착각하여 아(我)와 아소(我所, 내꺼)로 삼아 집착하
는 번뇌입니다.

아만(我慢)이란, 거만하고 방자[거오(倨傲)]함입니다.

집착하고 있는 자아를 믿어 심왕(心王)으로 하여금 높이 들어 올려
거만하고 방자하기 때문에 아만245)이라 합니다.

아애란, 아탐(我貪)을 말합니다. 집착하고 있는 자아에 대해서

---

245) 아만(ātmamāna)의 심소는 아견에 의해 설정된 자아를 의지처[所依]로 해서 자
　　기의 위상(位相)을 부풀려 타인에 대하여 우월감을 갖는 것이다. 부파불교시대
　　(部派佛敎時代)때부터 계속하여 설해졌는데, 이것은 오취온(五趣蘊)에 의해 아
　　(我)와 아소(我所)를 삼아 상대에 대한 거만심이다

심왕이 깊이 탐착(貪著)을 일으키기 때문에 갖가지 고통을 야기하는 원인이고, 또 삶과 죽음의 공포도 부추기는 근본원인이 되기에 아애(我愛)246)라고도 합니다. 이 아애가 강한 사람은 다음 세상에는 아귀세계(餓鬼世界)로 많이 갑니다.

어째서 일까요.

아애의 마음은 아무리 채우고 채워도 만족해지질 않는 것이 범부의 아탐(我貪, 我愛)심소입니다.

이 네 가지 번뇌는 언제나 차례대로 일어납니다. 아치가 일어남을 따라서 아견 → 아만 → 아애의 순서대로 번뇌가 생겨나고 함께 차례대로 멸하기에 괴롭습니다. 제8식과 제7식을 어지럽혀서 안으로는 마음을 혼탁하게 하고, 밖으로는 전식(轉識, 전6식)을 항상 잡염(雜染)되게 합니다. 유정은 이 번뇌로 말미암아 생사에 윤회케 되어 능히 벗어나지 못하므로 번뇌의 전(纏, 얽어 감은 줄)이라고도 말합니다.

스님! 어째서 이 말나식에는 다른 심소와 상응하는 5별경심소[욕구(欲)·승해(勝解)·염(念)·정(定)·혜(慧)]는 없습니까?

네, 욕구의 심소는 이루지 못한 일을 희망하는 것인데, 이 식은 이루어진 대상[境]만을 자연스럽게 반연하므로 희망하는 것이 없습니다. 그래서 욕구[欲]의 심소는 없습니다.

승해(勝解)의 심소는 일찍이 결정되지 아니한 대상[境]을 분명하

---

246) 아애(ātmasneha)는 허망하게 가립(假立)된 존재에 대한 애착으로 인해 무지(無知)함이다. 그래서 모든 고통에 대한 원인이 되어 자살 등의 동기의 근본원인이 되기도 한다. 말나식의 아만과 아애의 두 법은 아견과 함께 일어남을 나타낸 것이고, 아애는 아만과 함께 일어남을 나타낸 것이다.

게 지니려고 애를 쓰는 것인데, 이 식은 아득한 옛날부터 일정한 것을 항상 반연하고, 분명히 지니는 바가 있습니다. 그래서 승해의 심소는 없습니다.

염(念, 기억)의 심소는 예전[과거]에 익힌 것[소습사(所習事)]을 확실하게 기억하는 것인데, 이 식은 항상 현재에 받아들인 대상[境]만을 반연하고, 과거는 기억하는 바가 없습니다. 그래서 염[기억]의 심소는 없습니다.

정(定, 집중)의 심소는 오직 심왕을 붙잡아서 하나의 대상[一境]에 기울이는데, 이 식은 자연히 찰나마다 다른 대상을 반연하고, 하나의 대상에 집중하지 않습니다. 그래서 정[집중]의 심소는 없습니다.

혜(慧)의 심소는 곧 아견과 같습니다. 여기서의 혜는 참다운 지혜만이 아니고 힐혜(詰慧)247)도 있습니다.

선(善)의 심소는 청정한 것이기 때문에 이 식과는 어울릴 수 없기 때문에 없습니다.

수번뇌(隨煩惱)가 생겨나는 것은 반드시 번뇌에 의해 전후의 단계[分位]를 구별해서 건립하면, 이 식은 4가지 번뇌와 함께하므로 전후의 찰나에 한 종류로 유지되어 분위[위치]가 변해지는 성질이 없기 때문에 이 식과 함께 하는 수번뇌심소는 없습니다.

오작(惡作, 뉘우침)의 심소는 예전에 지은 업을 후회하는 것인데, 이 식은 자연히 항상 현재의 대상만을 반연하기에 이전의 업을 후회하지 않습니다. 그래서 뉘우침의 심소는 없습니다.

---

247) 세속 범부의 알음알이로 바르지 못한 지혜도 있지만 바른 지혜도 있다.

수면(睡眠)의 심소는 반드시 신체와 마음[內緣]이 깊은 어두움과 외부의 여러 연[衆緣]의 세력에 의해서 때때로 잠시 일어납니다. 그런데 이 식은 아득한 옛날부터 한 종류로 내부에만 집착하기 때문에 외부의 연은 의뢰하지 않습니다. 그래서 수면의 심소는 없습니다.

심구[尋]와 사찰[伺]의 심소는 함께 감각기관[外門]에 반연하여 전전(展轉)합니다. 얕거나 깊게 헤아리고 거칠거나 미세하게 언어를 일으키지요. 그런데 이 식은 오직 내부의 감각기관[內我]에 의지해서 전전하고 한 종류로 자아를 집착하기 때문에 없습니다.

그러므로 염오심은 반드시 8가지 대수번뇌와 함께 상응하여 일어납니다. 8가지 대수번뇌(大隨煩惱)란 혼침(惛沈)과 도거(掉擧)와 불신(不信)과 해태(懈怠)와 방일과 실념(失念)과 산란(散亂)과 부정지(不正知)의 심소라고 앞에서도 말씀드린 바가 있습니다.

실념(失念, 忘念)과 부정지는 삿된 기억[邪念]과 악혜(惡慧, 不正知)로써 자성을 삼음으로써 잡염심(雜染心)에는 두루하지 않습니다. 모든 잡염심은 예전에 받아들인 것을 반연하여 가려서 택하는 것[간택(揀擇)]이 있는 것은 아니기 때문입니다. 만약 무명으로써 자성을 삼을 때는 잡염심에 두루하게 일어납니다.

이러하기에 이 말나식과 함께하는 심소는 18가지가 됩니다. 앞에서 말한 네 가지의 근본번뇌와 다섯 가지의 별경심소(別境心所)로 아홉 가지의 법248)과 여덟 가지의 대수번뇌와 별경(別境)의 혜심소(慧心所)를 합한 것입니다.

---

248) 9가지의 법이란 5별경심소[欲(욕)·勝解(승해)·念(염)·定(정)·慧(혜)]와 오작(惡作)·수면(隨眠)·심구(尋求)·사찰(伺察)의 심소를 가리킨다.

우리 같은 범부들이 갖고 있는 제7말나식은 변행심소의 감수[受] 작용과도 함께합니다.

제7말나식은 아득한 옛날부터 자연적이면서 한 종류로 내적인 면을 반연하여 자아라고 집착하면서, 항상 삼성이 전역(轉易, 굴러서 달라지는)하는 일이 없으므로 달라지는 수[변이수(變異受)] 249)인 고수(苦受)·낙수(樂受)·우수(憂受)·희수(喜受)의 네 가지 감수[受]작용과는 상응하지 않습니다.

스님! 어째서 그런가요?

네, 세친보살의 『유식삼십송』에서 별도로 말하지 않음을 보아 고수(苦受)·낙수(樂受)·우수(憂受)·희수(喜受)의 4가지의 수심소(受心所)와는 상응하지 않는 것으로 볼 수 있습니다.

그래서 이것과 상응하는 것은 오직 즐겁지도 괴롭지도 않는 사수(捨受) 뿐입니다.

아직 전의를 이루지 못한 지위[未轉依位]인 우리 범부는 앞에서 말한 바와 같이 사수(捨受)와 상응합니다. 이미 전의를 이룬 지위 [已轉依位]에서는 21가지 심소와 상응합니다. 이 21가지 심소란 변행(遍行)의 5가지와 별경(別境)의 5가지와 선(善)의 심소 등 11가지입니다. 제8식을 전의(轉依)한 지위에서는 오직 사수(捨受)하고만 상응합니다. 그래서 『유식삼십송』에서는 "상응유사수(相應唯捨受, 오직 사수(捨受)만이 상응한다.)"라고 말합니다.

자연적으로 전전하기 때문이고, 항상 인식대상에 대해서 평등하게 전전(展轉)하기 때문입니다.

---

249) 『大乘阿毘達磨雜集論』에 의하면 고(苦)·락(樂) 등이 시간이나 공간 등에 의하여 변한 결과로 받아들여지는 감수[受]를 말한다.

스님! 그렇다면 우리 범부들이 갖고 있는 말나식과 상응하는 심소의 성품은 어떤 것입니까?

네, 다른 것이 아니고 유부무기(有覆無記)250)입니다.

이 말나식은 상응함으로써 마음이 물들어 집니다. 상응한다는 말은 이미 번뇌로써 심소가 물들었고, 심왕이 물들어서 더럽혀져 있다는 뜻입니다. 마치 솜이나 스펀지에 이미 잉크가 스며들어 있는데 깨끗한 붓이나 펜 등의 필기구를 갖다 대면 잉크가 묻어지는 것과 같습니다.

잡염법(雜染法)이기 때문에 무루의 지혜인 자기의 본마음을 번뇌의 심왕과 심소가 은폐함으로써 유부무기라고 말합니다.

무기(無記)라는 뜻은 선도 아니고, 불선(不善, 악)도 아니라는 뜻입니다. 욕계와 색계[二界]의 모든 번뇌 등이 선정의 힘으로써 갈무리[장(藏)]됨으로써 유부무기(有覆無記)에 포함되는 것처럼 이것과 함께하는 잡염법도 그 의지처는 심왕으로서 제7말나식이므로 이것은 미세하기 때문이고, 자연스럽게 전전하기 때문에 무기(無記)에 포함됩니다.

만약 이미 전의를 하였다면 말할 것도 없이 오직 착한 성품[善性]뿐으로 평등성지(平等性智)를 이룹니다.

그래서 유정[범부]은 자기가 일으킨 번뇌를 따라 그 번뇌에 꼼짝 못하고 매[계박(繫縛)]여서 지배[영향]를 받습니다.

스님! 그렇다면 우리 같은 범부들에게 있는 말나식과 상응하는 심소가 매이는 세상[계지(繫地)]은 어디입니까?

---

250) 선(善)도 아니고 악(惡)도 아니지만, 지혜의 발생을 방해하는 점에서 더러운 것으로 덮여 있는 심소로 전의(轉依)를 못한 우리 중생에게는 누구든지 갖고 있다.

네, 예를 들어 말씀드리겠습니다.

욕계에 태어나면 현행의 말나식과 상응하는 심소는 곧 욕계에서 매이고, 나아가서는 무색계의 비상비비상처(非想非非想處, 有頂天)까지는 자기가 태어난 그 세계에 매입니다.

곧 인간으로부터 유정천(有頂天)까지 자기가 태어난 환경에서 꼼짝 못하고 자기가 일으킨 번뇌의 지배를 받아야 한다는 뜻이지요. 자연스럽게 항상 자기 세상의 아뢰야식[장식(藏識)]을 반연하고 집착해서 내면의 자아로 삼기 때문에 다른 세상이 아니라는 뜻입니다. 그래서 그 세상에서 이숙의 장식을 일으켜 현전하기 때문에 그 세상에 반드시 태어납니다.

만약 어떤 사람이 축생[개 등]과 같은 행으로 살아간다면, 이 사람은 이 세상에서 훈습(熏習)되고 현행하는 종자(種子)로 인해 다음 세상에는 반드시 저 욕계에서 축생[개 등]의 몸을 받아 태어나고, 여기서 성인군자처럼 세상을 살면 다음 세상에는 성인의 세계에 태어납니다.

또 사람들이 자기 집 밖에서 일을 하거나, 혹은 아침에 출근했다가 저녁에 다시 자기 집으로 자연스럽게 돌아가는 것도, 또 수행하는 스님들 역시 바깥의 일을 본 후에 다시 자기 처소로 돌아가는 일들을 우리는 번뇌에 묶인 줄을 모르지만, 사실은 다 자기가 일으킨 번뇌에 꼼짝 못하고 지배를 받고 있는 것입니다.

살아있는 우리가 돌아가신 분들을 위해 7월 보름날[우란분절, 백중]에 천도재(薦度齋)를 올리는 의식(儀式)은 참으로 중요합니다.

돌아가신 영가(靈駕)가 이 욕계의 세상에 계실 때 나와 내 것이라는 번뇌에 묶여 한량없이 욕심을 내어 채우고 채웠지만, 다 채우지 못하고 저 세상(욕심)의 아귀세계 등을 자기 스스로 일으킨 번뇌에 묶여 가서는 지금 고통을 받고 있습니다.

다 부질없는 욕탐(欲貪)의 번뇌 때문이지요.

이 욕탐의 번뇌는 종자(種子)에 의해 일어나고, 일어나기만 하면 또 종자를 만들고, 만들어진 종자는 잘 여물어져 종자로써 보전(保全)되어 하나도 빠뜨리지 않고 창고에 가지런히 물건이 정리·정돈되어 저장되는 것과 같습니다.

이 종자가 내세(來世)에 고통의 업인(業因)입니다.

욕탐의 업인으로 인(因)한 배고픈 세계인 아귀세계!

아귀의 업인(業因)을 지은 이가 가는 세계로 아귀도(餓鬼道)라고도 합니다. 배는 태산(太山) 보다 더 크고, 입은 바늘귀[입]보다 더 적습니다. 그 큰 배에 이렇게 적은 입으로 욕심내어 계속 쉬지 않고 아무리 먹어도 배가 불러 포만감이 느껴지겠습니까. 곧 욕계 등 삼계에서 윤회하는 중생은 바라는 욕탐(欲貪)이 한량없어 욕심을 다 채울 수 없다는 뜻입니다. 또 아귀들이 먹는 음식은 독경이나 염불, 변식진언(變食眞言) 등 없이 그냥 먹으면 모두가 불로 변해서 더 괴롭다고 합니다.

이렇게 고통 받고 있는 상서(上逝, 먼저 돌아가신)의 영가들은 백중 날 자신이 고통 받고 있는 지옥의 문이 열려도 현재의 지옥세계를 벗어나 극락세계 등의 좋은 세계를 가질 못합니다. 마치 집에서 기르는 애완동물은 묶고 있던 목줄을 풀어줘도 더 잘해 줄 수 있는 집으로 도망갈 줄 모르고, 그 자리에 있는 것과 같이 다 자신이 일으킨 욕탐의 지배를 받고 있기 때문입니다. 이러한 영가

들에게 법식(法食)을 차려 대접하고 독경(讀經)과 법문과 시식(施
食)을 하여 망령(亡靈)으로 하여금 서방정토나 천상에 왕생토록 기
원하는 제사(祭祀)가 백중 날 등에서 천도하는 의식(儀式)입니다.
이러한 천도재에 의해서만 아귀세계나 악취(惡趣, 나쁜 세계)에 있
는 영가가 천도됩니다.

우리도 다음 세상에 이렇게 초라한 신세가 되지 않으려면 선업
을 많이 짓는 것도 중요하지만, 욕심을 부리지 않아 스스로 일으킨
번뇌에 묶여 지배를 받지 않아야 합니다.

또 이 세상을 살다가 몸을 바꿀[죽을] 때의 일으키는 마음이 참
으로 중요합니다.

그렇다면 스님! 사람들이 죽을 때 선심(善心)을 일으켜 죽는 것
은 어떠합니까?

네, 말씀드리겠습니다.

어떤 사람이 목숨이 끊어지려고 할 때 스스로 이전에 닦았던 부
처님의 선법(善法)을 기억하거나, 혹은 다른 사람이 그로 하여금
기억하도록 하면, 이러한 인연에 의해서 이때 신(信, 믿음) 등의 선
법(善法)이 마음에 현행하며, 나아가서는 추상(麤想)251)이 현행하
는 것도 같습니다. 만약 세상(細想)252)이 현행할 때는 선심(善心)
이 곧 평등하여 오직 무기심(無記心)에만 머물게 됩니다. 왜냐하면
그는 이때에는 예전에 익혔던 선(善)에 대해서도 기억할 수 없고

---

251) 추상(麤想)이란 사유(死有, 죽음)의 직전에 일어나는 선(善)과 불선
(不善)의 명료하고 강한 의식작용이다.
252) 세상(細想)이란 정사(正死, 죽음)의 전 찰나의 마음으로서 선·악의
법을 기억하지 못하는 무기심(無記心)을 의미한다.

다른 사람도 또한 그로 하여금 기억하도록 할 수 없기 때문입니다.

우리가 이 세상에서의 몸을 바꾼 영가를 위해 『금강경』이나 『아미타경』 등의 경전(經典)을 독경하고, 염불하고, 영가가 일생 동안 참구(參究)했던 화두를 외우는 것도 다 영가로 하여금 부처님의 말씀이나 법을 잊지 않고, 기억토록 하기 위해서 입니다. 우리는 스님들이 열반하시어 영결식을 할 때까지 끊이지 않고 독경(讀經)하고 염불하는 것을 봅니다. 이러함도 다 열반하신 영가(靈駕)로 하여금 번뇌를 일으켜 다른 세상으로 가시지 않기 위해서입니다.

스님! 불선심(不善心, 악심)을 일으켜 죽음을 맞이하면 어떠합니까?

네, 마치 어떤 사람이 목숨이 끊어지려고 할 때 스스로 예전에 익혔던 악법(惡法)을 기억하거나, 혹은 다시 다른 사람이 그로 하여금 기억하도록 하면, 그는 이때 탐욕·진에 등과 함께하는 모든 불선법이 마음에 현행하게 됩니다. 나아가서는 추상(麤想)이나 세상(細想) 등의 생각[想]이 현행하는 것도 앞에서 말씀드린 바와 같습니다.

사람이 선심(善心)을 갖고 죽을 때[死時]는 안락하게 죽는 것이라서, 목숨이 끊어지려고 할 때에 몸을 핍박(逼迫)하는 극히 괴로운 느낌[極苦受]이 없습니다. 악심(惡心)을 갖고 죽을 때는 괴로워하면서 죽는 것이라서, 목숨이 끊어지려고 할 때에 몸을 핍박하는 매우 심한 괴로운 느낌[極重苦受]이 있습니다. 또한 선심을 갖고 죽는 자는 어지럽지 않은 색상(色相)을 보고, 불선심을 갖고 죽는 자는 어지러운 색상(色相)을 봅니다.

스님! 묻습니다.

그렇다면 무기심(無記心)의 죽음은 어떤 것입니까?

네, 곧 선(善)과 불선(不善)을 행한 사람과 혹은 행하지 않은 사람이 목숨이 끊어지려고 할 때, 스스로 기억할 수도 없고 다른 사람도 기억하도록 할 수 없어서, 이때에 선심도 아니고 불선심도 아닌 상태에서 죽으니, 그래서 안락하게 죽는 것도 아니고 괴로워하면서 죽는 것도 아닙니다.

선과 불선을 행한 중생은 목숨이 끊어지려고 할 때, 혹은 자연스럽게 예전에 익혔던 선과 불선을 기억하기도 하고 다른 사람이 기억하게끔 합니다. 그는 이때에 과거에 많이 익혔던 가장 강한 힘에 그 마음이 치우쳐서 기억하고, 그 나머지는 모두 다 잃어버리게 됩니다. 만약 평등을 갖추어서 자주 거듭 익혔던 사람일 경우는 그는 이때에 처음 것을 따라서 스스로 기억하거나, 다른 사람이 기억하도록 하는데, 다른 마음은 일으키지 않고 자주 익혔던 행사심소(行捨心所) 등의 평등심만은 버리지 않습니다.

그는 이때 두 가지 인(因)의 증상력(增上力), 곧 희론(戱論)에 즐겨 집착하는[樂著] 원인인 증상력(增上力, 명언종자의 세력)과 청정함[淨]과 청정하지 않음[不淨]의 업인(業因)에 의한 업종자의 세력 때문에 곧 목숨이 끊어지게 됩니다.

자신의 업이 끌어당긴 과(果)를 다 받고 나서 불선업(不善業)을 행한 사람은 마치 꿈속에서 무량한 종류의 괴상한 물질을 보듯이, 바로 목숨이 끊어지려 할 때는 이전에 지었던 모든 불선업(不善業)에 의해 얻어진 불애과(不愛果)의 전상(前相)을 받습니다. 이전에 지었던 모든 불선업소득(不善業所得)의 불애과(不愛果)에 의하기 때문에 이전에 악(惡)이나 불선업(不善業)을 짓거나, 증장(增長)시킨 적이 있는 이는 목숨이 끊어지려할 때 마치 저무는 해가 산과 산봉우리에 걸려서 가려지고, 거의 가려지기도 하고 아주 가려지는 것과 같다고 합니다. 이와 같은 보특가라(補特伽羅 : ⑤ pudgala, 윤회하는 주체)253)는 밝음[明]에서 어두움[闇]으로 나아갑니다. 만약 이전에 불선업(不善業)의 과(果)를 다 받고 나서, 선(善)을 닦은 이는 위와는 다릅니다. 이러한 보특가라는 어두움에서 밝음으로 나아갑니다. 이전에 불선업(不善業)에 대한 과보를 다 받고 나서 불선(不善)을 닦은 영혼과 선(善)을 닦은 영혼은 목숨이 끊어지려고 할 때, 마치 꿈속에서 무량한 종류의 괴이하지[變怪] 않은 물질을 보고는 가의상(可意相)254)을 일으키기도 합니다.

만약 아주 나쁜 불선업(不善業)을 지은 사람은 이러한 괴이한 상[變怪相]을 보기 때문에, 땀이 흐르고 털이 곤두서고 손발이 떨리며[紛亂], 마침내 똥을 싸면서 허공을 더듬고 눈동자가 뒤집히면서 거품을 내뿜습니다. 그는 이때에 이런 종류의 괴이한 모습을 일으킵니다.

만약 보통의 불선업(不善業)을 지은 사람은 목숨이 끊어지려 할 때 괴이한 모습이 있기도 하고 혹은 없기도 하며, 만약 있더라도 전부 나타나는 것은 아닙니다.

---

253) 보특가라(補特伽羅)는 범어 Pudgala의 음사어[音譯]로서 삭취취(數取趣)라고 의역(意譯)된다. 자주 윤회하면서 6취(趣)의 생을 취한다는 뜻이다. 이는 보통 유정(有情)의 이명(異名)으로 쓰기도 한다.

254) 범어 manojña. 유쾌함. 쾌감을 주는 형상. 마음에 맞게 감지되는 모양. 마음에 드는 모양. 기분 좋은 상태. 『구사론』 권10에 "이것(소리)은 마음에 드는 것과 안 드는 것의 여덟 가지 차이가 있다."라 한다.

또 목숨이 끊어지려 할 때부터 아직 혼미한 상이 나타나지 않을 단계[位]에 이르기까지의 중생들은 오랫동안 익혔던 아애(我愛, 자신의 몸과 마음을 집착하는 것)가 현행합니다. 이 아애의 힘 때문에 '나는 없어져야 한다.'고 말하면서도 곧 자신을 사랑[愛]하니, 이 아애(我愛) 때문에 중유(中有)의 생보(生報)²⁵⁵)가 생깁니다.

또 사람이 선업을 많이 쌓고 죽음을 맞이하면 신체의 아랫부분부터 차가워지기 시작하여 심장에 이르게 되고, 악업을 많이 쌓고 죽음을 맞이하는 사람은 머리부터 식어져 심장에 이르게 되고 심장에 남아있던 산소가 다 소진(消盡)되면, 아뢰야식은 육신을 떠나게 됩니다. 이때를 우리는 '죽음'이라 말하고, 이생의 몸을 바꾸는 분이 어느 세상으로 가는지 우리는 대충 알 수 있습니다.

만약 뇌가 활동하고 심장에 산소가 남아 있는 5분 안에 심폐소생을 하여 살려내면 식물인간의 상태가 됩니다. 이 상태일 때 아뢰야식은 자기가 갈 어두운 곳과 밝은 곳을 두루 체험하고, 갈 곳이 확정되면 이생의 허망한 삶을 마감하고 떠납니다. 이러하기에 범부는 죽음을 두려워하여 이 세상에 오래 남기를 바라는 원초적인 번뇌를 일으키니 삶과 죽음이 동일하다는 것과 함께 화합되어 있음을 모릅니다.

그래서 몸을 바꾸는[죽는] 순간의 마음도 살아 있을 평소 때와 같이 참으로 중요하니 꼭 기억하십시오.

참으로 우리 신라시대의 대안(大安)스님이나 중국의 포대화상

---

255) 중유(中有)의 생보(生報)는 두 가지로 풀이할 수 있다. 첫째는 中有는 즉 생보(生報)라고 해석하는 지업석(持業釋)이며, 둘째는 중유(中有)와 생보(生報)를 다르게 보는 상위석(相違釋)이다.

같이 인간의 원초적인 번뇌는 제외하고 매임이 없었던 분을 생각하여 스스로를 점검해서 번뇌는 빨리 멀리 굴려 버리고[轉捨], 선(善)은 부지런히 닦아야[轉得] 합니다.

　일본의 고야산(高野山) 입구의 어느 절 앞에는 나지막한 다리[橋]가 있고, 이 다리 밑에는 거지가 살았는데, 이 거지는 매일 절에 가 스님의 법문도 듣고 밥도 얻어먹고 '나무묘법연화경'의 염불도 열심히 하면서 살았다고 합니다. 어느 날 밤 그 지방의 부호가 다리를 건너다 소피(所避)가 급하여 다리위에서 시원하게 볼 일을 보는데, 밑에서 무엇이 굼틀거림이 있어 자세히 보니 사람으로 그 거지이었습니다. 부호는 다리 밑으로 내려가 거지에게 정중히 사과하고는 '만약 자네가 나 보다 먼저 죽으면 내가 자네 장사(葬事)를 경건히 치러주겠네.'라고 약속을 했습니다. 그런 후 정말 그 거지가 죽자 그 부호는 약속대로 정중히 장사를 지냈습니다. 그 거지의 시신을 화장을 하니 유골이 옥돌[玉石]처럼 하얗게 빛이 났다고 합니다. '비록 가진 것은 없어 거지로 살았지만, 그 심식(心識)만은 아주 깨끗한 징표라'고 일본에서 포항제철(POSCO)에 출장을 온 어느 기술자가 내가 사는 토굴에 와서 이야기를 합디다.

　스님! 앞에서 말씀한 신라의 원효(元曉)스님 같은 분은 보살인데도 한 곳에 오래 머무셨는데, 그렇다면 원효스님 같은 보살들도 자기가 일으키는 번뇌장에 묶인 것이 아닙니까?

　아닙니다.

　원효스님은 부분적으로 청정한256) 원력(願力)의 보살로서 모든

---

256) 원만하게 청정한 분은 부처님들을, 부분적으로 청정한 분은 보살[승보(僧寶)]을 지칭한다.

범부를 왕생시켜야한다는 번뇌장은 고의로 남겨두었지만, 고의로 남겨 둔 번뇌는 원력이기 때문에 지배를 받지 않습니다. 곧 원효스님은 출세도(出世道)의 보살로써 일시적으로 번뇌가 복멸(伏滅)되었기 때문에 '묶였다'고 할 수 없습니다.

그런 반면 소승의 수행자는 중생구제의 원력이 없으므로 '빠르게 원적(圓寂)에 든다.'고 말하는 것이 대승과 소승이 다르다는 것입니다.

염오(染汙)인 말나의 제7식은 제8식에 매[박(縛)]입니다.

'매였다'는 것은 곧 제8식에 소속된다는 뜻으로 제7식을 위해서는 능속(能屬)이 되어 그것을 반연해서 자아로 집착함으로써 곧 그것에 계속(繫屬)되는 것을 '그것에 매여 속한다.'고 말합니다. 혹은 그 세상[장식(藏識)에 의해 태어난 곳]의 모든 번뇌[제7식의] 등과 서로 화합됨으로써 그것에 매이고, 묶여집니다.

그래서 『유식삼십송』의 제7게송에서 "일으키는 세상을 따라 매여진다[수소생소계(隨所生所繫)]."고 말함도 이러한 뜻입니다.

우선 생겨난 것을 제8식과 제7식의 4가지 번뇌를 둘로 나누어 해설하는데, 계(繫)에도 계속(繫屬)과 계박(繫縛)의 두 가지 의미가 있는데, 소생(所生)인 제8식의 경우에는 계속(繫屬)의 의미이고, 제7식은 제8식을 반연함으로 제8식을 소속(所屬), 제7식을 능속(能屬)이라 합니다. 생겨남이 네 가지 번뇌인 경우에는 계박(繫縛)의 의미가 되고, 제7식이 생겨난 4가지 번뇌에 계박되므로 제7식은 묶여지는 객체[소계(所繫)]가 되고, 4번뇌는 묶는 주체[능계(能繫)]가 됩니다.

만약 이미 전의257)를 했다면, 절대로 그곳에 매이지 않습니다.

번뇌가 없어 텅 비어 현행(現行)하는 종자나 훈습(熏習)된 세력이 없는데 어찌 매여지겠습니까.

스님! 아득한 옛적부터 일어나 상속한 염오의 말나식[染汙意]은 우리 같은 범부는 어떤 수행계위[단계]에서 단멸하거나 잠시라도 복멸할 수 있습니까?

네, 아라한(阿羅漢)의 지위에서는 영원히 완전 단멸되어 없고, 멸진정(滅盡定)과 출세도(出世道)의 단계[수행계위]에서는 일시적으로 복멸됩니다.

아라한이란 총체적으로 삼승(三乘)의 무학과(無學果)의 지위를 나타낸 것으로, 이 지위에서는 염오의 말나식은 종자와 현행이 모두 영원히 단멸되었기에 없습니다. 그래서 존재하지 않는다고 말합니다. 마치 허공이 텅 빈 것과 같습니다.

아직 더 닦을 것이 남아있는 유학위(有學位)의 멸진정과 출세도에서도 종자와 현행이 잠시 동안은 조복되고, 복멸(伏滅)되기 때문에 일시적으로는 존재하지 않습니다.

조금 앞에서 말씀드린 원효스님도 또 대승의 많은 보살님들과 스님들도 이러한 지위에 오른 원력의 보살이기 때문이지요.

염오의 말나식은 아득한 옛날부터 미세하고, 한 종류로 자연히 전전(展轉)하기 때문에 모든 유루도(有漏道)258)에서는 능히 조복되

---

257) 초지(初地) 이상의 지상보살(地上菩薩)로 곧 번뇌장을 끊고 수도위에 들어간 수행자를 가리킨다.
258) 사관(史觀) 유루의 6행지(六行智)로 범어(梵語) śasravamārga의 번역이다. 세간도(世間道) 혹은 세속도(世俗道)라고도 하며, 유루의 수도(修道)를 말한다. 삼계의 과보를 가져오는 수행법으로 즉 유루지(有漏智)를 가지고 수행하는 관행(觀行)으로 3계9지(三界九地)에서 무색계 최상지인 비상비비상처(非想非非想處)

거나 단멸되지 않습니다.

그러나 삼승의 무루심이 일어나는 성스러운 수행도[성도(聖道)]
로는 조복하거나, 단멸할 수 있습니다.

대승이 아닌 성문승이나 연각승[이승(二乘)]의 지위에서는 법집
을 복멸할 수 없습니다.

저는 참된 무아의 이치를 아는 것을 무분별진지(無分別眞智)라
고 주장합니다. 아집에 거슬리기[위배(違背)] 때문입니다. 곧 인무
아(人無我)는 인아집(人我執)과는 반대이고, 법무아는 법아집(法我
執)과는 반대되는 뜻이기 때문입니다. 후득지(後得智)의 무루지가
현전할 때에는 인무아와 법무아를 관찰함에 따라 우리가 5분향(五
分香)할 때의 혜향(慧香)으로서 무분별지(無分別智)가 나타나고,
등류(等流)에 이끌리면 그곳259)에 태어나는 것과 같습니다.

이것은 그것의 등류이므로 또한 염오의 뜻과는 반대입니다.

무분별지에도 가행(加行) • 근본(根本) • 후득(後得)의 세 가지의
무분별지260)가 있습니다.

진정으로 무아의 이치를 체득하여 달관(達觀)하는 것과 후득지
는 다 같이 무루지(無漏智)이기 때문에 출세도(出世道)라고 말하
고, 『금강경』의 「구경무아분(究竟無我分)제17」의 뒷부분에서

___

를 제외한 다른 8지(地)의 수혹(修惑)을 끊는 수행도(修行道)를 말한다.
259) 삼계를 벗어난 세상으로 곧 불지(佛地)를 의미한다.
260) 무분별지를 범어로는 nirvikalpa-jñāna 혹은 avikalpa-jñāna라고 한다. 분별을
    여읜 지혜로 보살이 초지(初地, 환희지)에서 견도에 들어갈 때 일체법의 진여를
    반연하고, 능취(能取, 취하는 주체)와 소취(所取, 취해지는 객체)의 차별을 끊으
    며, 대상과 지혜가 하나가 되어 분별이 없는 것을 일컫는다. 가행무분별지는 심
    사(尋伺) 등의 지혜로서 도의 인(因)을 말하고 근본무분별지는 견도의 정체이며,
    후득무분별지는 관지로부터 나온 것으로서 도의 과(果)이다.

도 "수보리야, 어떤 보살이든지 무아법(無我法)을 통달하면 여래
께서는 이 보살을 참다운 보살이라 부른다[名]."라고 하는 뜻도 이
와 같습니다.

왜냐하면 경문의 앞부분에서 세친(世親)보살261)은 물음에 답하
는 형식으로 18주(住)를 건립한 가운데서, 이미 증도시(證道時, 十
住)에 해당할 때에 기뻐서 날뛰는 것을 멀리 여의는 주처로 경문
(經文)의 "운하응주(云何應住) 운하항복기심(云何降伏其心) 등"으
로 11가지를 스스로 거두지를 못하는 장애로 자아[我]가 능히 머물
지 않거나 항복하게 되면, 마음이 기뻐서 들떠 춤을 덩실덩실 추게
되는 것 등이니, 움직이게 되면 스스로를 능히 조용히 거두지를 못
하게 되는 것과 부처님께서 교수해 주시기를 구하는 주처로는 경
문에서 "여래(如來) - 어연등불소(於燃燈佛所) 유법득(有法得) 아
뇩다라삼먁삼보리(阿耨多羅三藐三菩提) 불야(不也) 등"으로 12가
지 교수(教授)해 주심이 없는 장애를 여의는 것으로 초지보살(初地

---

261) 범어 바수반두(vasubandhu). 천친(天親)이라고도 한다. 4~5세기경의 학승으로,
북인도 간다라국 부루사부라[지금의 pesha-war]사람의 바라문족 교시가(嬌尸
迦)의 아들. 처음은 형 무착과 함께 소승의 설일체유부에 출가했으나 무착이 먼
저 대승으로 돌아서다. 이는 국금(國禁)을 범하는 일이어서 무착은 이름을 고치
고 가습미라국으로 들어가 설일체유부의 교의를 배웠다. 무착이 다시 고국에 돌
아와 『대비바사론(大毘婆沙論)』을 강의하여 대승으로 선전하였는데, 세친은 많
은 저술을 하여 대승을 비방하다가 마침내 형의 권유로 대승으로 전향하다. 그
후 아유다국으로 가서 아유다국왕 초일(超日)·신일(新日)의 비호로 대승의 교세를
크게 확장하다가 80세에 그곳에서 입적하다. 저서로는 『구사론』·『금강반야바
라밀론』·『唯識論頌』·『결정장론』·『十地經論』·『攝大乘論釋』·『승사유범천
소문경론』·『佛性論』·『妙法蓮華經優婆提舍』·『無量壽經優婆提舍願生偈』 등
이 있고, 소승과 대승에서 각각 5백부씩 논을 지었다 하여 천부논사(千部論師)라
일컬었다.

菩薩)의 지위에 들어가고자 한다면, 모름지기 부처님의 교수가 필요하기 때문에 부처님을 만난 기회에 얻을 바가 없는 것[무소득]을 얻어 도를 증득하는 것과 증도(證道)의 주처(住處)로는 경문에서 "수보리야(須菩提)! 비여인신장대(譬如人身長大) 수보리언(須菩提言)ᅳ세존(世尊) 여래설인신장대(如來說人身長大) 즉위비대신(卽爲非大身) 시명대신(是名大身) 등"으로 불종성(佛種性)의 지혜를 거두는 것으로 두루한 진여를 증득하여 법신(法身)과 보신(報身)을 이루기 때문에 장대(長大)라고 하는 것입니다.

또 위로는 불지(佛地)를 구하는 주처(住處)로 이 가운데 다시 6종의 구족이 있는데, 그 중의 하나인 국토가 청정해지는 구족이니, 경문의 "아당장엄불토(我當莊嚴佛土) 시불명보살(是不名菩薩) 하이고(何以故) 여래설장엄불토자(如來說莊嚴佛土者) 즉비장엄(卽非莊嚴) 등"으로, 이것은 2지(二地) 이상의 보살을 가르치는 것입니다. 이러한 뜻을 알아야 무아를 통달하고 증득할 수 있는 보살이 됩니다.

이에 대하여 야보도천선사(冶父○禪師)는 스스로 묻고 대답하기를

ᅳ 앞부분 생략. "자아가 있다고 하여도 원래는 무아이니, 추울 때는 불을 피우는 것이요. 무심(無心)은 유심(有心)과 같으니, 밤중에 바늘을 줍는 것과 같다[소 뒷다리로 쥐 잡는다.]. 무심의 도리, 무아의 도리를 분명히 말하였거늘 이러한 도리를 모르는 자는 누구인가?

본시는 무아이었건만 중생을 제도하기 위해 방편으로 자아(自我)를 내세웠으니 추울 때는 부드러운 불을 가히 싫어할 바가 아니고, 안으로는 고목과 같으나 밖으로는 위의(威儀)를 나타내니, 한 밤중에 바늘을 줍는 거와 같다. 무심한 것 같아도 이러한 무심 곁에도 바늘을 주울 수도 있으니, 무지(無知)라고 말할 수 없다. 무아

의 도리를 분명하게 말하였는데, 그러한 도리를 모르는 자 누구이던가?
　우습구나!　뒷부분 생략 -."

　라고 했으니 참으로 분명하여 호쾌합니다.

　멸진정은 이미 성도의 등류로써 극히도 적정한 것은 무루관(無漏觀)이 등류하기 때문이고, 멸진정은 무루지의 결과이기 때문에 마치 열반의 극적정(極寂靜)과 같습니다.

　멸진정의 지위에서도 또한 존재하지 않는다고 말하는 것은 종자는 있으나 조건[緣]이 없거나, 조건이 연결되지 않으면 현행[작용]을 하질 못한다는 뜻입니다.

　이 말의 의미는 아무리 훌륭한 종자가 있으나 간접적인 조건[緣]이 없으면 생겨나질 않는다는 뜻과 같습니다.

　이를 현실의 색법[종자]에 비유하여 쉽게 말하자면 아무리 훌륭한 씨앗이라도 태양[빛]과 수분 등의 조건이 갖추어지지 않는 부뚜막에 그냥 두면 언제나 싹이 트지 않지만, 언제라도 조건만 갖추면 싹이 트는 것과 같습니다.

　아직은 영원히 이것의 종자를 단멸하지 않았기 때문에 멸진정과 출세도에서 일시적으로는 복멸(伏滅)했다고 하더라도 선정 등에서 나오면 또 다시 생겨날 수 있다는 뜻입니다. 멸진정과 성스러운 도[聖道]로부터 일어났을 때를 제외하고는 염오의 말나식은 항상 현행하며, 단멸하지 못하는 지위에서는 몸서리치게 끈질기어 괴롭습니다.

　이 염오의 말나식과 상응하는 번뇌는 선천적인 것이어서 자연적으로 일어나기 때문에 견도를 했더라도 단멸되는 것은 아닙니다.

왜냐하면 자연적으로 일어나기[임운생기(任運生起)] 때문이지요. 이것은 염오성이기 때문에 반드시 계속적으로 여법(如法)한 수행을 하여 단멸해야 할 번뇌입니다.

끊어 없애야 할 법[번뇌]이 아닌 것[비소단(非所斷)]은 곧 무루법이므로 견도위나 수도위에서 단멸해야 하는 법이 아니라는 뜻과는 반대입니다.

극히 미세하기 때문에 3계9지(三界九地) 어디에서나 갖고 있는 제7식의 번뇌종자는 유정천세계(有頂天世界)의 하품 중의 하품인 6식 구생기번뇌와 함께 일시에 단박 끊어지기도 합니다. 이러함은 세력이 같기 때문입니다. 금강유정(金剛喩定)이 현전할 때는 이 종자를 단박에 끊고는 아라한의 성인이 됩니다. 그래서 무학인 아라한의 지위가 되면 영원히 다시는 일어나지 않습니다.

만약 소승의 무학(無學)이 대승으로 회취(廻趣, 전향)하면, 초발심을 할 때부터 성불하지 못한 지위까지도 실제로는 보살이므로 이도 아라한이라고 말하는데, 이는 응공(應供)의 뜻이 있기 때문입니다.

출세도[見道]262)에서도 말나식이 존재하지 않는다고 말했는데, 이는 잡염(雜染)이 없는 의식은 잡염이 있을 때와 같이 반드시 선천적으로 일어나는 제7식[俱生]이고, 다른 것과는 같지 않는 의지처[不共依]가 있어야 하기 때문인데, 나쁜 물이 들지 않은[無染] 제6식은 반드시 구생(俱生)과 불공(不共)된 의지처가 되는 것은 의식(意識)입니다. 잡염이 존재할 때의 의식과 같은 식(識)입니다.

---

262) 생사의 미망(迷妄)을 초월한 도, 곧 견도와 같은 뜻이다.

『유가사지론』 권51(高麗藏15. p. 902上)에서는 "장식(藏識)은 반드시 항상 하나의 식과 같이 전전한다."고 말하는 하나의 식(識)이 바로 말나식입니다. 의식이 일어날 때에는 두 가지가 같이 전전(展轉)하니, 말하자면 의식과 함께하는 식은 말나식과 아뢰야식이라는 뜻입니다.

만약 5식 중에 따르는 하나의 식을 일으킬 때에는 제7식과 제6식 및 5식 중의 하나로 세 가지가 함께 전전합니다.

혹 5식을 단박에 일으킬 때에는 제7식과 제6식 및 5식 모두 일곱 가지가 함께 전전(展轉)하기도 합니다.

만약 어떤 참선수행자가 '멸진정에 있을 때 제7식이 없다.'고 말하면 성문이나 연각의 법집도 없어야 합니다. 그렇다면 청정의 제7식도 없어야 하고요. 그때의 장식은 식과 같이 하는 일이 없어야 하고, 그렇게 되면 반드시 하나의 식과 전전한다는 말씀이 틀린 것이 됩니다. 그렇다면 장식(藏識)은 반드시 어떤 하나의 식과 함께한다는 말에도 어긋나게 됩니다.

의식의 성도(聖道)에 머물 때에 만약 법집과 청정한 제7식이 없다면, 그 때의 장식은 제6식의 무루의 식과 함께해야 합니다.

그렇다면 어떻게 『유가사지론』 권51 「오식신상응지의지」에서는 "의식을 일으킬 때에 장식은 반드시 제6식과 제7식이 같이 전전한다."고 말씀하겠습니까.

『현양성교론(顯揚聖教論)』 권1(高麗藏16. p.3上)에서 말씀하기를 "말나식은 항상 4번뇌[의지하고 높이는 작용]와 상응하고, 혹은 그것의 반대인 전의를 이룬 지위에서는 무루지로 평등한 행(行)과 4가지 번뇌가 다 상응하며, 믿고 높이는 아만(我慢)의 작용[行]

이 아닌 것으로써 작용을 삼는 것을 평등의 작용이라."고 하겠습니까.

그러므로 이 말나식은 잡염(雜染)과 잡염되지 않는[무루, 청정] 양쪽에 다 통한다는 뜻입니다.

만약 『유가사지론』 권63(高麗藏15. p. 1008中)에서 "아라한의 지위에는 염오의가 없다."고 말씀한 것을 의거해서 문득 제7말나식의 본체(本體)가 없다고 말씀하고, 여러 논서에서 "아라한의 지위에서는 장식을 버린다."고 말씀한 것에 의거하면, 곧 제8식[제8식의 體]도 없어야 합니다. 논리는 이미 그러하지 않는데, 이것은 어째서 그러하다고 주장하겠습니까.

또한 『대승장엄론(大乘莊嚴論)』 권3(高麗藏16. p. 868中)에서는 "제7식을 전환하면, 평등성지를 얻는다."고 말씀합니다. 평등성지는 반드시 별도 의지처의 식이 있어야 합니다.

곧 전식득지(轉識得智)263)가 있음으로 해서 나머지 3가지 지혜[三智=성소작지 · 묘관찰지 · 대원경지]도 같습니다.

그것도 성소작지 · 묘관찰지 · 대원경지와 같이 반드시 의지처에 상응하는 청정식이 있어야 합니다. 이 제7식이 없다고 말한다면,

---

263) 현상계의 허망된 식을 진여의 무분별지(無分別智)로 전환시키는 과정이다. 전식득지는 전의(轉依)로써 이루어진다. 전의(āśraya-parāvṛtti)에서 "전(轉)은 전사전득(轉捨轉得)", 즉 번뇌장과 소지장의 종자를 전사(轉捨)하고, 열반과 보리를 전득(轉得)한다. "의(依)는 전사전득(轉捨轉得)의 의지처(所依)", 즉 의타기성인 8식을 말한다. 자기존재의 기체[依他起性인 8識]를 허망된 상태[遍計所執性]로부터 진실된 상태[圓成實性]로 질적으로 전환시킴으로써 8식이 4지(四智)로 전환된다. 즉 아뢰야식(阿賴耶識)이 대원경지(大圓鏡智)로, 말나식(末那識)이 평등성지(平等性智)로, 의식(意識)이 묘관찰지(妙觀察智)로 5식이 성소작지(成所作智)로 전환된다.

그 지혜인 평등성지도 없어야만 합니다. 의지처[제7의 심왕(心王)]를 떠나서 능의(能依, 평등성지로 능히 의지하는 것)가 있을 수 없기 때문입니다.

그렇다고 평등성지가 6전식에 의지한다고는 말할 수 없습니다. 왜냐하면 6전식(轉識)은 단절됨[間斷]이 있기 때문이지요. 항상 평등성지가 작용함은 대원경지에 가깝기 때문입니다.

부처님께서 재세시(在世時) 영취산(靈鷲山)에서 여래로부터 자신의 강산(江山)이 다 없어질 때까지 중생제도를 부촉(咐囑)받은 '산신(山神)'을 어떤 이는 불교라는 외래종교가 고유 토속신앙의 문화와 접변하면서 산신각을 세웠다고 합니다만, '산신(山神)'은 평등성지를 이룬 호법신이라고 저는 봅니다. 불교에서는 많은 호법성중이 있는데, 이 성중(聖衆)들은 인격화되어 있는 실체가 아니고 '느껴지는 기운'으로 색법(色法) 중의 무표색(無表色)이라고 보면 됩니다.

모든 이들이 가는 산에는 산신이 있습니다.

이 산의 산신은 선인(善人)・악인(惡人)을 분별하지 않고 온갖 중생들의 의지처가 되어 다 품어 안고 기르며, 인간들이 자신의 몸을 깎고 무너뜨려 굴을 파고 도로(道路)내며, 집을 짓고 심지어 침・가래 뱉고 오줌 싸고 똥 싸도 싫은 기색 없으며, 나무, 돌, 나물, 버섯, 열매 등의 자신의 과실(果實)을 다 채취해 가도 인색함을 나타내지 않으니, 어찌 평등성지를 이루지 않았다고 할 수 있겠습니까. 산신이 이러함은 곧 대원경지(大圓鏡智)에 가깝다고 볼 수 있다는 것입니다.

만약 무학위에서 제7식이 없다면, 제8식의 구유의(俱有依)도 없어야만 합니다. 그래서 반드시 이러한 의지처가 있어야 함은 다른 것[7식]과 같은 식의 속성이라서 그렇습니다.

아직 범부[보특가라(補特伽羅)]로 무아를 증득하지 못한 사람은 제7식의 아집이 항상 현행하는 것처럼 아직 법무아를 증득하지 못한 미숙한 기도자뿐 아니라 수행자에게도 법에 대한 집착[法我執]이 항상 작용합니다.

만약 우리 범부에게 제7식이 없다면, 법집은 어떤 식에 의지하겠습니까?

제8식에는 혜(慧)가 없기 때문에 의지하지 않습니다. 이에 의거하여 이승의 성스러운 도[生空, 아공]와 멸진정[二乘生空의 멸진정]과 무학위[二乘無學]에서도 항상 작용한다는 것을 알 수 있음은 그들은 아직 법무아를 증득하지 못했기 때문입니다.

또한 『유가사지론』권51(高麗藏15. p. 903下)과 청정논사의 저술인 『섭대승론석(攝大乘論釋)』권1 등에서는

"5식을 같은 법으로 하고, 제7식이 있어서 제6식의 의지처가 됨을 증명하는 것으로 제7식이 제6식의 의지처가 되는 것은 마치 5근이 5식의 의지처가 되는 것과 같다. 성스러운 도[聖道]가 일어날 때인 무학위일 때에도 만약 제7식이 제6식의 구생불공(俱生不共)의 다른 의지처가 되지 않는다면, 건립한 주장[宗]과 이유[因]에서 모두가 같은 과실이 있게 된다. 혹은 5식도 또한 의지처가 없을 때가 있어야 한다는 것을 인정한다면, 6식도 마찬가지이고 제7말나식도 마찬가지다. 5식이 항상 의지처가 있다면, 6식도 역시 그러해야 하지 않겠는가?"

라고 합니다.

제가 지금까지 장구하게 한 말이 무슨 뜻인지 알아들을 수 없도

록 어렵다고 생각하시겠지만, 가만히 생각[思惟]하여 정리해 보면 그렇게 난해하거나 어려운 것은 아닙니다. 모두 우리가 갖고 있는 마음[心]과 말나식[意]과 의식[識]에 관한 설명이기 때문에 이 정도 수준의 논리는 반드시 알아야만 고통스런 삼계를 벗어날 수 있고, 원만한 기도도 성취할 수 있지 그렇지 못하면 곤란합니다.

곧 이 모든 식이 능히 분별하는 주체[견분]와 분별로 말미암아 일어나는 객체[상분]이기에 이러한 것은 모두가 실아(實我)나 실법(實法)은 존재하지 않는다는 것을 강조하기 위해 드린 설명입니다.

그래서 일체는 '식뿐[唯識]'이라고 말씀드립니다.

스님! 묻습니다.

오직 식뿐이고, 외부 대상은 존재하지 않는다면, 무엇에 의거해서 갖가지 식은 일어납니까?

네, 심(心)·의(意)·식(識)이 지금까지 말씀드린 바와 같이 능히 전변(轉變)함에 말미암아 전전(展轉)하는 세력에 의해 갖가지 외부의 물질과 분별264)이 생겨납니다. 이렇게 생겨나는 각종의 분별도

---

264) 범어로는 vikalpa 또는 vikalpayat 등이라고 한다. 대상 경계를 사유하고 헤아리는 인식작용. 『성유식론』에 따르면, 심왕·심소법이 대상경계에 대해서 사유하고 헤아리는 것을 말한다. 『성유식론』 권7에 "전변하여 나타난 견분을 분별이라 하니, 능히 상(相)을 취하기 때문이다. 전변하여 나타난 상분(相分)을 소분별(所分別)이라 하니, 견분(見分)이 취하는 대상이기 때문이다. 또 『성유식론』 권8에서는 "혹은 물들거나 청정한 모든 심과 심소법을 아울러 분별이라 하니, 능히 대상경계를 반연하여 사유하기 때문이라"하고, 분별은 그 작용 양상에 따라 여러 가지로 분류한다. 『구사론』에서는 분별을 다음 세 가지로 분류한다. ① 자성분별(自性分別) : 심(尋) 또는 사(伺)의 심소를 체(體)로 하여 대상경계를 직접적으로 인식하는 지각작용을 가리킨다. ② 계탁분별(計度分別) : 의식(意識)과 더불어 상응하며, 혜심소(慧心所)를 체(體)로 하여 일어나는 판단추리작용을 가리킨

자성(自性)이 실재하지 않음을 아셔야 합니다. 분별자체는 자성이 없지만, 그렇다고 우리 중생이 집착(執著)하여 짓는 업(業) 역시 자성이 없다는 것은 절대 아닙니다.

중생은 누구나 두루 계탁(計度)265)하는 것에 의해서 갖가지 사물을 헤아리고 분별합니다. 기도나 참선을 수행하여 깨달으면 이러한 변계소집성(遍計所執性)의 자성도 실재(實在)가 아니라서 허망하다는 것을 환하게 압니다.

다. ③ 수념분별(隨念分別) : 의식과 더불어 상응하며, 염(念)의 심소를 체(體)로 하여 과거의 일을 기억하는 추상·기억작용을 가리킨다. 또 세 가지 분별을 6식과 관련지어서, 의식(意識)은 이상의 3가지 분별을 모두 갖추고 있으므로, 유분별 (有分別)이라 하고, 전오식(前五識)은 다만 자성분별만 갖추고 있고 나머지 2 가지 분별은 갖지 않기 때문에 무분별(無分別)이라 한다.

265) 범어 parikalpa. 혹은 abhinirūpaṇā라 하고 팔리어로는 parikappa. 헤아리고 분별하는 것. 『도서』에 "망령된 생각으로 나와 일체법을 두루 계탁하여 그 하나 하나를 집착해서 실제로 있다고 한다."고 하여 모든 존재의 본성이 공(空)인 것을 모르고 주관적으로 헤아려 유(有)라고 집착하는 것임을 밝혔다. 『종경록』 권 40에 "일체만법은 모두 마음이 창조한 것이다. 마음이 헤아리고 분별하는 것을 떠나면 모든 종지(宗旨)를 잃어버린다."고 한다.

5. 염불선(念佛禪), 엄청 빠른 길입니다.

우리 범부가 일으키는 변계소집성은 자성이 없고, 의타기성은 분별에 의해 생겨남을 아시고 염불수행을 하시면 바르고 엄청 빠릅니다. 자기 마음과 그 작용에 대해 어느 정도는 아시기 때문입니다.

또 저는 저와 인연되는 모든 분들에게 기도하실 때나 일상의 생활에서도 대승불교의 사홍서원(四弘誓願)이나 아침예불 때에 마음을 모아 올리는 행선축원이나 발원문을 적극 권합니다.

- 앞부분 생략. "문아명자면삼도(聞我名字免三途) 견아형자득해탈(見我形者得解脫) 여시교화항사겁(如是敎化恒沙劫) 필경무불급중생(畢竟無佛及衆生) 내 이름만 듣는 이는 삼악도를 면하고, 내 모습을 보는 이는 해탈을 얻을 수 있도록 이렇고 이렇게 항하의 강모래 알 수(數)만큼 되는 오랜 세월동안 중생들을 교화하여 마침내 부처와 중생이라는 차별이 없어질 때까지 하여지이다. 뒷부분 생략 -.

라는 것입니다.

곧 진리를 현실생활의 실천에 그대로 전념(專念)하여 부처님이나 보살님들처럼 살자는 뜻으로 이것은 대승의 불자로써 기도자의 바른 삶이고, 인무아와 법무아를 체득하는 길입니다. 이러한데도 어떤 사람은 기도와 참선수행을 비교해서 '기도나 염불은 하근기의 중생이 하는 것이고, 참선은 상근기의 사람이 하는 것으로 단박에 견성성불(見性成佛)할 수 있는 가장 빠른 길이라.'라고 하여 참선은 치켜세우고, 염불이나 기도하는 사람은 하근기 중생이라 하여 얕잡아 보는 경향이 있는 이런 부류의 사람들을 우리는 주위에서 쉽게 볼 수 있습니다.

스님! 그렇다면 참선수행과 염불기도(念佛祈禱)는 어떤 상관(相關)인가요?

네. 우리가 범부적인 차원으로 정토경전(淨土經典)을 본다면 이해 못할 점이 여럿 있습니다만 그러나 모두가 다 조금도 과장됨은 있을 수 없습니다. 부처님은 모두 진실한 말씀만 하셨지 조금도 속이거나 과장된 말씀은 없지 않습니까. 따라서 극락세계의 모든 공덕장엄도 역시 엄연한 사실인데, 다만 그 의미 해석이 원래는 없는 극락세계를 법장(法藏)보살이 비로소 난행·고행의 수행을 하여 이룩하셨다고 합니다. 그야말로 무량겁동안 수행하고도 '5겁사유(五劫思惟)'라고 해서, 5겁의 오랜 세월동안에 공부하고 정진한 공덕으로 극락세계를 건립(建立)했다고 생각해서는 안 됩니다. 문자표현으로만 해석하면 그렇게 생각할 수도 있겠지만, 우리는 이적(理的)인 면으로 해석하고 이해해야 합니다.

이적으로 생각할 때에는 현재의 세계가 바로 적광토(寂光土)로 극락세계인데, 우리 중생이 법장보살처럼 수행을 하지 않으면 증득(證得)할 수 없습니다. 따라서 범부중생은 극락세계를 감득(感得)을 못하니까 법장보살이 극락세계를 건립하였다고 상징적으로 표현을 해도 어폐(語弊)가 있는 말이 아니라는 뜻입니다.

천상도 마찬가집니다.

지금 우리 인간이 이렇게 있듯이 천상계도 분명히 현상적으로는 가상(假相)으로 존재하는 것인데, 다만 인간인 우리는 업에 가리어 보지 못할 뿐입니다. 그것을 감득할 만한 정도의 삼매(三昧)에 들면 바로 볼 수가 있고, 느낍니다. 또 천상에 갈 만큼 공덕을 심으면

[因] 내세에는 반드시 천상에 태어납니다. 마치 우리가 전생에 인간 공덕을 쌓아서 인간으로 왔듯이 말입니다. 그러나 인간이나 천상이나 자연계나 삼계(三界)에 나타난 현상은 모두가 다 무상(無常)이요, 공(空)이며, 무아(無我)이기 때문에 몽환포영(夢幻泡影)과 같은 허망한 가상(假相)의 세계요, 적광토(寂光土)인 극락세계만이 불생불멸한 실상세계(實相世界)입니다.

그래서 어른 스님들이 법문을 하시거나 게송(偈頌)을 하신 후에는 '나무아미타불(南無阿彌陀佛)'을 부르는 이유도 여기에 있습니다.

그런데 참선은 추겨 세우고, 염불기도는 얕잡아 보는 잘못된 부류의 사람은 자신이 일으키고 있는 번뇌도 모르고, 마음의 작용도 알지 못하면서 좌복(坐服)에 앉았다고 황홀한 미래만 내다보고는 자기 마음도 모르는 주제에 염오분별(染汚分別)266)을 합니다.

스님! 그렇다면 어째서 같다는 말입니까?

네, 수행자뿐만 아니라 모든 이가 이 세상에서 가장 지적인 목표는 '깨달음' 즉 '생사를 벗어남'을 이루어 모든 미혹한 중생에게 회향하는 것입니다. 이러함을 달성하기 위한 방법은 다양하겠지만, 그래도 종교철학이 풍부한 불교가 가장 완벽하고 궁극적인 방법으로 불교 이외의 다른 종교에서는 꿈도 꿀 수 없는 것이 '해탈' 아닙니까.

---

266) 염오분별(染汚分別)이란 과거를 되돌아보고 연연해하는 것과 함께 작용하고[俱行] 미래를 즐기는 것과 함께 작용하며, 현재를 집착하는 것과 함께 작용하는 모든 분별과, 욕분별(欲分別)이나 에분별(恚分別) 혹은 해분별(害分別)의 하나하나의 번뇌나 수번뇌(隨煩惱)에 따라 상응해서 일어나게 되는 분별을 말한다.

우리 옆에 있는 어떤 종교는 영원히 따라야만 하기에 절대자로부터 벗어난 자신고유의 해탈세계는 없다는 것입니다. '없다'라는 것은 기도만 하면 모두 '소원을 이뤄지도록 해 주십시오.'라고 구하여 바라는 것만 있고, 진정으로 능동의 회향(廻向)은 없질 않습니까. 그래서 그들이 행하는 이웃의 보살핌이나 사회봉사도 '이루도록 해 주소서.'라는 희망이지 삼륜(三輪)이 구족된 회향은 아니라고 저는 봅니다.

우리의 불교에는 궁극적인 방법으로 자력(自力)에 의한 선수행과 타력(他力)에 의한 염불수행 등이 회향과 함께 있습니다.

전자(前者)의 '순수 자력에 의한 참선수행'은 어느 누구에게도 의지함 없이 자신의 능력과 노력에만 의지하고, 후자의 기도는 '대상의 능력'에 의존하여 자기완성을 이루는 것으로, 곧 예를 들면 아미타불(阿彌陀佛)등의 본원(本願)에 의지한 지혜의 염불기도로 왕생(往生)할 수도 있고, 그러한 연후에는 반드시 깨달음에 도달할 수가 있고, 도달하면 곧 바로 회향이 있습니다. 이것이 바로 염불선(念佛禪)에 의한 것으로『천수경』의 10대 발원문 뒷부분에서 "원아속견아미타 원아분신변진찰 원아광도제중생"이 그것입니다.

이러한 염불선은 일체의 현상(現像)을 떠난 무아(無我), 곧 중도실상(中道實相)의 본체를 참구(參究)하는 것으로 본래면목(本來面目)입니다. 비단 화두참구(話頭參究)뿐만 아니라 염불(念佛)이나 다라니(陀羅尼) 등 모두를 다 같이 참선(參禪)과 같다고 할 수 있습니다. 따라서 근본 체성(體性)을 떠난 수행은 참선도 아니고, 기도도 아닙니다. 이러한 중도실상 곧, 진공묘유(眞空妙有)의 경계를 관찰하고 상념(想念)하는 염불이 바로 실상염불(實相念佛)인데, 그

것 또한 본래면목(本來面目)을 참구하는 염불선(念佛禪)이기도 합니다.

이렇게 말씀해도 염불선에 대해서 어리둥절하고, 궁금하실 것 같아 아미타불 등의 염불선에 대하여 좀 더 자세하게 설명하여 드리겠습니다.

'아미타불(阿彌陀佛)'이라는 말은 산스크리트어의 음(音)을 그대로 한자에 맞춘 것[音譯]으로, 우리말로는 보통 무량수불(無量壽佛) 혹은 무량광불(無量光佛)이라 하며, 또한 진시방무애광여래(盡十方無礙光如來), 불가사의광여래(不可思議光如來, 眞宗)라고도 부릅니다. 현존의 산스크리트어 경전의 어디에도 '아미타불'이라는 명칭은 없고 '아미타브하(Amitābha, 無量光)' 혹은 '아미타우스(Amitāyus, 無量壽)'라고만 되어 있습니다.

아미타브하는 '무량한 광명'이라는 의미이고, 아미타우스는 '무량한 수명'이라는 의미입니다. 그래서 '아미타(Amitā)'라는 말은 '무량(無量)'을 뜻합니다. 그러니 '아미타불'은 '무량불(無量佛)'이라는 의미입니다.

스님께서는 자꾸만 무량(無量) 무량(無量)하시는데, 무엇이 '무량'의 뜻입니까?

네, 아미타부처님의 덕성(德性)을 우리 중생으로서는 도저히 말과 글, 그리고 생각으로는 헤아릴 수 없음을 뜻합니다. 곧 '아미타(Amitā)'에서 첫 글자인 'A'는 부정(否定)의 뜻으로 '무(無)'의 의미이고, '미타(mitā)'는 유량(有量, 한계가 있는 것)의 뜻으로 전체를 합하면 '분량[有量]이 없는 것[無量]'을 의미합니다. 즉 무량의 광명과 무량한 덕성의 수명을 갖춘 부처님이라는 뜻이기에 '아미타불

(阿彌陀佛)'이라 부릅니다.

또 무량광(無量光)이라는 말은 '불성(佛性)의 지혜'이고, 무량수 (無量壽)는 '불성의 생명'으로 둘 다 '우리의 근본자성(根本自性)'을 뜻한다고 할 수 있습니다. 무량광은 '자력(自力)의 선정(禪定)'으로 무아법를 체득하는 것이고, 무량수는 '부처님의 연기성(緣起性)'에 의해 무아법를 증득하는 것입니다.

그렇다면 선종(禪宗)의 선수행(禪修行)의 참된 사상은 무엇이겠습니까.

참선에서 깨달음이란, 범부가 자신과 부처의 동일성을 관찰하여 수행 체득해서 부처의 지혜로 일상에 적용하여 생활하는 것으로 세간의 일상(日常) 속에서 이루는 삶입니다. 다시 말하면 깨달음의 출세간적 세계란 현실의 세간을 버리거나 초월한 영역이 아니라, 세간에서 진실함을 잠깐도 단절됨 없이 연속적으로 실현시켜 참여하는 것이라고 보아야 합니다.

이것은 무아(無我)을 체득한 것으로 인무아지(人無我智)와 법무아지(法無我智)이지 다른 것이 아닙니다.

선수행의 의미로 역대 조사(祖師)스님들께서 어록과 가르침의 설법에서 하신 '선을 통한 견성성불(見性成佛)'은 무엇이라 생각하십니까.

만약 참선수행에서 곧바로 확철대오(廓徹大悟)하여 성불로 나아간다고 생각한다면 큰 오류(誤謬)입니다.

선의 선정[삼매]에서 얻어지는 결과는 지혜이지, 해탈(解脫)은 결코 아닙니다. 만약 '해탈'이라고 우긴다면 불교의 계(戒)·정(定)·혜(慧) 삼학(三學)은 쓸 데가 없는 말[언어]의 노름이지, 결코 가르침은 되질 못하기 때문입니다. 선정에서 출정(出定)할 경우 '해탈'이라면 문득 해탈이 되어 있어야 하는데, 어찌 해탈을 이루지 못하고 피로응력(疲勞應力) 때문에 아프고 결리는 육신만 그대로 남아 있겠습니까.

혹 어떤 분이 '정신[마음]만의 해탈이지 육신까지의 해탈은 아니다.'라고 하신다면 회신멸지(灰身滅智)267)는 무어라고 설명해야 합니까?

그런데도 어리석은 선 수행자는 깊은 선정만 이루면 곧 용(龍)의 턱밑에 있는 여의보주(如意寶珠)를 얻어 만사형통이라고 여기지만, 다 꿈같은 생각[夢想]입니다.

자신의 자유의지에 의해 선을 수행하는 것은 참으로 좋지만, 그같은 일이 실수자(實修者)가 과연 바라는 대로 성취가 가능한 일인가, 가르침의 참뜻은 상실하지 않는다는 우려는 불식시킬 수 있는가, 자신의 마음도 모르는 주제에 오만해지지는 않는가, 법계의 상의상관성(相依相關性)을 망각하고 이기적으로 흐르지 않는가?라는 것입니다. 잘못되면 아주 오만방자(傲慢放恣)함에 젖을 수 있다는 것입니다.

스님! 그렇다면 선 수행자는 선을 통해 무엇을 얻습니까?

사실 얻는 것은 아무 것도 없습니다. 다만 깊은 선정을 통하면 지혜만 뚜렷해질 뿐입니다. 여기서 '지혜'라고 하는 말은 우리가 선에서 찾고 있는 참 나[眞我]라는 본질이 현재의 이 자리에 있는 내

---

267) 분신회지(焚身灰智)·회멸(灰滅)·회단(灰斷)이라고도 한다. 몸을 재[灰]로 만들고 지혜를 멸한다는 뜻으로 몸과 마음이 함께 아주 없어진다는 뜻으로 무여의열반(無餘依涅槃, 무여열반)과 같다.

가 존재하고 있는 상황보다도 우위에 있거나 따로 존재하는 것이 아니라는 것입니다. 곧 감각기관에 의해 인식되어지는 것을 초월하는 참다운 존재[實存]는 있을 수 없다는 뜻입니다.

이와 같이 지혜를 일상생활에 작용시켜 수행하면 인무아지와 법무아지를 얻어 선지식이 됩니다.

자아와 법의 무아를 제외하곤 그 어떤 것도 얻는다거나 체득한다는 것은 다 외도의 성론(聲論, 말의 놀음)에 지나지 않습니다.

그래서 인무아지와 법무아지의 체득이 곧 업장소멸과 자기완성이라는 면에서 수행이고, 또한 기도를 통해 자기의 본성을 찾게 되면 자성미타(自性彌陀)를 이룹니다.

저는 앞에서 '자신도 머지 않는 장래에 반드시 죽는다.'는 생각은 안 일으키어 제행무상(諸行無常)을 생각하지 않는다고 견취견(見取見)에 대한 설명에서 했습니다만, '제행무상'이라는 말은 곧 삼계에서 모든 것을 유지하는 작용은 조작에 의한 것으로 유위(有爲)기에 '무상(無常, 항상 그대로 유지되지 않는다.)'하다는 말로, 어떤 순간에도 '바로 이것'이라고 확정적인 존재의 실체는 있을 수 없다는 뜻입니다.

만약 어느 한 순간에라도 확정적인 존재가 있다면 『반야경』에서 어찌 공(空)과 무아 그리고 무소득을 설하겠습니까?

우리의 본사(本師)이신 석가모니부처님께서는 법신불의 화신으로서 직접 우매한 중생들에게 생멸변화의 무상(無常)과 고(苦)와 그리고 무아(無我)를 가르쳐 적정(寂靜)의 열반을 얻어 고통으로부터 벗어나도록 하기 위해 이 예토(穢土)에 오신 것입니다.

그런데도 우리 범부는 '무상'이라는 말만 들어도 그만 허무감을 느끼는데, 이러한 생각들은 항상한 자아나 법이 존재한다는 마음에서 일어나는 몽상(夢想)의 번뇌입니다. 어느 한 순간에서도 '항상하지 않음'의 진실한 이치가 우리 범부의 자성이라는 말씀입니다. 만약 우리가 항상하다면, 우리는 모든 연기적인 관계라고 할 수도 없고, 성장의 변화도 없고 발전도 있을 수 없는 것 아닙니까.

간단한 예를 든다면, 어린애는 항상 어린애야 하고 나무나 풀 등은 자람도 없이 항상 그대로이어야 하고, 하늘의 해와 달은 항상 그 자리에 머물러야 하지 않습니까. 또 배고픈 중생은 항상 주린 창자가 그대로이어서 괴로워야 할 것입니다. 이렇다면 그게 어찌 고통이 아니겠습니까. 이렇게 '제행무상'이라는 진실한 이치의 가르침에 의해서 우리는 『금강경』의 종체(宗體, 체상)인 무상(無相)과 작용인 무주(無住)를 깨달아야 하고 실천해야 할 지혜입니다. '깨닫고 실천해야 할 지혜'라는 것은 곧바로 무상(無相)과 무주(無住)의 진리를 확실히 알고는 허망한 분별이나 희론(戲論)에 집착하여 따르지 말라는 뜻이기도 합니다. 여기서 '희론'이라는 말씀은 주로 명언종자(名言種子)에 의한 것입니다. 명언종자의 뜻은 '명칭과 언설[名言]에 의해 훈습되어 이루어진 종자'라는 뜻으로, 곧 우리의 마음이 인식의 대상을 의식할 때는 언어나 명칭, 예를 들면 사람·비행기·책상·짐승 등의 모양이나 특징을 연상하고는 행동함으로써 실상을 사실대로 알지 못한다는 뜻입니다. 그래서 이 세상의 그 어느 누구라도 이 명언종자에 의한 지배를 받기 때문에 실상을 바로 아는 사람은 드뭅니다. 자신이 모든 진리를 통달했다고 말하더라도 우리가 사는 이 욕계에서는 희론에 휩싸이지 않은 사람은 별로 없다는 말씀입니다.

이렇게 자기에 대한 점검을 하셔야 합니다.

그래서 자신이 매일하는 기도는 자심(自心)을 점검하고 의지를 강화하여 한 단계 한 단계씩 깨달음을 위해 지혜를 완성시켜야 하고, 자기 스스로가 무상(無常)하기에 '하면 성취된다.'는 신념과 용기를 얻어 성불도 하고, 나보다는 남을 위하는 사회성도 찾을 수 있습니다.

이러한 것을 깨닫고 실천하기 위해 염불선(念佛禪)을 하는데, 이는 선(禪)의 장점을 취하면서 또 염불의 한계성은 보완하고 극복하여 궁극의 목표인 깨달음에 도달토록 하는 것입니다.

깨달으면 도달하는 곳이 정토(淨土)인데, 글자 그대로가 부정잡예(不淨雜穢)268)가 사라진 청정한 부처님의 세계로 이는 최고로 안락(安樂)함만이 충만한 곳이기에 '극락(極樂)'이라 합니다. 이 극락세계를 정토교학(淨土敎學)에서는 여기서 서방으로 10만억 불국토를 지나야 있다고 합니다만, '10만억 불국토'란 공간적 거리로 10만억 국토가 있다는 것이 아니고, 중생의 근본번뇌 열 가지에 각각 1만억의 번뇌를 건립하여 배대[상망(想望)]한 것이라고 저는 봅니다.

그 이유는 지금의 서울은 중심지나 변두리가 별로 차이 없이 발전해 있고 또 앞으로도 발전되겠지만, 예전에 '한양(漢陽)'이라고 불렀을 때에는 왕궁을 기준으로 하여 사대문 안을 한양이라 하고, 궁을 중심하여 양반과 평민 그리고 하층민의 민중이 사는 곳이 차이가 났듯이, 극락 또한 자신의 번뇌를 얼마나 끊거나 조복하여 다

---

268) 부정(不淨)과 잡예(雜穢)로 부정은 청정하지 않은 것이고, 잡예란 죄악(罪惡)이나 번뇌 등이 뒤섞인 여러 가지 더러움을 뜻한다.

른 중생에게 회향한 공덕의 차이에 따라 아미타부처님이 계시는 궁전(宮殿)의 중심으로부터 변두리 극락[번뇌가 많은 쪽]으로 간다고 봅니다. 이 세상의 닦음에 따라 목숨을 마칠 때 아미타부처님께서 관세음과 대세지보살 등을 좌우로 보처(補處)하여 직접 내영(來迎)269)할 경우에는 곧바로 아미타부처님의 궁(宮)으로 가고, 보처보살이 내영할 경우와 또 자신이 찾아가는 경우에는 중심극락으로부터 조금씩 멀어지기 때문입니다. 연꽃의 가장 바깥 자리의 극락에 가면 500겁 동안 그곳에 머물면서 수행하다가 다음 생에는 보다 중심에 가깝게 가고, 또 거기서도 잘 수행하면 또 중심된 연꽃 속으로 가서 구경(究竟)에는 아미타부처님을 친견하여 가르침을 받아 성불한다고 합니다. 연꽃의 가장 바깥 극락에만 가더라도 우리는 상상할 수도 없는 안온함이 있어 살기 좋은 세계라고 합니다.

또 이러한 번뇌를 바로 지금의 이 자리에서 없애면 여기가 극락인 아미타정토[此方淨土]입니다.

'지금의 이 자리'란 오탁악세(五濁惡世)의 이 세상, 그러니까 현실에서는 동료의 불행이 나의 행운이 되고, 상호간의 거래관계에서는 서로 소송(訴訟)하여 다투고, 이웃 간에는 고소・고발하여 서로 으르렁거리고, 살아가는 환경이 파괴된 현재의 현장에서도 우리들

---

269) 범어 pratyudyāna. 와서 맞이하는 것. 특히 정토사상과 관련해서는 아미타부처님과 성중(聖衆)이 와서 맞이하는 것을 말한다. 영접(迎接)・내영영접(來迎迎接) 등이라고도 하고, 갖추어서는 성중내영(聖衆來迎)이라고 한다. 극락정토에 왕생하기를 발원한 염불수행자가 죽음에 임박하였을 때 아미타부처님이 관세음・대세지 등 25분의 보살성중(菩薩聖衆)을 거느리고 와서 극락정토로 인도하는 것을 말한다.

만이라도 몸과 마음을 '어떠한 세상에 살더라도 허공처럼 모든 것을 감싸는 작용이 마치 연꽃은 깨끗한 물이나 탁한 물에 집착하거나 분별하여 가리지도[간택(揀擇)] 않고, 기대거나 집착하여 무너짐이 없도록 하자.'는 의미입니다.

이러한 아미타정토의 장엄상을 용수(龍樹)보살270)은 10가지로 정리하였고, 무착(無着)보살은 12도정(圖淨)으로, 세친(世親)보살은 3엄20종(三嚴二十種)으로 하였습니다. 이는 모두가 정신적으로나 물질적으로나 수도하는데, 걸림이 없는 환경입니다.

이와 같은 말을 화엄(華嚴)의 『법계연기론』에서도 가르치는데, 중생이 수행함에 있어 주체적인 수행자와 대상인 경계에 대한 것으로 수행자를 이(理)로 보고, 객체인 경계는 사(事, 현실)로 견주는 것[理事無礙緣起]으로 '탈인불탈경(奪人不奪境)'이라 말하니, 사람은 없애고 대상은 빼앗지를 않는다는 경계입니다. 이는 객관(客觀)뿐으로 인간적인 감정이나 주체를 탈각(脫殼)시킵니다. 예를 들

---

270) 범어 nāgārjuna. 인도의 대승불교를 연구하여 그 기초를 확립하여 대승불교를 크게 선양했다. 불멸 후 6~7세기경[BC 2~3세기]의 남인도 사람. 어려서부터 총명하여 일찍이 4베다·천문·지리 등의 모든 학문에 능통했다. 처음은 인생의 향락은 정욕을 만족시키는데 있다고 하여 두 친구와 함께 주색에 탐닉했다. 환술(幻術)을 배워 왕궁의 궁녀를 건드려 임신시켰다가 두 친구는 왕의 무사들이 휘두르는 칼에 죽고, 자신은 '욕락은 괴로움의 근본임을 깨닫고, 이 곤경에서 벗어나면 출가하겠다.'고 맹세하고 왕의 몸 뒤에 숨었다가 간신히 벗어나 출가하여 가비마라로부터 삼장(三藏)을 배웠으나 만족하지 못하여 설산으로 가 늙은 비구를 만나 대승경전을 공부하고 깊은 뜻을 통달하였다. 특히 『中論』에서 확립한 공사상(空思想)은 모든 불교사상에 깊은 영향을 미치고 있다. 저서로는 『中論』4권·『大智度論』100권·『十住毘婆娑論』17권·『十二門論』1권·『廻諍論』·『나트나바리』등이 있다.

면 더운 여름날에 해는 내려 쬐지만 좋은 것도 나쁜 것도 아니니, 선악이 없다는 것과 탈경불탈인(奪境不奪人)으로 대상은 제거하되 사람은 그대로 두는 경우입니다. 객관세계는 탈락시키고 절대 주체만 남기는 것입니다. 사람이 자기 일에만 몰두하면 경계는 몽땅 탈각(脫殼)시키고 자기만 오롯한 경우지요. 예를 들면 태양이 내려 쬐거나 비가 억수로 퍼붓더라도 자신이 공부하고 살아가는 데는 아무 상관이 없다는 것입니다. 온도가 높거나 낮고, 습도가 높고 낮아도 불쾌감으로 화를 내지 않습니다.

우리나라 사찰 강원의 교재인 『治文』에는 '팔풍(八風)'이 나옵니다. 칭찬, 욕 등의 바람에 흔들려 동요되어 마음이 흐려지지 않는다는 경계입니다. 또 인경구탈(人境俱奪)로 사람도 경계도 다 빼앗아 버리는 것으로 주체든 경계든 다 없앱니다. 사람이 곧 경계이고 주체가 곧 객체인 주객합일(主客合一)의 경계라는 뜻입니다. 만법(萬法)과 내가 하나이니, 바로 삼매에 든 경지입니다.

그래서 아미타불의 정토는 부처님과 같은 깨달음을 얻는 것으로 누구나 어렵지 않게 그곳에 도달할 수 있고, 또 누구나 쉽게 불퇴전지(不退轉地)271)에 이르러 보처보살(補處菩薩)272)이 될 수 있는

---

271) 범어 avinivartanīya. 물러나지 않는 법을 갖춘 지위. 불퇴법지위(不退法地位)라고도 한다.
272) 범어 caramabhavika-bodhisattva. 한 번만 더 이 세상에 태어나면 불도를 성취하여 부처님의 자리를 이을 것이 예정된 보살을 일컫는 말. 보처는 일생보처(一生補處)를 줄임말이다. 현재시점에서 앞으로 이 세상에 하생(下生)하여 한 번만 더 태어나면 석가모니부처님의 뒤를 이어 성불하여 중생을 구제할 것으로 예정된 보살은 미륵(彌勒)이기 때문에 보통 보처보살이라 하면 미륵을 가리키는 경우가 많다. 보처보살 중 한 분인 미륵은 욕계의 6욕천(六欲天) 중 제4천인 도솔천(兜率天)에 머물러 중생들을 위하여 설법하다가 미래세의 어느 때가 되면 하

곳이라 합니다. 정토기도염불은 이러한 정토에 왕생(往生)하는 것
을 목적으로 합니다.

'왕생'이라는 말은 '가서 태어난다.'는 뜻으로 '간다'는 말과 '태어
난다'는 말이 복합된 것으로 '현재 우리가 살고 있는 예토(穢土, 거
친 세상)를 타방세계(他方世界)인 극락정토로 변환시켜 영원토록
산다.'는 뜻이기도 합니다.

'타방세계인 극락정토에 가서 산다.'는 말은 공간적으로 이쪽에
서 저쪽으로 이동하여 산다는 뜻이지만, 지금 바로 이 자리에서 무
명을 타파해서 부처님과 같은 지혜의 깨달음을 이루어 많은 중생
을 제도한다는 의미이기도 합니다.

'극락, 극락'하니 마치 극락세계가 별도로 있는 줄 아시지만 깨달
음을 이룬 세계가 바로 극락이라는 뜻입니다.

그래서 용수보살(龍樹菩薩)은 정토는 '부정잡악(不淨雜惡)이 사
라진 중도실천(中道實踐)의 묘과(妙果)'라 하였고, 무착보살273)과

생하여 용화수(龍華樹) 아래서 성불한 후 중생을 제도하는 것으로 전해진다.
273) 범어(梵語)로는 Asanga. 불멸(佛滅) 후 1,000년경 사람으로 북인도 건다라국 푸
르쟈프라성(현재 서파키스탄 페자르)의 바라문(婆羅門) 출신으로 아버지는 교시
가이고, 아우는 세친보살(世親菩薩)과 사자각(獅子覺)이 있다. 처음에는 소승의
化地部(설일체유부)에 출가하여 빈두라(Pindola)를 따라 소승 공관(空觀)의 가르
침을 받아 실수(實修)하고 닦았다. 미륵보살이 중인도(中印度) 아유차국의 강당
에서 『瑜伽師地論』등 5부의 대론(大論)을 설할 때에는 넉 달 동안 밤마다 쉬지
를 않고 그의 설법을 들었다. 아유차와 교상미에서 법상(法相) 대승(大乘)의 교
리를 선양하고 여러 가지 많은 논(論)과 소(疏)를 지어 여러 대승경전을 해석하
였으며, 그는 체득(體得)한 신통력으로 밤에는 천궁(天宮)에 올라가서 미륵보살
에게 『瑜伽師地論』・『大乘莊嚴經論』・『中辨分別論』을 배우고, 낮에는 대중을
위하여 그 묘리(妙理)를 강설(講說)하였다. 또 미륵보살로부터 일광삼매(日光三
昧)를 배워서 체득하여 그 후로는 종래 이해할 수 없었던 교의(敎義)를 전부 이

세친보살274)은 부처님의 몸인 삼신(三身) 중의 수용신[보신(報身)]이 머무는 '보토(報土)'라고 했습니다. 예토(穢土)와 정토를 마음 하나로 보는 선가(禪家)의 유심정토설(唯心淨土說)은 이러한 정토관을 궁극에까지 끌어올린 것이라고 할 수도 있습니다.

스님! 정토교학에서도 정토에 가고자 한다면 염불선(念佛禪)을 해야 한다고 하는데, 염불선이란 어떤 것입니까?

네, 염불선은 관념염불(觀念念佛)과 칭명염불(稱名念佛)에 좌선(坐禪)을 함께 수행하는 방법을 말하는 것으로 실천수행하는 것입니다. 염불선을 전문 수행하는 이를 염불선인(念佛禪人)이라 할 수 있고, 그 구체적인 방법은 좌선의 결가부좌(結跏趺坐)나 반가부좌(半跏趺坐), 어느 것으로도 무방합니다. 다만 염불하는 사람이 염불하면서 '이 염불하는 주체[주인공]는 무엇인가?'라고 참구(參究)

해하고, 보고 들은 것을 잘 기억하여 잊어버리지 않았다고 한다. 그의 저서로는 『顯揚聖敎論』 20卷. 『攝大乘論』 3卷. 『大乘阿毘達磨集論』 7卷 등이 있다.

274) 범어 vasubandhu 바수반두(婆藪槃豆,). B.C 400~480년(불멸후 약 100년)경. 구역에서는 천친(天親)으로 번역된다. 북인도 간다라국의 수도인 뿌루사뿌라에서 바라문 출신의 국사(國師)인 아버지 교시가(憍尸迦)와 어머니 비린지 사이에서 태어났다. 형인 무착보살과 아우가 있었는데 성장 후 모두 출가했다. 처음 [설일체유부]에 출가하여 유부의 학설을 무조건 옹호·고집지는 않았고, 경량부(經量部)의 교의체계를 부분적으로 수용했다. 유부교학의 백과전서인 『阿毘達磨大毘婆沙論』 200권의 강요서(綱要書)인 『阿毘達磨俱舍論』 30권을 저술. 그의 나이 40대 말쯤 형 무착의 권유로 대승교학의 깊고 광대함을 깨닫고 대승으로 전환하여 대승불교를 홍포하였다. 형 무착에 의해 조직된 유식교학체계를 정리하여 대성하였다. 화엄·반야·법화·열반·여래장·정토 등 다방면의 경전을 해설하여 요강서를 제작·홍포하였다. 그의 현존 저서는 『아비달마구사론』 30권·『유식이십론』 1권·『유식삼십송』·『섭대승론석』 10권·『대승오온론』 1권·『辯中邊論』 3권·『佛性論』 4권·『十地經論』 12권 등이 있다.

하는 방법으로 염불을 공안화(公案化)한 선을 염불선이라 합니다.

이러한 '염불공안은 중국불교에서는 근래까지 널리 유행하고 있다.'275)고 합니다.

기도하는 우리도 자기에 대한 점검으로도 충분히 할 수 있음을 시사(示唆)하질 않습니까.

또 '염불선'이라는 말은 동토선(東土禪)의 5조인 홍인선사 문하(門下)의 과랑선습(果閬宣什, 생몰연대 미상)스님이라는 기록으로 규봉종밀(圭峰宗密)스님의 『원각경대소석의초(圓覺經大疏釋義鈔)』권3의 아랫부분(下)「남산염불문선종(南山念佛門禪宗)」에 나온다고 합니다.276)

그 염불방법은 처음에는 큰소리로 끌어 염송(念誦)하고 차츰차츰 가면서 소리를 작게 하여서 아주 작은 소리[미성(微聲)]로 행하고, 더 나아가서는 더 작게 하여 무성(無聲)에 이르게 하여[나~ 무~ 아~ 미~ 타~ 불~] 염불소리가 완전히 없어지고 나면[송불(送佛)] 의념(意念)에 이르게 됩니다. 곧 5근(根)에 의한 5식(識)이 일어나지 않으면 제6의식이 작용합니다. 제6의 분별의식도 '모두가 허망하게 외부대상만을 요별하는 것이기에 자성이 없어 공(空)하다.'는 것을 철저하게 관찰하면 점차로 의식이 일어나지 않는 단계가 됩니다. 이때의 삼매는 무상정(無想定)이나 멸진정(滅盡定) 혹은 기절했을 때나 깊은 수면(睡眠)에 처했을 때와 같아집니다.

그러나 우리의 제7말나식과 근본식인 제8아뢰야식은 계속 작용

---

275) 한보광스님. 동국대 선학과 교수, 『불교연구』 제10호. 한국불교연구원.
     1993년 12월호 "염불선이란 무엇인가?"
276) 상 동.

합니다. 제6의식이 완전히 단절된 의념(意念)도 차츰 없어지고 나야만 심념(心念, 제7식과 8식)에 이르게 되지만, 제7식은 미세하고 둔하고 느려서 끊기가 범부는 불가능합니다. 왜냐하면 범부의 지위에서는 무명과 아집(我執)과 아만(我慢)과 아탐(我貪)의 4가지 번뇌가 항상 내면에서 사량하여 이것을 자성과 행상(行相)으로 삼고 있기 때문입니다. 만약 이러한 의념(意念)만 끊어도 문득 평등성지(平等性智)를 증득하여 견도위(見道位)의 보살이 됩니다.

벌써 분별기의 5악견은 모두 끊어 버렸기 때문입니다. 5악견을 단멸했다는 것은 곧 분별기(分別起)의 번뇌장과 소지장을 단멸한 것으로 성인의 반열에 올랐다는 뜻입니다.

계속 수도위에서 구생기의 번뇌장과 소지장을 여실한 종교적 수행을 통하여 단멸하면 지심념(至心念)277)인 일체종자식을 모두 끊어 아란한의 지위[十地菩薩地]에 오릅니다.

이때 심념(心念)278) 중에 부처님에 대한 생각이 있으면, 부처님은 항상 자기 마음 안에 계심을 알 수가 있습니다. 곧 '마음이 부처'라고 하는 말이 이 뜻입니다.

염불선을 규명하면 이러한데 어찌 무상(無想)으로 도를 이룰 수 있겠습니까?

그런데 이렇게 염불선을 행할 때에 반드시 '부처를 구한다거나, 조사를 구하여 기도의 성취를 이룬다.'는 마음의 작용이 조금이라도 일어난다면 그는 자신이 갖고 있는 분별하는 마음 가운데서 일어난 부처마구니, 조사마구니 등에 붙들린 것입니다. 그래서 '구한

---

277) 진실한 마음이라고 지극하게 여기는 생각.
278) 내심(內心)으로 생각하는 것. 심식(心識)으로 표상(表象)하고 상념(想念)하는 것.

다는 생각', '이룬다는 생각' 등의 모든 것은 다 자신의 마음에서 일어난 마군(魔群)임을 알아야 합니다. 그래서 '우리 중생은 항상 마군과 함께 한다.'고 할 수 있으니 조심하고 조심해야 합니다.

스님! 앞에서는 여러 번 반복해서 '반드시 이루어진다[成就].'고 하고는, 여기서는 어째서 '성취한다.'는 마음은 '자심(自心)에서 일으킨 마군임을 알아야 한다.'고 합니까?

네, 대답해 드립니다.

앞에서는 '기도로써 성취되는 결과'를 말씀드린 것이고, 여기서는 '기도 중의 마음가짐[心王 • 心所의 行相]'을 말씀드린 것입니다. 곧 기도 중에 일어나는 온갖 마음은 모두가 과거 이숙식의 희론종자(戲論種子)가 이런 저런 여러 연[衆緣]을 만나 일어나는 것이지, 결코 무루청정(無漏淸淨)한 식이 홀연(忽然)히 일어나는 것이 아니라는 뜻입니다.

또 염불선의 수행방법에서는 '존불(存佛)'이라는 말을 구체적으로 쓰는데, 이는 먼저 법문을 설하여 무엇 때문에 수행하는지 그 뜻을 주지시키는 설법(說法)입니다. 이는 단순한 설법이 아니라, 아미타부처님에 대한 향상일로(向上一路)279)의 설법으로 설법이 끝난 다음에는 수행하는 방법과 목적을 주지시켜 수행자들로 하여금 통일된 방법에 의해 바르게 염불선을 수행토록하고, 그 수행 목적에 대해서는 분명한 원력(願力)을 세우도록 한 다음, 수행자를 염불선에 들어가도록 합니다.

---

279) 종문(宗門)의 극처(極處)를 향상의 일로(一路)라 한다. 『벽암종전초(碧嚴種電鈔)』에는 "향상일로는 천 성(千聖)도 전하지 못하며, 학자(學者)의 수고로운 형상은 마치 원숭이가 그림자를 잡는 것과 같다."고 한다.

앞에서도 말씀드렸지만, 구체적인 방법은 다음과 같습니다.

먼저 좌선(坐禪)을 할 때처럼 평평한 바닥에 몸을 바르게 정좌(正坐)하고, 몸과 마음을 편안하게 한 후에 하늘과 땅이 접하는 서쪽의 지평선(地平線)에 아주 크고 둥근 북을 매어 단 것 같은 모양의 태양을 마음으로 생각하며, 나/무/아/미/타/불[나·무·관·세·음·보·살]의 한 글자씩을 떼어서 또박 또박 염불소리를 살피면서 봅[간(看)]니다. 곧 나무아미타불의 6글자를 이어서 하는 것이 아니라 한 자 한 자를 떼어서 음성의 고저(高低)나, 장단(長短)의 리듬 없이 소리를 내면서 그 글자를 관(觀)합니다.

만약 초심자로서 마음이 산란하여 반연(攀緣)되는 바가 많은 사람도 계속하여 한 자씩을 마음 집중하여 보[간(看)하]면서 처음은 큰소리로 부르다가, 점점 적은 소리로 계속해 나가면 출렁이던 마음이 고요해지고 의식만 또렷해지는데, 계속하여 끊어지지 않게 한 자씩 소리는 없이 살핍니다[간찰(看察)].

마음이 산란하여 외부대상이 많이 반연(攀緣)되는 사람 가운데 하품[연품(軟品)]의 선관(禪觀)을 수습하는 사람은 현재의 법에서 반드시 퇴전하는데, 재빨리 돌아가 이끌어 현전케 할 수 없습니다. 중품(中品)을 수습하는 사람은 현재법에서 반드시 퇴전하지는 않으며, 설령 퇴전한다 하더라도 재빨리 돌아가 이끌어 현전케 합니다. 상품(上品)을 수습하는 사람은 현재법에서 반드시 퇴전하지 않습니다.

만약 자신의 근기가 연품(軟品, 하품)으로 퇴전했을 때는 될 수 있는 대로 빨리 알아차려 현전하도록 노력하면 차츰 차츰 근기가 상승하니, 절대 '나는 왜 이럴까'라는 낙담이나 절망은 하질 말아야 합니다. 누구나 다 처음은 겪는 과정이니까요.

이러함은 『수심요론(修心要論)』에서 말하는 『관무량수경』의 일상관법(日想觀法)이나, 『대승무생방편문(大乘無生方便門)』의 간법(看法)과 같은 것으로 염불선의 구체적인 공부[수행]방법입니다.

이러한 일자간법(一字看法)은 동토선의 5조 홍인(五祖弘忍)선사가 설하여 제자들을 지도하였다고도 합니다. 그래서 그의 제자인 선습(宣什)스님의 일자염불법(一字念佛法)은 스승 홍인선사의 일자간법(一字看法)과 흡사한 수행방법이라고 추정하기도 합니다.

그래서 일자염불(一字念佛)은 칭명염불(稱名念佛)에 속한다고 볼 수 있습니다.

칭명의 소리가 큰 소리로부터 점점 작아지면서 아주 작은 소리[미성(微聲)], 더 나아가 소리가 없는 곳[무성(無聲)]에 이르면 칭명은 끝나게 되어 의념(意念)280)에 이르게 됩니다. 계속 나아가 주체적인 의념도 세 가지 능변식(能變識)이 전변(轉變)된 것이라는 생각을 지으면, 창틈에 흩날리는 먼지 같은 중생심이 가라 앉아 심념(心念)으로 나아갑니다. 심념(心念)의 경지에 들면 아미타존상(阿彌陀存想)이 항상 마음 가운데 머뭅니다.

그래서 이를 존불(存佛)이라 하며, 생각[想]이 없거나 소리 없이는 득도(得道)할 수 없다고 하니, 이것이 바로 5악견(五惡見)을 끊고 견도의 지위에 들어가는 것으로 부처님께서 수행자의 정수리에 손을 얹어 수기하여 성불을 보증함과 같습니다.

---

280) 염불을 소리 내지 않고 마음속에서 하는 것. 또는 마음으로 생각하는 것.

'정수리에 손을 얹어 수기(授記)한다.'함은 마치 전륜성왕이 자신의 태자(太子) 정수리에 물을 붓고 손으로 이마를 만져주면서 장차 왕위를 물려주겠다는 약속을 보증하는 것과 같습니다.

일자염불(一字念佛)의 칭념(稱念)으로 시작하여 의념(意念)과 심념(心念)의 3단계를 거치면 항상한 존불(存佛)의 경지에 이르는 것이 선습(宣什)스님의 염불문선법(念佛門禪法)이라 할 수 있으니, 이와 같은 염불선으로 염불삼매(念佛三昧)에 듭니다. 그 이유로는 처음 칭명으로 시작한 염불이 의념에서 생각이 있는[有想] 심념(心念)으로 된다는 것은 관상염불(觀想念佛)과 다름이 없다고 동국대 한보광스님은 자신이 직접 수행하시어 터득한 사실로 말씀하십니다.

또한 '염불선(念佛禪)'은 좌선으로부터 분류된 선법(禪法)이라 할 수도 있습니다. 곧 선(禪)의 종류상의 한 분류법이기 때문입니다.

그런데 이러한 선의 실천수행적인 의미에서 정의(正義)할 경우에는 선(禪)과 염불[정토]이 같습니다. 그래서 '선정쌍수(禪淨雙修)'라고도 말씀합니다.

'선정쌍수'란 선과 정상염불(淨上念佛)을 함께 병행하여 수행하는 방법으로 어디까지나 실천 수행하는 데에 중점을 두고 있습니다. 그래서 '선정쌍수론(禪淨雙修論)'은 염불선의 이론적인 측면을 강조할 경우에 사용된다고 볼 수 있습니다. 곧 염불선의 실천수행인 선정쌍수(禪淨雙修)를 사상적 체계와 논리적인 근거로 체계화시키고 학문적으로 정립시킨 것이 '선정쌍수론'입니다. 이것이 바로 염불선의 의미입니다.

이러한 사상의 근원은 선과 정토가 서로 각기 다른 것이 아니라

근본적으로는 같은 것이라는 결론으로 앞의 벽두(劈頭)에서 제기
한 의문을 풀어 드립니다.

그래서 황소가 바늘구멍을 통과하는 것보다 어려운 좌선보다는
염불선으로써 자기 스스로 완전한 깨달음으로 나아가는 것이 쉽다
는 뜻으로 흔히 말하는 불이법문(不二法門)281)과 같은 맥락입니다.

좀 더 구체적으로 표현하면 선이 곧 정토고, 정토가 곧 선이므로
선과 정토를 함께 수행함을 겸수(兼修) 또는 쌍수(雙修)라는 말로
표현하기에 불이(不二)라 합니다.

앞에서 '선정쌍수(禪淨雙修)'라는 말은 중국에서 사용한 것이고
우리나라에서는 '선정일치(禪淨一致)'라는 용어가 우리의 정서에
부합된다고 볼 수 있습니다. 우리나라에서 '쌍수(雙修)'라는 말을
주장한 분은 고려시대 보조국사(普照國師) 지눌(知訥)스님이라고
추정합니다. 억측(臆測)이지만 스님이 직접 선정쌍수는 아니지만,
'정혜쌍수(定慧雙修)'를 주장하셨던 것을 미루어 본 것입니다.

또 고려 말 나옹혜근(懶翁惠勤, 1320~1376)스님의『나옹화상가
송(懶翁和尙歌頌)』은 아미타부처님을 봉안한 사찰의 주련(柱聯)
282)에서도 미타게송(彌陀偈頌)「시제염불인(示諸念佛人)」의 8수
(首) 중 제2수와 제6수를 많이 봅니다.

그래서「시제염불인」의 8수 중 제2수와 제6수를 소개합니다.

---

281) 범어 advaya-dharma-paryāya. 양변을 벗어난 도리를 전하는 법문. 상대와 차
　　별을 초월하여 평등한 이치를 설하는 법문이다.『유마경』권중(卷中)에 "이 때
　　에 유마힐거사가 묵묵히 말이 없자 문수보살이 찬탄하여 말하기를 '훌륭합니다.
　　문자와 언어가 없으니 이것이 바로 진실로 불이법문(不二法門)에 들어간 것'입
　　니다."라고 하였다.
282) 절의 기둥이나 벽 등에 장식으로 써서 붙이는 연구(聯句) 혹은 영련(楹聯).

283)

제2수(首, 歌頌).

"자성미타, 어느 곳에 계시는가? 때때로의 생각 생각에도 모름지기 잊지 않고 하루 종일 말을 타고 달리듯이 생각하여 잊지 않으면, 삼라만상 모두가 그대로 드러남일세.

자성미타하처재(自性彌陀何處在) 시시염염불수망(時時念念不須忘) 맥연일일여망억(驀然一日如忘憶) 물물두두불복장(物物頭頭不覆藏)"

제6수(首, 歌頌).

"아미타부처님은 어디에 계신가? 마음 끊어짐 없이 잊지 않고, 생각을 다하여 무념처(無念處)에 도달하면, 6문[안·이·비·설·신·의근]에서는 불그스레한 금빛 광명 언제나 방광하네.

아미타불재하방(阿彌陀佛在何方) 착득심두절막망(着得心頭切莫忘) 염도염궁무념처(念到念窮無念處) 육문상방자금광(六門常放紫金光)."

이 게송은 자성미타의 사상염불(思像念佛)입니다.

근기가 예리하고 지혜가 많은 사람은 입으로 부르지[口誦]를 않아도 언제 무엇을 하든지 간에 일상생활 중에서 생각을 아니해도 저절로 일어나지만, 근기가 둔하여 열등한 분들은 반드시 입으로 외우고 불러야 한다는 것입니다.

곧 나옹스님의 4가지 염불방법 중에서 사상염불(思像念佛 = 觀想念佛)은 자성미타, 유심정토의 말씀이라는 것을 밝히고 있습니다. 이러한 '염불의 실천자는 근기가 뛰어난 상근기(上根機)에 해

---

283) 한국불교전서(韓國佛敎全書) 고려시대편 3 [제6책(册) p. 743 상(上)]

당된다.'고 했습니다.

　그러나 근기가 하열(下劣)한 사람은 입으로 부르는 칭명염불(稱
名念佛)이 적당합니다. 그래서 나옹스님의 「염송(念誦)」 일부분을
참고로 소개합니다.

　"합장하고 서쪽을 향하여 마음모아 아미타불을 바르게 생각하니, 한 평생 꿈이
었던 일[극락, 성불]이 항상 흰 연꽃위에 있음이라.
　　합장향서향(合掌向西向) 응심념미타(凝心念彌陀) 평생몽상사(平生夢想事) 상재
벽련화(常在白蓮花)"

　"염불하는 입이 겨우 열리기만 해도 이미 금빛의 못[金池]에 연꽃을 심었으니,
깊은 믿음 물러나지 않기만 하면, 반드시 부처님을 친견하고 예배하리라.
　　염불재개구(念佛纔開口) 금지이종연(金池已種蓮) 심심여불퇴(深心如不退) 결정
예금선(決定禮金仙)"

　"해질녘[日沒]에 마음모아 사바세계서 지은 죄 사죄하고, 16관경(觀經)에서 석
가여래 말씀 들으면, 한량없는 모습과 소리로 눈·귀 맑아지니, 많고 많은 이 천
지엔 아미타불뿐일세.
　　응심일몰사사바(凝心日沒謝沙婆) 십육관경청석가(十六觀經聽釋迦) 무한색성청
이일(無限色聲清耳日) 허다천지일미타(許多天地一彌陀)"

　"서방정토 염불법은 반드시 생사를 뛰어 넘으니[超越], 마음과 입이 만약 상응
만 한다면, 왕생은 손가락 퉁기는 사이에 이루어지리라.
　　서방염불법(西方念佛法) 결정초생사(決定超生死) 심구약상응(心口若相應) 왕생
여탄지(往生如揮指)"

　"일념으로 연화장세계 노닐면, 누가 수고롭게 8천리 불국토를 걸어 갈 것인가?
공덕을 이루고 임종을 맞이할 때 대성(大聖)이신 아미타부처님께서는 마중하러

오실 것일세.

　일념답연화(一念踏蓮花) 수도팔천리(誰道八千里) 공성득명종(功成得命終) 대성
내영이(大聖來迎爾)"

"참선이 곧 염불이고 염불이 바로 참선이니, 본성품은 방편을 떠나 맑고도 밝으
니 고요하고 고요할 뿐이네.

　참선즉염불(參禪卽念佛) 염불즉참선(念佛卽參禪) 본성리방편(本性離方便) 성성
적적연(惺惺寂寂然)"

　나옹스님의 이 가송(歌頌)은 곧 『관무량수경』의 일상관(日想觀)
과 같아 관념염불(觀念念佛)을 권하는 듯합니다.

　이러한 염불법을 나옹스님은 '사상염불(思像念佛)'이라 말씀하셨
는데, 이는 바로 참선과 염불이 둘이 아니라는 뜻으로 선정일치(禪
淨一致)라는 결론입니다.

　이러한 염불법을 체계는 세우지 못했지만 현실의 생활에 그대로
깊이 뿌리내리게 한 분은 그보다 훨씬 윗대인 신라의 원효(元曉)스
님이라 할 수 있습니다.

　신라의 삼국통일로 희생된 백제와 고구려의 민중을 향해 '누구나
나무아미타불만 불러도 머지 않는 장래[내생]에 반드시 극락세계
에 갈 수 있다.'고 일러주어 자식과 남편, 아버지를 전쟁터에서 잃
고 이젠 나라까지 없어졌고 배까지 굶주리며, 핍박받는 패전국의
민중들에게 현실의 슬픔과 고통을 희망으로 승화시킨 분입니다.
무지렁이 민중들에게 한결같이 '나무아미타불'을 부르도록 하여 범
부왕생을 시키면서, 그 자신은 무애가(無碍歌)284)를 지어 불러 많

---

284) 원효스님은 민중포교를 위해 저자거리에 나가 박을 두드리며 무애가를 부르고

은 민중에게 극락왕생의 희망을 갖도록 했다고 볼 수 있습니다. 여기에 소개하는 무애가는 근대불교의 큰 어른이신 경봉스님께서 원효스님의 무애가라고 보신 가사 글입니다.

중(衆)아 중(衆)아 니 칼 내라.285)
뱀 잡아 회치고,286)
개고리[皆悟理] 잡아 탕하고,287)
찔레 꺾어 밥하고,288)
니 한 그릇 내 한 그릇,
골고루[平等] 나눠먹고,289)
알랑달랑 놀아보세.290)
알랑달랑 놀아보세.

라고 하는 것입니다.
특히 원효스님의 무애행은 일찍부터 대중교화를 위한 화광동진(和光同塵)291)으로 이행되었음을 대각국사 의천스님은 "티끌과 어

춤을 추며, 천촌만락(千村萬落)을 돌아다녔다고 한다. 그런데 무애가는 제목만 있고 가사는 전하지 않는다고 한다.
285) 중(衆)은 사부대중, 칼은 예리한 지혜를 뜻하는 말.
286) 뱀은 소리 나는 사(四=蛇, 뱀)로 곧 지·수·화·풍의 4대(大)를 의미하고 '회'라는 말은 4대 하나하나가 다 분석된다는 말이다.
287) 개고리[皆悟理], 곧 모든 것은 깨달아야 할 이치로 '공(空)'이라는 뜻이다.
288) 찔레는 진리(眞理)를 의미한다.
289) 평등(平等)은 불이(不二, 너와 내가 둘로 나누어지지 않는다)를 의미한다.
290) 『반야심경』의 주문(呪文) "아제아제 바라아제 바라승아제"를 의미한다.
291) 빛을 감추고 속진(俗塵)에 쉰다는 뜻으로 『노자도경(老子道經)』에서 나온 말. 불교에선 불·보살이 깨달음인 지혜의 빛을 감추고 중생을 제도하기 위하여 임시로 번뇌의 세진(世塵)과 같이 하고자 세속에 태어나서 중생과 인연을 맺어서 중생을 조금 조금씩 불법으로 인도하는 것을 말한다.

울렸으나 그 진심(眞心)을 더럽히지 않았고, 빛을 섞었으나 그 본체는 더럽히지 않았다."292)라고 했던 것이 그 예(例)입니다.

오늘 날의 우리가 옛 백제나 고구려의 영토에 원효스님이 창건하시어 수행하셨다는 사찰이 많은 것도 스님께서 그 지방에293) 가셔서 직접 교화한 일은 없지만, 핍박받는 민중들을 향해 오래도록 염불하고 노래하도록[울고, 울면서], 영향을 주어 범부왕생을 가르쳤다는 것을 반증할 수 있다고 봅니다.

또 그는 어떤 때는 '산수(山水)에서 좌선하는 등'294)이라는 기록을 보면 염불선(念佛禪)을 수행하였다고도 단정(斷定)할 수도 있습니다. 왜냐하면 원효스님께서 재세(在世)하실 때는 아직 우리나라엔 간화선(看話禪)은 유입되지 않는 시기였기에 지(止,사마타)·관(觀, 비빠사나)의 선(禪)이라고 봅니다. 그래서 저는 원효스님은 지관(止觀)의 염불선으로 자성미타를 체득하여 초지보살인 환희지에 오른 것으로 유추합니다.

또 서산대사(西山大師)의 선정일치사상과 사상염불(思像念佛) 또한 관념(觀念)의 한 유형으로 원효스님의 염불선을 따른 것으로 봅니다.

'누구나 선과 염불을 분별하여 수행하지 말고, 둘을 함께 지극히 수행하면 결국[究竟]에는 극치에 이르러 본성을 찾는 데는 둘이 아님을 안다.'는 뜻입니다.

---

292) 김상현 동국대 교수 『역사로 읽는 원효』 노래하고 춤추든 거리의 스승.
293) 원효스님은 주로 경주 부근에 주석하셨고 멀리 가셨다는 것이 상주(湘州, 현재는 경남 창녕군) 정도의 거리다.
294) 『송고승전(宋高僧傳)』 권4.

이러한 선정일치(禪淨一致), 선정동수(禪淨同修), 선정겸수(禪淨兼修), 선정쌍수론(禪淨雙修論)을 주장한 중국의 선사(禪師)로는 남종선계(南宗禪系)인 [법안종]의 영명연수(永明延壽 904~975)선사라고 합니다.

그는 일생동안 송경만선(誦經萬善)과 정토염불(淨土念佛)의 108사(事)를 수행의 일과로 삼았다고 합니다. 그는 선과 염불을 조화시켜 겸수로 하여 대립적인 입장을 취하지 않는 것으로 보입니다.

『정토성현록(淨土聖賢錄)』에는 그의 『참선염불사료간게(參禪念佛四料揀偈)』295)가 있습니다. 이 사료간게송이 연수(延壽)스님의 것인가라는 논란은 있으나, 연수스님의 사료간(四料揀)으로 알려져 있어서 소개드립니다.

제1의 선(禪)만 있고 정토(淨土)가 없는 경우로 당시의 선계(禪界)를 꼬집는 것으로

"이들[선객] 10인 중 9인은 길을 잘못 간다. 왜냐하면 만일 좌선 중에 무엇이 나타나면 거기에 정신을 빼앗겨 선정에 들 수가 없고, 순식간에 마군의 길로 빠져 버린다. 이들은 자신이 음마(陰魔)296)에 빠진 것을 깨닫지 못하고, 스스로 무상

---

295) 1. 유선무정토(有禪無淨土)-10인(人)9차로(蹉路,잘못된 길) 음경약현전(陰境若現前) 별이수타거(瞥爾隨他去)
　　2. 무선유정토(無禪有淨土) - 만수만인거(萬修萬人去) 단득견미타(但得見彌陀) 하수불개오(何愁不開悟)
　　3. 유선유정토(有禪有淨土) - 유여절각호(猶如戴角虎) 현세위인사(現世爲人師) 내생위불조(來生爲佛祖)
　　4. 무선무정토(無禪無淨土) - 철상병동주(鐵床幷銅柱) 만겁여천생(萬劫與千生) 몰개인의호(沒個人依怙)
296) 온마(蘊魔). 색(色)·수(受)·상(想)·행(行)·식(識)을 마군으로 본 것. 5온(五蘊)은 중생의 불성(佛性)을 잃게 함으로 이렇게 일컫는다.

(無上)의 열반을 얻었다고 말함으로써 미혹하고 무지하여 무간지옥에 떨어질 것"

이라고 당시의 잘못된 선의 병폐를 지적한 것으로 오늘 날에도 반드시 생각해 봐야 할 일입니다.

제2의 선은 없고, 정토만 있는 것은

"만약 하나라도 잘못됨 없이 모두 왕생한다. 만약 현세에서는 깨닫지 못했더라도 내세에는 아미타불 친견하여 깨달을 수 있으니, 깨닫지 못했다고 해서 무엇이 걱정되는가? 설사 이성(理性)을 밝히지 못했다 하더라도 오직 왕생만을 원하게 되면, 부처님의 가피력에 의해 속히 불퇴전지(不退轉地)에 이를 수 있네"

라고 함은 방일(放逸)에 매여 있는 양상을 바로 잡음입니다.

제3의 선도 있고, 정토도 있는 경우는

"선과 정토를 함께 수행[雙修]하는 것은 뿔 달린 호랑이와 같기 때문에 강하고 날렵한 것은 말할 것도 없고, 현생에서는 여러 사람들의 스승이 되고, 내생에는 부처나 조사[佛祖]가 되네."

라는 것입니다.

또 이러한 사람은 심오한 불법을 터득했기 때문에 가히 인·천 (人天)의 스승이 되며, 또 왕생을 발원하였기에 빨리 불퇴전위에 이르며, "허리에 십 만관(十萬貫)의 무거운 쇠를 차고도 학(鶴)을 타고 양주(楊洲)고을 위를 나는 것과 같다."고 합니다.

제4의 선도 없고, 정토도 없는 경우는

"쇠로 만든 침대와 쇠의 기둥처럼 싸늘하고 딱딱한 것과 같기 때문에 수많은 세월[萬劫千生]이 지나더라도 그 자체는 변하지 않고, 어느 누구도 그에게 의지하지 않는다. 이미 불교의 참다운 이치[佛理]에 어둡고 또한 왕생도 원하지 않는 미련한 자이기에 영겁(永劫)토록 생사윤회의 구렁텅이[沈輪]에 빠져 어찌 여기를 벗어나 생사를 초월할 수 있겠는가!"

라고 하면서, 마지막으로 "속히 불퇴전지위(不退轉地位)에 오르고자 하는 사람은 이 네 가지 중에서 자기에게 알 맞는 것을 선택하여 잘 수행할 지어다."라고 했습니다.

그러니 우리들도 연수스님의 말씀처럼 선과 정토의 수행을 겸하는 것이 가장 이상적인 방법이라 생각되어 집니다.

선정쌍수(禪淨雙修)야말로 현세에서는 인천의 스승이 되고 내세에는 불조(佛祖)가 될 수 있기 때문입니다. 또 앞에서 선정상관(禪淨相關)이라고 말한 바는 이론적인 면을 말한 것이므로 이는 선정쌍수론(禪淨雙修論)이나 염불선학(念佛禪學)에 해당된다고 할 수 있습니다.

그래서 이를 적극적 상관(相關)과 소극적 상관으로 나눕니다.

전자는 참선과 정토의 양교[禪淨兩敎]가 서로 긍정적으로 공유하기에 서로 상관적(相關的)인 입장으로 보면서 선과 정토를 함께 실천 수행하는 관계를 말합니다.

이에 반해서 뒤의 소극적 상관은 선정양교 중 어느 하나만을 선택하여 다른 것을 거부하거나 비판하면서 자신의 수행방법만이 유일하다는 치우친 소견[변집견(邊執見)]입니다.

곧 선은 정토를 비판하고, 정토는 선을 비판하는 것으로 선수행(禪修行)의 실천을 거부하거나 부정하며, 선도 정토교를 비판하거나 부정하는 것입니다.

요즘 선을 실참(實參)하는 사람 중에는 자기는 상근기라고 건방지게 자부하여 목과 어깨에 힘을 넣어 기도나 염불하는 사람을 하근기 중생이라 얕잡아 보고, 기도 염불하는 사람 중에도 '그대가 상근기라면 그래 나중에 이 몸 바꿔 저 세상에 갈 때는 반드시 후회하리라.'는 비아냥거림이 있습니다.

다음의 선정쌍수는 실천수행적인 측면에서는 선정별시쌍수(禪淨別時雙修)와 선정동시쌍수(禪淨同時雙修)로 나눌 수 있습니다.

곧 전자는 일생을 살면서 어떤 때는 참선을 실수(實修)하고, 또 어떤 때는 정토염불을 하는 경우입니다. 각기 시간적으로 다른 때에 선(禪)과 정(淨)을 그때의 사정에 따라 닦으므로 이를 선정별시쌍수라 합니다.

그러나 후자의 선정동시쌍수는 선(禪)과 정토염불행(淨土念佛行)을 동시에 겸수(兼修)하는 경우입니다.

강원도 정선군 남면에서 고추농사를 짓는 저와 고등학교 동창인 세속의 친구가 어느 날 물어 왔습니다.

스님! 나는 밤 시간 집에서는 참선을 하고, 낮에 밭에서 일하는 때는 염불을 합니다. 그런데 선종(禪宗)의 스님은 '참선만이 성불의 최첨단 길이니 참선만 하라.'하고, 천태(天台)의 스님은 '관세음보살만 열심히 염송하면 견성(見性)한다.'고 합니다. 그렇다면 저는 이것도 저것도 아니니 아무 것도 이룰 수 없다는 말씀인가요?

저는 대답하기를

'아닙니다. 참선을 하는 어떤 때와 염불을 하는 어떤 때는 다 같이 자성과 정토를 닦는 것으로 선정별시쌍수이니, 그런 말씀에 마음 흔들리지 마시고, 열심히 적극적으로 본인의 시간과 사정에 따라 정진만 하시면 됩니다.'라고 대답했습니다.

그런데 여기에도 두 가지로 구분됩니다.

적극적 쌍수와 소극적 쌍수로 나눌 수 있는데, 전자는 선(禪)을 수행하면서 한편으로는 염불을 병행하는 경우로 이는 어디까지나 선이 주(主)이고, 정토행(淨土行)은 부수적인 종(從, 따름)이 됩니다.

다음은 우리의 염불행 그 자체를 선적(禪的)인 행업(行業)으로 보는 경우입니다. 그러므로 정토행이 주이고, 선정(禪定)은 종(從)으로 삼습니다. 예를 들면 염불행 중 칭명(稱名), 관상(觀想), 실상(實相) 등의 행을 삼매로 보는 경우입니다. 삼매는 선정과 같기 때문에 염불삼매가 그대로 선정(禪定)입니다. 이러한 학설을 동국대(東國大) 선학과 교수이신 한보광스님은 「선정쌍수론(禪淨雙修論)」으로 건립하여 상세하게 설명하시고 실천수행하고 계십니다.

6. 염불할 때에도 공안(公案)을 챙겨야 합니다.

우리나라의 대표적인 불교종파인 [조계종]은 선불교를 지향하여 간화선(看話禪)을 주로 실참(實參)하면서도, 염불도 많이 합니다. 그래서 공안화(公案化)한 화두를 참구하고 체득해서는 무아법(無我法)에 안주하여 심왕과 심소가 적정케 하여 견성(見性)을 합니다. 그래서 공안의 화두는 우리의 목숨만큼 소중하게 여깁니다. 곧 수행자는 화두를 놓는 순간에 나무의 그루터기[올(杌)]와 같아지기 때문입니다.

이러함을 정토경전의 『아미타경』 등에서는 "집지명호(執持名號)하여 일심불란(一心不亂)의 상태가 되도록 하는 것."이라고 합니다.

그래서 저는 선과 정토가 우리의 본성(本性)을 찾는 데는 차이가 없다고 봅니다. 일심불란의 염불을 참선의 정(定)과 같게 봄으로써 염불공안도 꼭 필요하다는 생각입니다.

염불공안의 시작은 지철(智徹)스님(1310~?)으로부터 시작되었는데, 스님의 『선종결의집(禪宗決疑集)』 권1에는 다음과 같은 문구가 나온다고 합니다.297)

"혹 무자(無字)를 참구하거나 혹은 본래면목(本來面目)을 참구하거나, 혹 염불을 참구하는 자들은 비록 공안은 다르지만 의단(疑團)을 참구하는 방법은 모두 같다.

혹유참무자자(或有參無字者) 혹유참본래면목자(或有參本來面目者) 혹유참구염불자(或有參究念佛者) 공안수이의구시동(公案雖異疑究是同)"

---

297) 동국대 선학과 교수 한보광스님. 논문 『염불선(念佛禪)이란 무엇인가?』

라는 것입니다. 이로써 지철스님은 염불공안법은 참선의 공안을 참구하는 것과 같다고 하였음을 『지철선사정토현문(智徹禪師淨土玄門)』에서 말씀하고 있습니다.

"염불하기를 일성(一聲) 혹은 3, 5, 7성(聲)을 묵묵히 반문(反問)하라. '이 불(佛)! 이라는 한 소리는 어느 곳에서 나오는가?'라고, 또 '이 염불하는 자 누구인가[저염불적시수(這念佛的是誰)]?'라고 묻고, 의심이 있으면 일념(一念)으로 일념으로 의심을 없애라. 만약 문처(問處)와 가까워지지 않으면 의정(疑情)을 끊지 않았기 때문이니 다시 '필경 이 염불하는 자 누구인가?'라고 하라. 앞의 물음에서 적게 묻고 의심한다면, 오직 '염불하는 자 이것이 누구인가?'라고 하면서 자세히 묻고 자세히 물어라. 평하여 말하기를 바로 앞에 묻지 않고 오직 '이 염불하는 자 누구인가?'라고 간(看)하는 것이 좋다."

라고 합니다.

그래서 미타염불공안법(彌陀念佛公案法)의 원리는 간화선(看話禪)의 화두를 참구하는 방법[話頭參究法]과 다름이 없다고 봅니다.298) 곧 '나무아미타불이라고 염불하는 주체는 누구인가?'라고 하는 것입니다.

염불하는 실체를 찾으면서 염불을 반복하는 것은 '무자화두(無字話頭)'를 참구하는 방법과 다르지 않습니다. 왜냐하면 이 방법은 『선종결의집(禪宗決疑集)』에서 말씀한 것과 같이 "화두는 다르지만 의정(疑情)하는 방법은 같다."고 하신 말씀과 같기 때문입니다.

또 염불공안참구법(念佛公案參究法)에 대하여 천진남봉목선선사

---

298) 상 동.

(天眞南峯木善禪師 1419~1482)는 다음과 같이 구체적으로 언급했습니다.

"만약 생사를 요달(了達)하고자 한다면, 먼저 잠깐(먼저) 대신심(大信心)을 발하고 큰 서원을 세워야 한다. 이 대원을 발하고, 그 마음을 방호(防護)하면 틀림없이 공안을 감당할 수 있다. 혹은 무자(無字)를 간(看)하면 긴요하게 '무엇 때문에 개에겐 불성이 없는가?'라고 하는 곳에 힘[마음]을 집중하라. 혹은 만법귀일(萬法歸一)을 간(看)하면 긴요하게 '이 한 물건[일물(一物)]은 어디로 돌아가는가?'라고 하는 것에 두어라. 혹은 염불을 참구하면 긴요하게 '부처를 생각[念]하는 자는 누구인가?'에 두어라. 회광반조(回光返照)²⁹⁹⁾하여 깊은 의정(疑情)에 들어가라. 만약 화두를 얻으면 돌이키어 전문(前文)을 제창하고, 이어서 말구(末句)에 이르러서도 처음과 끝이 일관된다면 틀림없이 두서(頭緖)의 의심을 낼 수 있다. 의정(疑情)을 끊지 않고 절절히 마음을 쓴다. 깨닫지 않고 걸음을 옮겨 몸을 뒤집고 허공에 곤두박질하면 오히려 다시 와서 몽둥이[가르침]을 받으라."

라고 했습니다.

이렇게 보면 천진남봉목선선사는 지철(智徹)스님 보다 더 구체적인 방법을 제시했습니다.

먼저 대신심을 일으키고 서원(誓願)을 발하여 화두를 참구해야 한다고 했습니다.

이렇게 해야만 화두참구를 감당할 수 있다고 함은 신심(信心)과 원력(願力)이 짝꿍이 되지 않으면 참구는 될 수 없음을 뜻한다고 보아야 할 것입니다.

---

299) 언어나 문자에 의지하지 않고, 자기를 회고반성(回顧反省)하여 곧 바로 심성(心性)을 돌이켜 비쳐보는 것. 여기서는 의정이 깊어지면 화두가 잠시의 중단도 없이 계속하여 깊어지는 상태로 진공묘유(眞空妙有)의 상태가 된다.

그렇다면 여기서의 신심과 원력은 어떤 뜻일까요.

먼저 신심 곧 '믿음'에 대해 우리네 훌륭하신 스님들께서 『화엄경』 「현수품」의 "믿음은 모든 공덕의 어머니다."라는 구절을 인용하시어 말씀하시지만, 신심(信心)에 대해 어떤 이익과 덕(德)과 능력[能] 등이 있는지를 구체적으로 설명을 하시는 분을 저는 아직 만나 뵙지 못했습니다.

그렇다면 어떤 이익[좋은 점]과 덕과 능력이 있기에 '믿는 마음이 중요하다.'는 것일까요.

첫째는 참된 존재[實有][300]를 믿으면, 모든 법의 현상[실사(實事)]과 본질[理置]에 대해서 깊게 믿어짐으로써 마음을 억제[忍定]할 수 있는 능력이 생깁니다. 곧 자신에게 닥친 어떤 고난과 어려움도 연기성(緣起性)임을 알고 능히 참아낼 수 있는 성격이 형성된다는 뜻입니다.

둘째는 덕(德)이 있음을 믿는 것이니, 삼보의 진실하고, 청정한 덕[301]에 대해서 깊이 믿으면 좋아지기 때문입니다.[302] 이는 『화엄경』의 육상원융(六相圓融)에서 말하는 각자의 역할에 대한 말씀과 같습니다. 곧 한 채의 한옥(韓屋)에서는 대들보와 서까래와 기둥 등은 서로 각각의 역할을 감당함으로써 하나로 완성된 훌륭한 집을 이룰 수 있는 것과 같습니다.

---

300) 그 자체가 참으로 실재(實在)하는 것을 실유(實有)라 하고, 인연화합(因緣和合)에 의해 임시적으로 있는 것을 가유(假有)라 한다.
301) 동체(同體)와 별체(別體)와 유루와 무루의 주지(住持)와 참다운 길로 나아 감[眞行] 등을 말한다.
302) 유덕(有德)을 얻는 것으로 삼보의 진정한 덕에 대해서 깊이 신락(信樂)을 일으킴이다.

셋째는 능력이 있음을 믿는 것이니, 일체의 세간과 출세간의 선(善)에 대해서 자타(自他)에 대한 힘이 있어서 '지금은 능히 무위선(無爲善)을 얻음과 나중[後]에는 능히 유위선(有爲善)을 성취한다.'는 것을 깊이 믿으면 희망[欲]을 일으킬 수 있기 때문입니다. 곧 무위선(無爲善)을 얻고 유위선(有爲善)을 성취하기도 하고, 혹 세간의 선을 얻고 출세간의 선을 성취하는 것 등입니다.

이로 말미암아 현상[實事]을 믿지 않는 마음을 다스리고 세간과 출세간의 선을 증득하고[무위선] 닦을 것[유위선]을 능히 일으켜 좋아하고 즐기는 것입니다.

다음의 원력(願力)이라는 것은 곧 발보리심으로 원효스님의 『무량수경종요』에서 말씀한 무상보리심입니다. 세간의 부귀행복(富貴幸福)과 삼승열반(三乘涅槃)도 돌아보지 않고 한결같이 삼신(三身)의 보리(菩提)로 향하는 것입니다.

한량없는 번뇌를 끊고, 한량없는 부처님의 가르침을 받아 닦으며, 한량없는 중생을 모두 구제하는 것으로 이를 실천하는 것이 무상보리를 구하는 원력입니다.

신심과 원력으로서의 공안참구방법은 '무자(無字)'나 '만법귀일(萬法歸一)'이나 염불공안이 모두 동일한 방법으로 전개되는 것을 볼 것을 권하면서, 특히 염불공안은 "염불하는 주인공은 무엇인가[시심마(是甚麼)]?"에 두라고 했습니다.

이렇게 공안을 참구하면서 의정(疑情)에 들어가는데 앞서 화두를 부르고 끝에 이르게 되면 그 화두를 살필 수 있으며, 의정이 끊어지지 않도록 절절히 마음 쓰기를 '고양이가 쥐 잡듯이, 닭이 알을 품듯이 지극하고 지극하게 하여 깨달음을 이룰 때까지 가야 한다.'고 했습니다. '만약 깨닫지 못하고 포기하거나 의정을 놓치면 경책의 가르침[몽둥이]을 다시 받으라.'고 했습니다.

이러한 방법을 다시 정리하면 먼저 대신심과 원력이 바탕이 되고 다음은 공안의 참구이며, 다음은 의정을 하는 단계로 체계를 세웠습니다.

이 의정은 간화선의 화두를 제창하는 것으로부터 시작됩니다. 직접으로 말한다면 바로 화두는 단적으로 드러난 '그 무엇'을 가리킵니다. 이것은 어떤 분별과 논리로도 정리하여 배치할 수 없습니다. 교학의 근본교리나 선종의 종지(宗旨)를 근거로 하여도 '그 무엇'은 설명되지 않습니다. 그래서 진각국사(眞覺國師)303)는 이해와 분별을 위한 모든 언어의 수단을 버리고, 그 자리에서 '만나라'고 했고, 만나고 나면 눈앞에 드러난 '이것'이지만 여전히 배치하지는 못한다고 했습니다. 배치하려 하면 다시 언어와 논리 등의 매개체에 속박될 뿐이기 때문입니다. 그때마다 눈앞에 펼쳐진 상황 또는 시절인연에서 만나는 것이 다름 아닌 궁극적 진실이라는 뜻을 진각국사는 전하고 있습니다. 이것이 이미 설정되어 있는 화두의 진실입니다.

이는 앞에서 언급한 일자염불이나 인성염불법(引聲念佛法)과 비슷한 점이 있습니다. 그렇다면 염불공안의 이론적인 근거는 어디에 둘 것인가에 대해서 천여유칙(天如惟則)선사(? ~ 1354)는 『선관책진(禪關策進)』에서 다음과 같이 언급했습니다.

"또 스스로 염불과 참선이 같지 않다고 의심하는 사람이 있다. 이는 모르는 소

---

303) 고려시대의 스님. 혜심(慧諶)의 익호(謚號).

치이니, 참선은 오직 마음을 알고 성품을 보고자 함이며[견성], 염불은 자성의 미타(彌陀), 유심정토(唯心淨土)를 깨닫는 것인데[염불자오자성미타유심정토(念佛者悟自性彌陀唯心淨土)], 어찌 두 가지 이치가 있겠는가? 경전에서 말하기를 '부처를 기억하고 부처를 염하면, 금생에 눈앞에서 반드시 삼매[禪定] 중에 부처를 본다."

라 했습니다.

'이미 눈앞에서 부처를 보았다.'고 하면 곧 참선하여 오도(悟道)한 것과 무엇이 다르겠습니까.

어떤 사람이 물어서 대답하기를

"오직 아미타불이라는 4글자를 하나의 화두로 삼아서 24시간 중에서 일념불생(一念不生)에 이르면 순서를 거치지 않고 바로 불지(佛地)에 도착한다."

고 했습니다.

여기서 천여유칙선사는 염불공안의 근거를 '자성미타(自性彌陀) 유심정토(唯心淨土)'에 두고 있으니, 이것은 불성을 밝히는 견성으로서 아미타불을 친견하는 견불(見佛)과 같으므로 서로 다르지 않다는 뜻입니다.

그 이유는 아미타불은 자성이 미타(彌陀)304)이므로 견불도 결국은 견성(見性)이라는 의미입니다.

그렇다면 선정(禪定)에서 염불하면 아미타불이 눈앞[目前]에 나

---

304) 범어 Amitābha. 아미타불(阿彌陀佛)과 같은 말. 무량수(無量壽)·무량광(無量光)·무애광(無礙光)·감로왕여래(甘露王如來) 등으로 한역한다. 『大日經』 권하(卷下)에 "미타는 진금색으로 월륜(月輪)과 파드마(padma, 붉은 연꽃)에 둘러 싸여 계신다." 라 한다.

타남을 말하는 것인데, 그 근거는 『반주삼매경(般舟三昧經)』등에서 역설하는 현재불실재전립삼매(現在佛悉在前立三昧)와도 같습니다.

또 '아미타불' 넉[四]자를 화두로 삼아 하루 24시간을 참구하여, 어떤 다른 생각은 잠시도 일어나지 않는 경지에 이르면[一念不生], 순서를 거치지 않고 바로 부처님 지위[佛地]에 이르게 된다고 하는데, 이렇고 이렇게만 염불공안(念佛公案)만 참구하여도 부처님의 참뜻을 문득 깨닫는 데[頓悟]에 이를 수 있습니다.

이러한 자성미타 유심정토설의 연원은 대승경전의 여러 군데서도 찾을 수 있습니다.

그 중에서 가장 대표적인 경전이 『유마힐소설경(維摩詰所說經)』 권상(卷上)에 있는 「불국품」입니다.

– 앞부분 생략. "올곧은 마음[直心]이 바로 보살의 정토이니, 보살이 부처가 될 때에 공덕을 갖춘 중생[불첨(不諂)305)의 중생]이 그 나라에 와서 태어난다.[내생(來生)] – (중간부분 생략) – 그러므로 보적아! 만약 보살이 정토를 얻고자 한다면, 마땅히 그 마음을 맑게 해야 한다. 그의 마음이 맑음[청정]에 따라서 곧 불국토(佛國土)도 곧 맑아지기 때문이다." 뒷부분 생략 –.

라고 합니다.

---

305) 범어 parikalpa. 혹은 abhinirūpaṇā라 하고 팔리어로는 parikappa. 헤아리고 분별하는 것. 『도서』에 "망령(妄靈)된 생각으로 나와 일체법을 두루 계탁하여 그 하나하나를 집착해서 실제로 있다고 한다."고 하여 모든 존재의 본성이 공(空)한 것을 모르고 주관적으로 헤아려 유(有)라고 집착하는 것임을 밝혔다. 『종경록』 권40에 "일체만법은 모두 마음이 창조한 것이다. 마음이 헤아리고 분별하는 것을 떠나면 모든 종지(宗旨)를 잃어버린다."고 한다.

"중생의 마음이 청정해지면 보살의 불국토 또한 청정해진다."고 하니, 중생의 자성과 보살의 마음과 불국토가 다르지 않음을 말하는 것이지요.

이러함은 간화선의 유형과 같으므로 염불에선 선을 껴안고 선에서는 염불을 품어 안았다는 뜻으로 선적(禪的)인 염불법이라 할 수 있습니다.

앞으로 간화선이 활성화 될수록 더욱 그 능력도 활성화 될 수 있는데, 그러니 어째서 염불법이 하열한 중생들만의 몫이라 하겠습니까.

그 이름이 염불이지 어찌 이 염불기도 속에 간화선의 1,700여 공안(公案)이 녹아 있지 않겠습니까.

우리는 염불공안에 대해 확실한 믿음과 실천으로 자기화하면 본인의 소원성취와 이타(利他)의 공덕도 이룰 수 있다는 것을 알 수가 있습니다.

또 이러한 염불선을 우리나라에서 체계화하여 정립시키고 두루 수행하시는 분이 동국대 선학과 교수이신 한보광스님이라고 앞에서도 말씀드렸습니다. 이렇게 체계화되고 정립된 염불선에 의해 기도를 해야 제대로 된 기도로 소원성취가 엄청 빨라집니다. 이러한 논리에 입각하여 보면 결코 선의 수행과 염불수행이 자력과 타력으로 나누어지는 것이 아니고, 다 같이 근본자성을 찾아 자기완성을 이루는 데는 서로 다르지 않습니다.

자기 집 현관(玄關)을 나서서 양산 통도사(通度寺)에 가는 길306)은 참선과 염불의 두 길이 있는데, 그 길은 본인의 근기와 형편에 알맞은 길을 선택하시면 됩니다. 직접 운전하여 자가용의 선정

삼매로 가든지, 버스나 열차의 염불삼매나 관불삼매(觀佛三昧)로 가든지 자기의 취향과 근기에 맞추면 되는 것으로 말은 다르지만, 통도사의 일주문[도착점]은 다르지 않다는 것을 우리는 알고 있지 않습니까.

이제 미래 우리의 참다운 신앙생활로는 '지체비용(智體悲用)'의 이론을 더욱 구체적으로 정립하고, 그 수행방법으로 염불선이나 선수행(禪修行)을 실천하여 너나 가릴 것 없이 모두 이렇게 무상(無常)한 연기(緣起)에서 무상(無相), 무아(無我), 무주(無住)가 우리의 참다운 자성이라는 것을 깨달아 미래세상이 다하도록 행복한 삶이 되도록 노력하여 기도하고 실천해야 합니다.

여기서 말하는 '지체비용(智體悲用)'이라는 말은 곧 지혜를 체성으로 삼고, 자비를 작용[行相]으로 삼아 실천해야 한다는 뜻입니다. 그래서 선(禪)의 자력(自力)과 염불(念佛)의 타력(他力)은 둘이 아니라고 말씀드립니다.

낙동강 7백리의 모래알처럼 많은 부처님들은 본원(本願)과 별원(別願)을 건립하고 수행하시어 자신을 성취하셨기 때문에 무량한 공덕을 갖추고 계십니다. 누구나 이러함을 확인하는 수행이 기도이므로 행하면 부처님이나 보살님과 감응하여 가피[가지(加持)]를 얻게 됩니다.

그런데 이러한 타력신앙의 기도염불은 불교의 근원적 입장인 '자등명(自燈明), 법등명(法燈明)으로 수행하라.'는 부처님의 마지막 가르침[유훈(遺訓)]에 교리적으로 모순되는 것 아닌가라는 의심에

---

306) 부처님의 4법인(四法印)으로 제행무상(諸行無常)·제법무아(諸法無我)·일체개고 (一切皆苦)의 진리를 통달하여 체득하면 열반적정(涅槃寂靜)에 이르는 길.

의해 논란이 있을 것 같지만, 그렇지 않습니다.

왜냐하면 기도의 타력과 선의 자력과는 아무런 장애 없이 일심에 원융(圓融)하기 때문입니다. 기도는 선과 다른 별개의 타력이 아니기에 자력이면서 타력이고, 타력이면서 자력입니다. 왜냐하면 불•보살님의 위신력에 감응하여 가피를 얻기 위해서는 기도하는 이도 일심(一心)이고, 선을 참구하는 참선인도 일심인데, 이러한 일심은 자력과 타력으로 나누어지지 않기 때문입니다.

이러한 사실을 잘 명심한다면, 기도수행을 하는 행위에서 '맹신(盲信)한다'는 비난과 '의심하는' 장애도 없앨 수 있습니다.

그러나 다른 한편으로는 최초로 선교일치의 여래선을 주창(主唱)한 규봉종밀(圭峰宗密)스님의 『도서(都序)』 서문에서 배휴(裵休)선사는 단도직입적으로 묻고 있습니다.

- 앞부분 생략. "어떻게 한 분의 부처님으로부터 시작한 불교의 종의(宗意)를 용수보살은 『중론』에서 '공(空)'이라 했고, 마명(馬鳴)보살은 『대승기신론』에서 '진여일심(眞如一心)'이라 했으며, 용수의 공관(空觀)에 대항한 천태(天台) 지의(知顗)대사는 '일심삼관(一心三觀)'이라 풀이하였으며, 법융은 일체의 공적(空寂)으로만 이해시키려고 했습니다. 또한 보리달마(菩提達摩)로부터 받아드린 중국의 선법에서 5조 홍인(弘忍)의 제자인 6조 혜능은 돈오만을 주장하여 오늘 날 우리나라의 선종까지 이를 따르며, 같은 스승의 제자인 신수 대사는 '점수(漸修)'라 하였으며, 혜능으로부터 전래된 남종선의 [홍주종] 마조스님은 '망념(妄念)이 청정한 자성이라'고 설법했으며, [하택종]의 신회(神會)스님은 '망념은 본래부터 존재하지 않았다. 무념무심(無念無心)의 영지(靈知)가 청정한 자성[空寂靈知]이라." 뒷부분 생략 -.

고 했습니다.

이에 대하여 어떤 분이라도 저에게 '어떤 말씀이 옳으냐?'고 묻는다면 저는 '묘원진정(妙圓眞淨)을 다르게 찾는 수고를 하지 마시라.'고 하겠습니다.

길을 안내하는 길잡이의 손가락 끝에 둥글둥글한 달이 거기에 있는데, 얼마나 많은 사람들의 눈이 장님과 같습니까. 다만 가리키는 손가락 끝을 향하여 눈을 활짝 열기만 한다면, 눈에 가득히 들어오는 싸늘한 광체는 갈무리할 곳이 없을 것입니다.

산과 들, 강물과 바다는 다 하나의 하늘에 맞대어 있어도 각각 자신들의 모양새를 이루고 있기 때문입니다.

또 용수보살(龍樹菩薩)은 그의 저서 『십주비바사론(十住毗婆娑論)』의 「이행품(易行品)」에서는 칭명사상(稱名思想)에 대하여 설(說)하고 있는데, 염불공안을 가지고 칭명에 의해 보살도를 성취하고 불퇴전위(不退轉位)[307]에 들어간다고 주장합니다.

용수보살은

– 앞부분 생략. "보살이 대승불교를 받들어 불퇴전위에 도달하는 데는 난행도(難行道)와 이행도(易行道)의 두 가지의 길이 있으니, 신명(身命)을 아끼지 않고 6

---

307) 범어 avinivartanīya. 자신이 성취한 경지에서 물러나 그보다 하열한 단계로 떨어지는 일이 생기지 않는 지위. 『대반야경』 권299에 "이와 같은 반야바라밀다는 이미 매우 깊어 헤아리기 어렵고, 한량없어서 믿고 이해하기 어려우니, 새로 배우는 대승보살 앞에서는 설하지 말아야 합니다. 그는 이 깊은 반야바라밀다에 대해 들으면 놀라고 두려워 의혹하는 마음을 일으켜 믿고 이해할 수 없을 것입니다. 다만 저 불퇴전위에 도달한 보살 앞에서만 설해야 할 것이니, 그가 이와 같은 깊은 반야바라밀다에 대해 들으면 마음으로 놀라는 일이 없고 두려움도 없으며, 떠는 일도 없고 의심도 없으며, 듣고 나서는 바로 믿고 이해하여 수지하고 독송하며, 이치대로 사유하고 다른 사람을 위해 설할 것입니다."라 한다.

바라밀을 행하고 정진·노력하여 긴 세월에 걸쳐 수행을 닦아 불퇴위에 들어가는 것을 난행도라 이름하며, 제불의 명호를 마음 기울려 부르고, 공경예배(恭敬禮拜)하면 쉽게 불퇴위에 도달하는 것을 이행도라 부른다." 뒷부분 생략 -.

라고 합니다.

그런데 여기서의 칭명(稱名)은 한 부처님의 명호만을 부르는 것이 아니고, 수많은 부처님과 보살님의 명호를 부르는 것입니다. 마치 경북 영천의 [거조암]에서는 매일 사시불공 때마다 500분 나한님의 명호를 부르는 것과 같은 뜻입니다.

많은 제불·보살의 명호를 부름에 의하여 보살도를 성취하고 불퇴전위에 들 수 있다고 하여 보살도의 하나로 칭명을 말함은 주목할 일입니다.

또 세친보살은 그의 저서 『왕생론(往生論)』에서 정토왕생의 행으로서는 오염문(五念門)을 설하는 중에 제2찬탄문(第二讚歎門)에서는

- 앞부분 생략. "어떻게[如何] 찬탄할 것인가?
입으로써[口業으로] 찬탄하라. 그 여래의 이름을 칭하고, 그 여래의 광명지상(光明智相)과 같이, 그 명의(名義)와 같이 여실히 수행하여 상응하고자 하기 때문에" 뒷부분 생략 -.

라고 말씀하여 말에 의한 찬탄을 설하고 있는데, 아미타불 또는 무애광불(無礙光佛), 무량광불(無量光佛)이라고도 합니다.

우리는 불·보살님을 본심(本心)으로 찬탄할 때 비로소 그 분들의 원력과 지혜와 복덕 등과 상응하여 한량없는 가피를 입을 수 있습니다.

7. ○○스님은 '지장기도(地藏祈禱)'로 속가 부친을 살렸습니다.

※ 스님의 실명을 사용하지 않고 '○○스님'이라고 표기한 것은 스님 본인이 실명 밝히기를 한사코 원하시지 않아서입니다.

제가 잘 아는 ○○스님은 우리나라 유명대학의 법대를 졸업하고 사법고시에 도전하여 1차 시험에 2번 합격하였으나 그만 포기하고 법무부 고급공무원이 되었습니다. 공무원으로 근무하던 중 국비로 중국 북경의 인민대학(人民大學)에 3년 동안 유학도 했습니다. 국비로 유학했기에 유학기간만큼은 국가에 봉직해야 한다는 조건이 있었기에, 그 기간을 채우는 도중 '사람이 사는 목적과 방법이 진정으로 이런 것만은 아니다. 분명히 다른 길도 있을 텐데 왜 나는 지금까지 한쪽방향으로만 걸었는가?'라는 마음의 병에 걸려 결혼도 포기한 체 가슴에 걸린 가시[荊]가 내려가지도 뱉어지지도 않아 깊이 번민하다가, 어느 날 우연히 부산 해운정사에 인간의 생·로·병·사와 우·비·고·뇌를 도탈하신 도인스님이 계신다는 말을 듣고는 무작정 사직서를 내고는 이름만 듣고 해운정사에 내려가 행자생활을 시작했습니다. 지금까지 종교는 불교라고 당당하게 말은 했지만, 절에 가서 스님의 지도를 받으면서 수행해 본 일도 없고, 전문적인 가르침도 받아 본 일도 없었습니다.

그런 행자가 얼마나 일상(日常)이 힘든지 옆에서 보는 내가 안쓰러워 가슴이 저렸습니다.

그 때까지는 육체적인 노동이라곤 해 보지 않던 곱고 고운 서울 출신의 행자가 선참 행자를 따라 새벽 2시 반이면 일어나 아침에

불 준비를 해야 하고, 낮에는 얼마나 해야 할 일이 많은지 겨울에
도 행자복을 갈아입어야만 되는, 말로는 표현할 수 없는 고된 나날
의 생활이었습니다. 행자생활의 혹독함은 밤 9시가 넘어야 그날의
행자가 해야 할 바깥일을 끝내고 또 행자가 알아야 할 교육을 고
참자로부터 받아야 했으니 정말 해운정사의 행자교육은 무척 힘들
었습니다.

밤 10시, 잠자리에 들 때는 손가락을 오므리면 펴지질 않는 상태
의 몸이기에 '내일 아침에는 내가 일어나지 못하고 시체로 남아 있
을 것 같다.'는 생각이 들었다고 합니다. '그러나 새벽 2시 반이면
또 일어나지니 참으로 신기한 일이었다.'고 회상했습니다.

이러한 행자생활을 마치고 사미계를 받고나니, 또 해운정사에서
는 「국제무차선대법회(國際無遮禪大法會)」가 있어서 준비하느라
○○사미(沙彌)는 정말 고생이 말할 수 없었지요. 그런데 희한한
일은 ○○사미 가슴에 걸려 그렇게도 괴롭히든 가시[荊]도 선방에
방부(房付)도 하고 구도자로서 수행을 법답게 하자 자신도 모르는
사이에 사라지었다고 합니다.

그 이후 도움이라고는 조금도 주지 못하고 옆에서 보고만 있던
나는 오래 만에 '○○사미스님이 전북 장수 성관사의 선원에서 산
철에도 도반스님과 함께 정진한다.'는 소리를 듣고 찾아가 만나서
는 나는 "아! ○○스님!"이라고 이름만 부를 뿐 다른 말은 할 수가
없었습니다.

수행자로써 구법(求法)의 동병상련(同病相憐)을 겪는 우리들이
기에 말을 할 수가 없었습니다.

이렇게 자신의 길을 잘 가는 스님도 의보(依報)로 받은 이숙과보

(異熟果報)는 반드시 어쩔 수 없이 그대로 받아야만 하는 시기가 도래했습니다.

막 구족계를 받은 스님은 대구 동화사 금당선원에서 하안거를 난 다음, 그해 가을산철과 겨울안거는 경북 성주에 계시는 은사스님의 토굴에서 은사스님을 시봉하면서 조금도 흐트러짐 없이 정진했습니다. 겨울안거가 끝날 무렵 우연히 속가로 친척(親戚)되는 스님과 전화 통화를 하다가 속가의 부친이 갑자기 쓰러졌다는 소식을 듣게 되었지요. 평소에 혈압이 높은 것도 아닌데 중풍이 와서 연세세브란스병원 응급실에 계신다는 소식이었습니다.

그러나 이 산문(山門)에 들어선 수행자는 그냥 허망한 마음의 작용에 휩쓸려서는 안 된다는 마음으로 이를 악물고 하루 8시간씩은 안거가 끝날 때까지 수선(修禪)했습니다.

막상 속가와 가볍게 인연을 단절하고 이 산문에 들었지만, 그래도 부모와 자식 간의 정(情)은 차마 떨쳐버리지 못하는 아픔이 자신의 마음을 꽁꽁 묶어 바짝 조여 왔습니다.

부친 소식을 접하고는 마음이 뒤숭숭하여 갈피를 잘 잡지 못하고 있는 중 우연히 서재(西齋, 스님이 사용하던 방)에서 광주직활시 광륵사(光勒寺)의 신춘열법사님이 번역한 『업설지장경(業說地藏經)』을 보게 되었습니다. 특히 그 가운데서 「견문이익품(見聞利益品)」 제12의

─ 앞부분 생략. "또 관세음아! 만약 미래나 현재의 모든 세계 중에서 6도(六道)의 중생이 목숨을 마칠 때가 되어 지장보살의 이름을 얻어 들음이 한 소리만이라도 귓가를 스치더라도 이 모든 중생은 영원히 삼악도(三惡道)의 괴로운 곳에는 떨어

지지 아니 하는데, 어찌 하물며 목숨을 마칠 때가 되어 부모나 권속이 이렇게 목
숨을 마치는 사람의 집이나 재물과 보석과 패물(貝物)과 의복을 팔아 지장보살의
형상을 조성하거나, 그림을 그리며, 혹 병든 사람이 죽기 전에 혹 눈으로 보게 하
고 귀로 듣게 하여 도(道)를 아는 권속으로 하여금 집이나 보배나 패물 등을 소비
하여 그 자신을 위하여 지장보살의 형상을 조성하거나, 그림으로 그리게 하면, 이
업보가 중병(重病)을 받는데 합당하더라도 이 공덕이 이어져 곧 병을 없애고 낫
게 되어 수명이 늘어난다. 이 사람이 만약 이 업보로 수명이 다하여 모든 것의 죄
장(罪障)과 업장(業障)으로 악취(惡趣)에 떨어짐이 마땅하더라도 이 공덕이 이어
져 명(命)을 마친 뒤에는 곧 인간세상과 천상(天上)에 태어나서 승묘(勝妙)한 즐
거움을 받고, 모든 것의 죄장은 모두가 다 소멸될 것이다" 뒷부분 생략 -.

  라는 경의 구절을 읽었을 땐 불 꺼진 재[회(灰)]처럼 식은 수행
자의 감정이었지만, 눈물이 왈칵 쏟아지면서 눈이 확 뜨였습니다.
  속가 부친을 소생시킬 수 있는 길이 있다는 것을 확신할 수 있
었기 때문입니다.
  이 말은 아버지가 소생하면 그간의 어머니와 부부지간으로 살면
서 여러 가지 행업에 의해 맺어진 매듭을 풀고 저 세상으로 가실
수 있는 일이 아닌가?
  곧바로 그 『업설지장경』에 있는 연락처로 전화하여 신춘열법사
님과 통화하여 지장탱화를 조성하게 될 경우 모실 수 있는 사찰
등을 상의하였습니다.
  이때 신 법사님은 광주의 마하연선원을 소개해 주었고, 마하연선
원의 주지스님[목우]은 탱화를 조성할 경우 가장 적당한 금어(金魚
, 불상을 그리는 사람)로 대전의 여천(如天)거사님을 추천해서 그
에 따라 여천거사님께 연락하여 대금 200만원으로 지장탱화를 조

성키로 약속하였습니다.

곧바로 속가에도 전화하여 지장탱화 조성의 취지를 말씀드리고, 부친의 통장에서 탱화대금을 지불할 준비를 하도록 하였습니다.

이즈음 부친은 연세세브란스병원 담당교수의 절망적인 소견에 의해 보훈병원으로 옮겨 입원했습니다.

스님의 모친은 미우나 고우나 일생을 함께 해온 부부의 정(情)으로 정성껏 부친을 간병하시다 보니 모친도 너무나 힘에 부대꼈습니다. 그래도 성심껏 간병을 했습니다.

그 후 얼마를 지난 뒤, 보훈병원 측에서도 '더 이상 치료할 경우에도 소생할 가능성이 없다.'는 확진을 받고는 어쩔 수 없이 집으로 퇴원했습니다. 이때에 병세는 더욱 악화되어 부친은 거동은 고사하고 밥숟가락도 들지 못하고 대소변도 가리지 못하는 위중한 상태라는 소식을 들었습니다.

이때 스님은 "출가사문이 청정하면 9족까지 평안하다."는 옛 어른 스님들의 말씀이 생각나 펼쳐져 작용하니[現行] 너무나 괴로웠습니다. 아무리 일어나는 번뇌가 자성이 없다는 것을 생각하지만, 강력하게 일어나는 일체종자식(一切種子識)은 이숙식(異熟識)이 지니는 모든 유루법(有漏法)과 무루법(無漏法)의 종자로, 이것은 식의 체성에 포함되기 때문에 소연(所緣)이 되는 것을 관찰하니, 중생이 받아야 하는 신고(辛苦, 매운 맛)가 큰 파도처럼 밀려오는 것을 느꼈습니다. 아무리 큰 파도가 오더라도 휩쓸리지 않으려고 더욱 화두의 고삐를 당기면서 억지로 동안거를 끝냈으나 스님은 속가로 가지 않고, 하안거 방부를 하기 위해 법주사에 갔다가 부친 소식을 처음 전해 주었던 친척뻘 되는 스님의 거처[경북 문경]로 가서 며칠 동안 지내고 있는데, 마침 그때 그곳에서 우연히 이름이 상당히 알려진 역술가[금강 선생]를 만나게 되었고, 거기서 만난 금강 선생은 '부친의 명(命)은 아무리 길게 잡아도 이 세상에서는 금년 음력 4월을 넘기지 못한다.'고 했습니다.

스님이 '내가 불·보살님께 기도하면 소생하여 수명이 늘어나 연장되는 경우도 있지 않느냐?'고 묻자, 그 금강 선생은 '그럴 경우에는 예외도 충분히 있을 수 있다.'고 했습니다.

스님이 은사스님의 토굴에서 부친 소식을 듣고『업설지장경』을 접한 직후부터 탱화조성을 추진하는 동시에『지장보살본업경(地藏菩薩本業經)』100독(讀)을 발원하고, 이『경』을 독송하였지만, 정진 중에 틈틈이 하는 독경이라 하루에 2～3독 정도이지만 꾸준하게 하였습니다.

다시 문경에서 법주사로 가서 정진과 독경을 계속하다가 탱화가 완성될 무렵 서울 속가로 가서 부친과 가족을 만났습니다.

마침내 탱화가 완성되어 여천거사님이 탱화를 서울까지 이운(移運)해 오셔서 속가 벽에 걸고는 부친을 양쪽에서 부축하여 겨우 지장보살님께 3배의 예를 올렸습니다.

그런 후 탱화는 마하연선원으로 이운해 가고 스님은 다시 법주사로 가서 정진과 독경을 계속하여 하안거가 시작되기 3일 전에『지장경』100독을 마치고, 그날 밤에 지장보살님 전에 3,000배로 회향하는데, 2,500쯤에는 강력한 마장(魔障)이 일어나서 큰 곤혹을 치르기도 했습니다.

이 기도 중에 스님은 불·보살님에 대한 믿음 심소는 '참된 존재와 공덕과 자재한 능력에 대해서 깊게 마음을 억제하고, 좋아하며,

원하여 심왕[믿음의 자체를 나타냄]을 청정하게 하는 것을 체성으로 삼는다.'는 것과 '불신을 다스리고, 선을 좋아하는 것을 업으로 삼는다.'는 것을 알 수 있었다고 합니다.

이러한 믿음의 심소는 '참된 존재를 믿는 것으로 모든 법의 현상[事]과 본질[이치]에 대해서 깊이 믿으면 마음을 억제[忍定]하여 참을 수 있고, 삼보의 진실되고 청정한 덕[同體와 別體]과 유루와 무루의 주지(住持)와 진행(眞行, 참다운 길로 나아 감) 등을 진실로 믿고 좋아하면 덕이 있음을 얻는 것으로 삼보의 진정한 덕에 대해서 깊이 신락(信樂)을 일으킬 수 있으며, 모든 세간과 출세간의 선에 대해서는 힘이 있어서 지금은 능히 얻음과 나중에는 능히 성취한다는 것을 깊이 믿으면 희망[欲, 무위선(無爲善)]을 얻고 유위선(有爲善)을 성취하기도 하고, 혹 세간의 선(善)을 얻고 출세간의 선을 성취한다는 것을 알 수가 있었다고 합니다. 이로 말미암아 현상을 믿지 않는 마음을 다스리고 세간과 출세간의 선을 증득하고 닦는 것을 능히 일으켜서 좋아하고 즐길 수 있기 때문에 능히 자재한 능력이 있음도 알았습니다.

법주사의 하안거 중간쯤에 속가 모친께 안부전화를 하니, 모친으로부터 '스님의 부친께서는 완쾌하셨습니다.'라는 말씀을 들었습니다.

'완쾌'라는 말씀을 들으니 부모자식 간의 정인지, 속세 범부들이 나고 죽는 윤회에 침륜한 희론에 집착함인지는 모르지만, 스님의 양쪽 볼에 또 뜨거운 눈물이 흘렀다고 합니다.

기분이 좋은 것도 다 허망하게 분별하는 마음의 작용이요, 아득한 옛적부터 희론에 훈습되어 온 식(識)이 평지에 큰 파도를 일으킴도 실체가 없는 것이요, '공(空)이다, 참[實]이다.'라고 마음을 일으키는 법도 허망한 것에 의한 것[假說]이니 분별하면 3가지 식만이 전변(轉變)함이렸다.

제가 물었습니다.

스님! 어디로 가실라오?

네, 보살일천제(菩薩一闡提)입니다.

우리는 동해시 두타산의 관음암(觀音庵) 섬돌[계단]에 걸터앉아 이렇게 주고받은 이후에는 한 마디도 나누지 않고 그저 건너 청옥산을 넘는 백운(白雲)은 청산은 두고 그냥 지나감을 보았습니다.

우리는 함께 아뇩보리(阿耨菩提)를 구하지만, 저 피안에 집착함에 머물지 않고 영원토록 생사윤회에 빠져 있는 중생들과 함께 할지언정 역대 조사(祖師)스님들을 따라 열반에는 매달리지 않겠습니다.

참고 및 인용『經』·『論』

『解深密經』·『入楞伽經』·『阿毘達磨經』·『金剛經』·『地藏經』·『般舟三昧經』·『三千佛名經』·『維摩詰所說經』·『成唯識論』·『成唯識論述記』·『成唯識論疏』·『大毘婆沙論』·『十住毘婆娑論』·『大智度論』·『大乘阿毘達磨雜集論』·『攝大乘論』·『攝大乘論釋』·『瑜伽師地論』·『顯揚聖敎論』·『大乘莊嚴經論』·『往生論』·『唯識三十頌』등.

참고 및 인용 저서·연구논문

한보광스님 동국대 교수
　(1)『정토학개론(淨土學槪論)』
　(2)『염불선이란 무엇인가?』

조은수 서울대 교수
　(1)『불교평론』제40호
　　자아 중심적 세계에서 연기와 공의 불교적 세계로

오형근 동국대 명예교수
　(1)『유식사상연구(唯識思想硏究)』

기도(祈禱),
늙은 수행자의 말을 들으면 현재와 미래의 모든 고통과
희망 반드시 해결됩니다

1판 1쇄 찍음 2012년 3월 8일
1판 1쇄 펴냄 2012년 3월 14일

지 은 이   이춘명
기획편집   태광
펴 낸 곳   궁리출판

등록   1999. 3. 29. 제300-2004-162호
주소   110-043 서울시 종로구 통인동 31-4 우남빌딩 2층
전화   02-734-6591~3
팩스   02-734-6554

ⓒ 이춘명, 2012. Printed in Seoul, Korea.

ISBN 978-89-5820-234-9 03220